딥테크 바이오 에너지 전쟁

딥테크
바이오 에너지 전쟁

이재훈(드라이트리) 지음

시크릿하우스

차 례

1장

바이오,
미래 산업을 이끄는 성장 동력

2장

양자 기술,
물리적 한계를 돌파하는 첨단 기술

3장

통신,
초연결 시대로의 진화

4장 에너지, 지속 가능한 에너지원으로의 전환

경쟁의 도구가 아닌, 인류의 삶을 근본적으로 바꾸다

딥테크 기술은 단순히 국가 간의 경쟁을 위한 도구이거나 특정 기업의 이익을 극대화하기 위한 수단에 머물러서는 안 됩니다. 이러한 기술은 인류 전체의 생존과 발전을 위한 도구로 자리 잡아야 하며, 기술이 지닌 본질적인 목적과 방향성에 대한 근본적인 성찰을 요구합니다. 기술의 본질은 단순히 혁신적이고 진보적인 과학적 성과를 창출하는 데 그치는 것이 아니라, 인류의 삶을 근본적으로 변화시키고 지구 환경의 회복과 지속가능성을 확보하며, 미래 세대를 위한 생존 기반을 마련하는 데 있습니다. 이는 기술이 경제적 가치를 넘어 인류애와 공공의 이익에 어떻게 기여할 수 있는지를 깊이 논의해야 함을 의미합니다.

인류애와 공공의 이익에 대한 기여

현재 에너지, 통신, 바이오, 양자와 같은 첨단 기술들은 단순히 생산성을 높이고 경제적 가치를 창출하는 수준을 넘어, 인류의 삶을 근본적으로 바꾸는 잠재력을 지니고 있습니다. 에너지 기술은 재생 가능 에너지원의 활용과 탄소 배출 감축을 통해 지속 가능성을 확보하고 있으며, 통신 기술은 전 세계 사람들이 연결되고 협력할 수 있는 기반을 마련해 디지털 격차를 줄이는 데 기여하고 있습니다. 바이오 기술은 질병 치료와 인간 수명의 연장, 생태계 복원을 가능하게 하며, 양자 기술은 기존 기술로는 해결할 수 없는 복잡한 문제를 새로운 방식으로 풀어낼 수 있는 잠재력을 가지고 있습니다. 이러한 기술들은 인간의 편리함을 넘어서 모든 생명이 지속 가능한 방식으로 공존할 수 있는 미래를 만들어가는 핵심적 도구로 기능해야 합니다.

딥테크 기술의 발전은 단순히 국가의 경제적 성과를 높이고 국제 경쟁력을 확보하기 위한 수단으로만 이해되어서는 안 됩니다. 기술은 각국이 독립적으로 발전시켜 경쟁을 벌이는 대상이 아니라, 전 인류의 생존과 발전을 위해 협력하고 공유해야 할 공통 자산으로 인식되어야 합니다. 따라서 기술 발전의 철학적 기반에는 인류애와 공공의 이익에 대한 기여가 중심에 놓여야 합니다. 기술의 목적이 경제적 성장이나 군사적·전략적 우위 확보에만 머문다면, 그것은 기술 발전의 본질적 가치를 훼손하는 결과를 초래하게 됩니다.

기술은 인류의 삶을 개선하고, 지속 가능한 지구 환경을 복원하며, 자연과 인간이 공존할 수 있는 새로운 미래를 여는 데 기여 해야 합니다.

특히 현대의 기술 발전은 단기적 경제 이익이나 특정 국가, 계층의 이익 중심으로 전개될 경우, 그 부작용이 더욱 심각하게 나타날 수 있습니다. 기술 발전 과정에서 소외된 계층과 지역 간 불평등이 심화되거나, 환경적 피해가 가중되는 위험이 존재합니다. 따라서 딥테크 기술은 개발 초기 단계부터 공정성과 지속가능성을 내재화한 방향으로 설계되어야 합니다. 이는 기술 발전의 혜택이 전 세계 사람들이 공평하게 누릴 수 있도록 보장하기 위한 필수적 조건입니다.

기술의 본질은 인간과 자연, 그리고 미래 세대의 공존을 위한 도구로 정의되어야 합니다. 딥테크 기술이 가져오는 변화는 인류 전체의 생존과 발전뿐 아니라, 다음 세대의 삶의 질을 결정짓는 중요한 요소가 됩니다. 따라서 기술은 단기적 경제 성과에 얽매이지 않고, 인류애를 기반으로 한 공생과 협력의 철학을 지향해야 합니다. 기술 발전의 과정에서 생명과 환경을 존중하고, 지속 가능한 지구를 만드는 데 기여하며, 모든 생명이 더 나은 삶을 살 수 있도록 하는 것이 기술의 본질적 가치이자 목표가 되어야 합니다.

딥테크 기술은 이제 더 이상 국가와 기업의 이익을 극대화하기 위한 경쟁의 장에서만 논의되어서는 안 됩니다. 기술은 전 세계적으로 공생과 협력의 새로운 철학적 기반 위에서 발전해야 하며, 그 목표는 인류애와 공공의 이익에 맞춰져야 합니다. 기술 발전은 한 국가나 특정 계층의 이익을 위한 것이 아니라, 인류 전체의 삶을 개선하고 지구 환경을 복원하며, 자연과 인간이 조화를 이루는 지속 가능한 미래를 여는 데 목적을 두어야 합니다. 이는 기술의 본질과 철학을 재정의하고, 더 나은 미래를 위한 비전을 제시하는 과정에서 반드시 고려되어야 할 중요한 과제입니다.

지속가능성과 책임있는 기술 발전
: 기술의 새로운 철학

지속가능성과 책임은 현대 기술 발전이 추구해야 할 핵심 가치입니다. 딥테크 기술은 단순히 경제적 성과를 넘어 인간과 자연, 그리고 미래 세대가 공존할 수 있는 기반을 마련해야 한다는 점에서 새로운 철학적 전환을 요구받고 있습니다. 이러한 맥락에서 에너지, 통신, 바이오, 양자와 같은 기술들은 각자의 영역에서 지속가능성과 공생을 실현하는 방향으로 발전해야 합니다.

에너지 기술은 지구 환경 복원에 있어 가장 중요한 역할을 담당합니다. 태양광과 같은 재생 가능 에너지 기술은 기존의 화석 연료 의존도를 줄이고, 스마트 그리드는 에너지 효율성을 극대화하여 탄소 중립 사회로의 전환을 가능하게 합니다. 이러한 기술들은 지구의 자연 자원을 효율적으로 활용하고, 환경 파괴를 최소화하는 방향으로 설계되어야 합니다. 에너지 기술은 단순히 에너지를 생산하고 소비하는 체계를 넘어, 인간과 자연의 지속 가능한 공존을 위한 기반을 제공하는 데 그 의의가 있습니다.

통신 기술은 전 세계적으로 디지털 격차를 해소하고 초연결 사회를 구축하는 데 중요한 역할을 하고 있습니다. 초고속 인터넷과 5G 네트워크는 물리적 한계를 넘어 인류를 연결하는 기반이 되며, 경제적·사회적 발전의 토대를 마련합니다. 동시에, 디지털 격차 문제를 해결하는 것은 모든 인류가 기술의 혜택을 고르게 누릴 수 있도록 보장하는 핵심 과제입니다. 통신 기술은 단순히 연결의 효율성을 높이는 데 그치지 않고, 기술적 불평등을 해소하며 조화롭고 포용적인 사회를 구축하는 데 기여해야 합니다.

바이오 기술은 인간의 건강과 생태계 복원을 위한 혁신적인 도구로 자리 잡고 있습니다. 유전자 편집 기술, 재생 의학, 합성 생물학 등은 질병의 예방과 치료, 인간 수명의 연장뿐 아니라, 생태계의 균형 유지와 복원에도 중요한 역할을 합니다. 바이오 기술은 인간 중심적 관점을 넘어 자연과의 조화를 추구하는 방향으로 발전해야 하며, 이는 인류가 직면한 환경적·건강적 위기를 해결할 수 있는 핵심적인 열쇠입니다. 이러한 기술이 인류의 이익뿐 아니라 생태계 전체의 지속가능성에 기여할 때 비로소 진정한 의미의 기술적 진보가 이루어집니다.

양자 기술은 인류가 직면한 복잡한 문제를 해결하기 위한 새로운 계산 능력과 데이터 해석의 패러다임을 제시합니다. 양자 컴퓨터는 기존의 컴퓨팅 기술로는 처리할 수 없는 방대한 데이터를 분석하고 복잡한 연산 문제를 해결함으로써 과학과 기술의 발전 속도를 획기적으로 높일 수 있는 잠재력을 가지고 있습니다. 특히, 기후 변화 대응, 에너지 최적화, 의료 데이터 분석 등에서 양자 기술은 혁신적 해결책을 제공할 수 있는 도구로 주목받고 있습니다. 따라서 양자 기술은 기술적 한계를 극복하는 걸 넘어, 인류 전체의 문제를 해결하고 더 나은 미래를 창조하는 데 기여 해야 합니다.

책임 있는 기술 발전은 기술 개발의 초기 단계부터 윤리적 기준과 지속가능성을 고려해야 한다는 점에서 매우 중요합니다. 기술이 특정 국가나 계층의 이익만을 위해 개발되고 활용될 경우, 사회적 불평등과 갈등이 심화될 위험이 존재합니다. 딥테크 기술은 이러한 문제를 방지하기 위해 개발 단계부터 공정성과 포용성을 중심으로 설계되어야 합니다. 예를 들어, 디지털 기술은 연결성과 효율성을 높이는 데 기여했지만, 동시에 디지털 격차라는 부작용을 초래하기도 했습니다. 이는 기술 개발과 보급 과정에서 소외된 집단과 지역을 충분히 고려하지 못한 결과입니다. 앞으로의 기술 발전은 이러한 격차를 줄이고, 모든 인류가 기술의 혜택을 공평하게 누릴 수 있도록 하는 방향으로 나아가야 합니다.

미래 세대와의 공존을 고려한 기술 개발 또한 필수적인 과제입니다. 우리가 오늘 사용하는 자원과 기술은 미래 세대에게 직접적인 영향을 미치며, 지속 가능하지 않은 방식으로 개발된 기술은 다음 세대의 삶의 질을 저하시킬 수 있습니다. 따라서 기술 개발은 단기적인 성과와 경제적 이익에 국한되지 않고, 미래 세대와의 연대를 바탕으로 한 장기적이고 지속 가능한 방향으로 이루어져야 합니다. 기술은 현재의 문제를 해결하는 데 그치지 않고, 미래 세대를 위한 희망과 기반을 마련하는 데 기여해야 합니다. 이러한 철학이 기술 발전의 근간이 될 때, 딥테크는 인류와 지구가 함께 공존할 수 있는 지속 가능한 문명의 중심축으로 자리매김할 수 있습니다.

지구 환경의 회복
: 회생의 열쇠

기술 발전은 단순히 인류의 삶을 편리하고 효율적으로 만드는 데 그치는 것이 아니라, 지구를 회복시키는 도구로서 활용될 가능성을 제시하고 있습니다. 이는 현대 사회에서 기술이 경제적 성장과 생산성 향상에 기여하는 수준을 넘어, 지구 환경의 복원과 지속 가능한 생태계를 조성하는 데 핵심적인 역할을 할 수 있음을 의미합니다. 기술이 인류에게 미치는 긍정적 영향은 이미 다양한 사례를 통해 확인되었지만, 앞으로는 그 잠재력을 더욱 확장하여 지구 전체의 생태계를 회복시키고, 자연과 인간이 조화롭게 공존할 수 있는 미래를 만들어가는 데 초점을 맞추는 것이 중요합니다. 이러한 관점은 기술이 단순히 혁신의 도구로서만 평가되는 것을 넘어, 인류와 지구의 장기적인 생존과 번영을 위해 어떻게 기여할 수 있는지를 성찰하고 실천해야 함을 보여줍니다.

현대 기술은 특히 에너지 효율성을 높이고 자원을 절약하며 환경 파괴를 줄이는 방향으로 급속히 발전하고 있습니다. 이러한 기술적 진보는 단순한 경제적 이익 창출을 넘어 지구 환경에 실질적인 긍정적 영향을 미치는 중요한 기회를 제공합니다. 스마트 홈과 스마트 시티와 같은 기술들은 인간과 자연이 조화를 이루며 공존할 수 있는 미래 도시의 청사진을 제시하며, 기술이 지구 환경의 회복에 기여할 수 있는 구체적인 가능성을 보여줍니다. 스마트 홈 기술은 개별 가정에서 에너지 소비를 최적화하고 자원을 절약할 수 있도록 돕습니다. 이를 통해 단순한 편의 증대를 넘어 에너지 절감과 탄소 배출 감소라는 실질적 환경 보호 효과를 창출합니다. 이러한 변화는 개인의 수준을 넘어 지역 사회와 국가, 나아가 전 지구적 차원에서 환경 문제 해결에 기여할 수 있는 선순환 구조를 형성합니다.

스마트 시티는 더욱 광범위한 차원에서 기술을 활용하여 지속 가능한 도시 환경을 구축하는 데 중점을 두고 있습니다. 도시 전체에서 수집된 데이터를 효율적으로 활용함으로써 교통 체계, 에너지 관리, 폐기물 처리 등의 문제를 해결하고, 불필요한 에너지 낭비와 오염을 최소화합니다. 교통 시스템의 최적화는 온실가스 배출을 줄이고, 에너지 관리 시스템은 전력 수요를 균형 있게 조절하며, 폐기물 관리 기술은 자원의 순환과 재활용을 촉진합니다. 이러한 통합적 접근을 통해 스마트 시티는 인간과 자연이 공존할 수 있는 지속 가능한 도시 생태계를 구현합니다. 이는 단순히 기술적 진보의 상징이 아니라, 인류가 직면한 환경적·사회적 위기에 대응할 수 있는 실질적 해결책을 제시하는 중요한 사례입니다.

지구 환경의 회복은 단순한 의지나 철학적 논의만으로 이루어질 수 없습니다. 이는 기술의 발전과 그 실질적 활용이 적절히 결합할 때 비로소 현실화될 수 있는 과제입니다. 태양광, 풍력, 수소 에너지와 같은 재생 가능 에너지 기술은 그 중심에 자리하고 있으며, 이들 기술은 지구 환경에 실질적인 긍정적 영향을 미치는 핵심 도구로 작용하고 있습니다. 태양광 기술은 무한한 자연 자원을 활용하여 지속 가능한 에너지 생산을 가능하게 하고, 풍력 에너지는 탄소 배출 없이 전력을 생산하여 환경적 부담을 최소화합니다. 수소 에너지는 청정 에너지원으로서 화석 연료를 대체하며, 산업·운송·발전 등 다양한 분야에서 응용될 수 있는 잠재력을 지니고 있습니다. 이러한 재생 가능 에너지 기술들은 탄소 배출을 줄이고 환경 파괴를 방지하며, 자원을 효율적으로 보존하는 데 있어 결정적인 역할을 합니다.

나아가 이러한 기술들은 자연과 인간 간의 균형을 회복하는 데 있어 핵심적으로 기여하고 있습니다. 기술 발전의 궁극적 목표는 인류와 지구의 지속 가능한 공존을 실현하는 데 있습니다. 따라서 기술은 단순히 경제적 가치 창출의 수단이 아니라, 자연과 인간, 그리고 미래 세대가 함께 공존할 수 있는 세상을 만드는 데 활용되어야 하는 인류의 공동 자산입니다. 기술은 단기적 성과를 추구하는 경쟁의 도구가 아니라, 지구 생태계와 인류 사회의 장기적 번영을 위한 책임 있는 도구로 발전해야 합니다. 이러한 철학적 전환이 이루어질 때, 기술은 단순한 혁신을 넘어 인류와 자연의 조화를 이루는 새로운 문명의 중심축으로 자리 잡을 수 있을 것입니다.

바이오, 양자, 통신, 에너지의 미래

이 책은 21세기 글로벌 경쟁의 중심에 있는 에너지, 통신, 바이오, 양자 기술을 주제로, 국가 간 생존과 미래 패권을 둘러싼 치열한 경쟁의 양상을 조명합니다. 기술 혁신은 단순히 산업적 성장을 넘어서 국가의 경제적, 정치적, 그리고 안보적 기반을 강화하는 핵심 요소로 자리 잡고 있습니다. 석유와 석탄에서 재생 가능 에너지로의 전환, 초고속 인터넷과 5G 통신의 확산, 유전자 편집과 합성 생물학으로 대표되는 바이오 기술의 발전, 그리고 양자 컴퓨팅과 양자 암호화 기술로의 도약 등, 각 기술 분야에서 벌어지는 글로벌 경쟁의 배경과 전략을 심층적으로 다룹니다.

2장에서는 바이오 기술에 대해 알아보고자 합니다. 바이오 기술은 인간 생명의 비밀을 풀고 의료, 농업, 환경 등 다양한 분야에서 혁신을 주도하고 있습니다. 이 장에서는 유전자 편집, 합성 생물학, 바이오 의약품 개발 등 현대 바이오 기술의 주요 트렌드와 가능성을 탐구합니다. 미국, 유럽, 중국, 일본의 바이오 기술 발전 사례를 바탕으로 글로벌 바이오테크 산업의 경쟁 구도를 분석하며, 한국이 바이오테크 산업에서 지속 가능한 성장과 경쟁력을 확보하기 위한 전략을 제시합니다.

3장에서는 양자 기술을 전해드립니다. 양자 기술은 21세기 과학 기술의 새로운 패러다임으로 부상하며, 컴퓨팅, 암호화, 센서 기술 등 다양한 분야에 혁신을 가져오고 있습니다. 이 장에서는 양자 기술의 기초 개념과 주요 응용 사례를 소개하며, 미국, 중국, 유럽, 일본이 양자 기술 개발을 위해 어떤 노력을 기울이고 있는지 심층 분석합니다. 양자 컴퓨터, 양자 네트워크, 양자 센서와 같은 첨단 기술을 중심으로 국가 간 경쟁의 양상을 조명하며, 한국이 양자 기술 시대에서 생존하고 주도권을 잡기 위해 필요한 전략과 방향성을 제시합니다.

4장에서는 통신을 살펴봅니다. 통신 기술은 전기의 발견과 무선 통신의 발명에서 시작되어 현대에 이르러 초고속 인터넷과 5G 기술로 발전해 왔습니다. 이 장에서는 통신 기술의 역사적 발전과 주요 응용 사례를 살펴보며, 미국, 중국, 유럽, 일본의 글로벌 통신 경쟁을 상세히 분석합니다. 각국의 주요 통신 기업과 정책을 통해 국가 경쟁력의 기둥으로 자리 잡은 통신 기술의 중요성을 탐구하고, 특히 한국이 글로벌 통신 시장에서 지속적으로 경쟁력을 유지하기 위한 정책과 전략을 논의합니다.

5장에서는 에너지를 다룹니다. 에너지는 인류 문명의 발전과 경제 성장의 핵심 동력이자, 현대 국가들의 경쟁에서 필수적인 요소입니다. 이 장에서는 석탄과 석유 중심의 전통적 에너지에서 태양광, 풍력, 수소와 같은 재생 가능 에너지로의 전환 과정과 그 경제적·정치적 함의를 다룹니다. 미국, 중국, 유럽, 일본 등 주요 국가들의 에너지 전환 전략을 비교 분석하며, 각국이 에너지 안보와 지속가능성을 위해 어떤 정책과 기술 개발에 주력하고 있는지 조명합니다. 특히, 한국이 글로벌 에너지 전환 경쟁에서 생존하기 위해 어떤 전략을 채택해야 할지 구체적으로 탐구합니다.

아울러 미국, 중국, 유럽, 일본 등 주요 강대국들의 정책과 기업 전략을 비교하며, 한국이 이러한 환경 속에서 어떻게 살아남고 경쟁력을 확보할 수 있을지에 대한 구체적인 해법도 제시합니다. 특히, 한국이 가진 기술적 강점과 취약점을 면밀히 분석하여, 각 기술 분야에서의 미래 가능성과 생존 전략을 제안합니다. 이 책은 독자들에게 각국의 정책과 기술 전략을 이해할 수 있는 통찰을 제공하며, 변화하는 세계 질서 속에서 한국이 나아갈 길을 모색하는 데 도움을 줄 것입니다.

1장

바이오,

미래 산업을 이끄는 성장 동력

DEEP

TECH

WAR

III

왜 바이오 기술 혁신이
중요한가?

바이오 기술은 생명체와 그 구성 요소를 활용하거나 변형하여 인간 생활에 필요한 다양한 제품과 서비스를 개발하는 첨단 과학기술 분야입니다. 이는 생명체의 본질적 원리를 탐구하고 이를 산업, 의료, 농업, 환경 등 다양한 분야에 응용하는 것을 목표로 합니다. 생명공학의 발전과 함께 탄생한 바이오 기술은 이제 단순히 생물학적 현상을 연구하는 차원을 넘어, 인간의 복지와 지속 가능한 발전을 위한 해결책을 제시하는 중요한 도구로 자리 잡았습니다. 바이오 기술은 인간의 건강을 개선하고 환경 문제를 해결하며, 세계적인 식량 문제를 완화하고, 미래 에너지 개발에 기여하는 등 다방면에서 중요한 역할을 하고 있습니다.

생명공학의 기본 개념과 응용 범위는 매우 광범위하며, 유전자 조작, 단백질 공학, 합성 생물학 등을 포함합니다. 유전자 조작 기술은 DNA와 같은 유전 물질을 분석하고 변형하여 질병의 원인을 밝히거나 치료 방법을 개발하는 데 사용됩니다. 예를 들어, 유전자 편집 기술인 CRISPR-Cas9(크리스퍼 캐스나인 유전자가위)은 특정 유전자를 정확하게 교정하거나 삭제할 수 있는 도구로, 질병 치료를 혁신적으로 발전시키고 있습니다. 단백질 공학은 생명체의 단백질 구조를 설계하거나 변형하여 새로운 약물이나 효소를 개발하는 데 초점을 맞추고 있습니다. 이러한 기술은 항체 치료제, 효소 기반 제품, 백신 개발과 같은 의료 분야에서 크게 활용되고 있습니다. 합성 생물학은 생명체의 구성 요소를 모듈화하여 새로운 기능을 가진 생명체를 설계하거나 기존 생명체를 개선하는 학문으로, 인공 생명체의 개발이나 바이오연료 생산 등과 같은 혁신적인 응용 가능성을 열어 주고 있습니다.

바이오 기술의 핵심적인 요소는 인간 생활에 직간접적으로 영향을 미치는 다양한 문제를 해결하는 데 활용됩니다. 예를 들어, 전통적인 방식으로는 불가능했던 질병 치료나 맞춤형 약물 개발이 바이오 기술을 통해 가능해졌으며, 이로써 개인별로 최적화된 정밀 의학의 시대가 열리고 있습니다. 또한, 환경 분야에서도 바이오 기술은 중요한 역할을 하고 있습니다. 생물학적 분해를 통해 플라스틱 폐기물을 처리하거나, 미생물을 활용한 오염물질 제거 기술은 환경 보전에 기여하고 있습니다. 농업에서도 바이오 기술은 병충해에 강한 작물 개발, 생산성 증대, 기후 변화에 대응할 수 있는 품종 개량 등에 활용되며, 지속 가능한 농업을 위한 핵심 기술로 주목받고 있습니다.

전통적 바이오 기술은 발효와 같은 자연 생명체의 능력을 활용하여 식품이나 약물을 생산하는 데 중점을 두었습니다. 예를 들어, 효모를 이용한 빵과 맥주 생산, 박테리아를 활용한 치즈와 요거트 제조는 전통적 바이오 기술의 대표적인 사례입니다. 그러나 현대 바이오 기술은 생명체의 분자적, 유전적 이해를 바탕으로 정밀한 과학적 접근 방식을 채택하며, 이를 통해 생물학적 문제를 해결하려고 합니다. 현대 바이오 기술은 유전자 편집, 단백질 구조 설계, 인공 생명체 제작 등 기존 기술로는 상상할 수 없었던 혁신적 도구와 방법을 개발하였습니다. 특히 CRISPR-Cas9 기술은 생명공학 연구와 바이오 기술 발전에서 획기적인 변화를 가져왔습니다. 이러한 현대적 기술은 전통적 바이오 기술이 가지고 있던 한계를 넘어 더 정밀하고 효과적인 문제 해결 방법을 제공합니다.

고부가가치 산업의 끝판왕

바이오 기술은 현대 사회와 경제에 매우 중요한 역할을 하며, 그 영향력은 헬스케어, 식품, 에너지, 환경 등 다양한 분야에서 두드러지게 나타나고 있습니다. 특히 헬스케어 분야에서는 질병의 예방, 진단, 치료에서부터 맞춤형 의학과 정밀 의학으로의 전환까지, 바이오 기술이 핵심적인 역할을 하고 있습니다. 유전자 편집, 세포치료제, 백신 개발 등 바이오 기술의 혁신은 암, 유전 질환, 희귀병과 같은 난치성 질병 치료에 새로운 가능성을 열어 주고 있습니다. 예를 들어, mRNA 백신 기술은 코로나19 팬데믹 상황에서 전 세계적인 백신 보급을 신속히 가능하게 하였으며, 이는 바이오 기술의 중요성과 잠재력을 여실히 보여주는 사례로 평가받고 있습니다.

바이오 기술은 식량 문제 해결에도 기여하고 있습니다. 인구 증가와 기후 변화로 인한 식량 부족 문제는 세계적으로 큰 도전 과제입니다. 바이오 기술은 병충해에 강한 작물, 가뭄에 견디는 농작물, 더 높은 영양가를 가진 작물 등을 개발함으로써 이러한 문제를 해결하고 있습니다. 또한, 대체 단백질과 인공육 개발은 전통적인 축산업의 환경적 영향을 줄이고 지속 가능한 식량 공급을 가능하게 하는 중요한 돌파구로 주목받고 있습니다.

에너지 분야에서도 바이오 기술의 중요성은 점점 커지고 있습니다. 바이오연료는 화석 연료 의존도를 줄이고, 탄소 배출을 감소시키는 친환경 에너지로 각광을 받고 있습니다. 바이오 기술을 활용한 미생물 기반 연료 생산은 지속 가능하고 재생가능한 에너지 공급원을 제공하는 중요한 역할을 하고 있습니다. 이러한 기술은 전통적인 에너지 산업을 재편하고, 신재생 에너지로의 전환을 가속하며, 기후 변화에 대응하기 위한 글로벌 노력에 기여하고 있습니다.

환경 문제 해결에서도 바이오 기술은 중요한 역할을 합니다. 미생물을 이용한 오염물질 정화, 생분해성 플라스틱 개발, 폐수 처리 등은 환경 오염을 줄이고 지속 가능한 발전을 도모하는 데 필수적인 기술로 평가받고 있습니다. 특히, 해양과 육상 생태계를 복원, 보존하기 위한 바이오 기술의 적용은 자연환경과 인간 사회의 공존을 가능하게 하는 중요한 수단으로 자리 잡았습니다.

세계 경제에서 바이오 기술 산업은 지속적으로 성장하고 있으며, 그 시장 규모와 영향력은 빠르게 확대되고 있습니다. 바이오 기술은 단순히 산업적 성과를 넘어 글로벌 경제에서 필수적인 성장 동력으로 자리 잡고 있습니다. 글로벌 바이오 기술 시장은 연평균 10% 이상의 성장률을 보이고 있으며, 의약품, 농업, 에너지 등 다양한 분야에서 그 영향력을 확장하고 있습니다. 특히, 헬스케어 분야에서 바이오 기술은 약물 개발의 주도적인 역할을 담당하며, 새로운 시장과 고용 기회를 창출하고 있습니다. 또한, 바이오 기반 농업과 에너지 기술은 식량안보와 에너지 안보를 강화하며, 국가 경제의 안정성과 지속가능성을 높이는 데 기여하고 있습니다.

　바이오 기술의 혁신은 국가 및 글로벌 경쟁력에도 직접적인 영향을 미칩니다. 바이오 기술은 첨단 과학기술을 기반으로 한 고부가가치 산업으로, 국가의 기술적 우위를 결정짓는 중요한 요인으로 작용합니다. 선진국들은 바이오 기술에 막대한 투자를 통해 글로벌 시장에서의 주도권을 강화하고 있으며, 바이오테크 클러스터와 연구 개발 허브를 구축하여 혁신을 촉진하고 있습니다. 이러한 경쟁력은 단순히 경제적 이익을 넘어, 국가 안보와 외교적 지위에도 영향을 미칩니다. 바이오 기술의 발전은 각국이 팬데믹과 같은 글로벌 위기에 대응할 수 있는 역량을 강화하며, 국제 사회에서 중요한 협력과 경쟁의 요소로 부상하고 있습니다.

바이오 분야에서
기초과학이 절대적인 이유

바이오 기술의 발전은 과학적 혁신에 크게 의존해 왔으며, 그중에서도 유전자 편집 기술, 합성 생물학, 인간 게놈 프로젝트, 그리고 이를 뒷받침한 기초과학의 성과는 핵심적인 역할을 담당했습니다. 이러한 과학적 발전은 바이오 기술의 범위와 가능성을 확대하며, 현대 생명공학의 기틀을 마련했습니다.

유전자 편집 기술은 바이오 기술 혁신의 중심에 자리 잡고 있습니다. 특히 CRISPR-Cas9 기술은 유전자 편집의 효율성과 정밀성을 크게 향상시키며 생명공학의 패러다임을 바꾸어 놓았습니다. CRISPR-Cas9은 특정 DNA 염기 서열을 표적으로 삼아 이를 잘라내거나 교체할 수 있는 도구로, 이전 기술에 비해 비용과 시간이 절감되고, 적용 가능성이 넓어졌습니다. 이를 통해 인간 질병의 원인을 유전자 수준에서 치료하거나, 병해충에 강한 농작물을 개발하며, 심지어 멸종된 동물의 복원 가능성을 탐구하는 등 다방면에서 획기적인 변화를 가져왔습니다. CRISPR-Cas9은 현재도 진화하며, 더 높은 정밀도와 안전성을 제공하는 새로운 유전자 편집 도구로 발전하고 있습니다.

합성 생물학 역시 바이오 기술의 발전을 이끄는 중요한 분야입니다. 합성 생물학은 생명체의 구성 요소를 재구성하거나 새로운 생명체를 설계하는 학문으로, 기존 생명공학의 한계를 극복하고 새로운 가능성을 열었습니다. 이를 통해 바이오연료, 인공 생명체, 맞춤형 치료제 등 다양한 혁신이 가능해졌습니다. 예를 들어, 합성 생물학 기술을 이용해 인공적으로 합성한 박테리아는 특정 오염물질을 분해하거나, 고효율의 생물학적 연료를 생산하는 데 활용되고 있습니다. 이러한 기술은 환경 보호와 에너지 문제 해결에 기여하며, 산업적 응용 가능성을 지속적으로 확대하고 있습니다.

인간 게놈 프로젝트는 바이오 기술의 혁신적 발전에 있어 기념비적인 사건으로 평가받고 있습니다. 1990년에 시작되어 2003년에 완성된 인간 게놈 프로젝트는 인간 유전자 전체 서열을 밝혀내며 유전적 정보를 기반으로 한 정밀 의학의 시대를 열었습니다. 이 프로젝트는 인간 질병의 원인을 유전적 관점에서 탐구하고, 맞춤형 치료법을 개발할 수 있는 기반을 제공하였습니다. 예를 들어, 특정 암의 경우 환자의 유전자 서열을 분석하여 개별화된 항암제를 처방하거나, 희귀질환을 조기에 발견하고 치료할 가능성을 열었습니다.

인간 게놈 프로젝트 이후로 발전한 오믹스 기술(유전체학Genomics, 단백질체학Proteomics, 대사체학Metabolomics 등))은 생명체의 복잡한 생물학적 과정을 더 깊이 이해하고 응용할 수 있는 길을 제공하고 있습니다.

바이오 기술의 발전은 기초과학의 성과에 크게 의존합니다. 분자생물학은 DNA, RNA, 단백질의 구조와 기능을 연구하며 생명 현상의 분자적 이해를 심화시켰습니다. 이는 유전자 편집과 합성 생물학 같은 첨단 기술의 토대를 마련했습니다. 세포생물학은 세포 수준에서 생명체의 복잡한 작용을 규명하며 약물 개발, 세포 치료 등으로 이어지는 연구를 가능하게 했습니다. 또한, 화학은 생화학적 반응과 약물의 분자적 특성을 이해하는 데 필수적인 기초과학으로, 효소와 단백질의 상호작용을 분석하거나 신약 개발에 필요한 합성 화학 기술을 제공합니다. 이들 기초 과학의 발전은 바이오 기술이 현재의 수준에 도달하는 데 있어 필수적이었습니다.

미국, 혁신의 중심지

미국의 바이오테크 산업은 세계 바이오 기술의 중심지로 자리 잡고 있으며, 그 역사는 20세기 중반 생명공학의 태동과 함께 시작되었습니다.

바이오테크 산업의 발전

바이오 기술의 개념이 처음 형성된 것은 1953년 왓슨과 크릭에 의해 DNA 이중 나선 구조가 발견되면서부터입니다. 이후 분자생물학의 발전과 함께 1970년대에는 유전자 재조합 기술이 개발되면서 바이오테크 산업의 기반이 마련되었습니다. 1976년, 바이오 기술 회사의 선구자인 제넨텍Genentech이 설립되며, 본격적인 상업화가 시작되었습니다. 제넨텍은 1982년 세계 최초로 유전자 재조합 기술을 활용해 인슐린을 상업적으로 생산하면서 바이오 기술이 단순한 연구를 넘어 산업적 응용으로 확장될 수 있음을 보여주었습니다.

1980년대와 1990년대에는 미국 정부와 민간 기업의 대규모 연구 개발 투자로 인해 바이오테크 산업이 급속히 발전했습니다. 인간 게놈 프로젝트가 1990년대에 시작되어 2003년에 완료되었고, 이는 정밀 의학과 맞춤형 치료의 시대를 여는 데 핵심적인 역할을 했습니다. 이 프로젝트는 미국 정부와 국립보건원NIH의 강력한 지원을 통해 이루어졌으며, 바이오 기술 발전의 촉진제 역할을 했습니다. 또한, 같은 시기 생명공학 분야의 벤처캐피털 투자가 증가하면서 수많은 스타트업이 설립되고 혁신적인 기술이 상업화되었습니다.

2000년대 이후 미국의 바이오테크 산업은 헬스케어, 의약품, 농업, 에너지 등 다양한 분야로 확장되었습니다. 특히, 제약 산업과 바이오 기술의 융합은 암, 희귀질환, 전염병 치료제 개발에 혁신을 가져왔습니다. 대표적으로 길리어드 사이언스Gilead Sciences는 항바이러스제 개발로, 암젠Amgen은 단백질 기반 치료제로 각각 바이오테크 산업의 선두 주자로 자리 잡았습니다. 최근에는 모더나Moderna와 화이자Pfizer가 mRNA 기술을 활용한 코로나19 백신 개발에 성공하면서 미국 바이오 기술의 세계적인 영향력을 다시 한번 입증했습니다.

현재 미국의 바이오테크 산업은 전 세계에서 가장 크고 발전된 시장을 자랑합니다. 미국은 전 세계 바이오 기술 시장의 약 60%를 차지하고 있으며, 수천 개의 생명공학 기업이 활동하고 있습니다. 이들 기업은 정부의 강력한 정책 지원과 풍부한 연구 개발 자금을 바탕으로 첨단 기술을 개발하고 상용화에 성공하고 있습니다. 또한, 보스턴, 샌프란시스코와 같은 바이오테크 클러스터는 대학, 연구소, 기업 간 협력을 통해 바이오 기술 혁신의 중심지로 자리 잡고 있습니다. 이처럼 미국 바이오테크 산업은 풍부한 과학적 기반, 민간 및 공공의 투자, 그리고 산업적 상업화 역량을 통해 전 세계 바이오 기술 발전을 선도하고 있습니다.

제약 및 생명공학의 거인들
: 암젠, 제넨텍, 길리어드 사이언스

제약 및 바이오테크 산업에서 암젠과 제넨텍, 길리어드 사이언스는 각각 혁신적인 기술력과 시장 지배력을 바탕으로 전 세계적으로 주목받는 거인으로 자리 잡았습니다. 이 두 기업은 바이오 기술을 활용한 의약품 개발의 선두 주자로, 현대 의학의 발전에 있어 중추적인 역할을 하고 있습니다.

암젠은 1980년에 설립되어 바이오 의약품 개발의 선구자로 자리 매김했습니다. 이 회사는 단백질 기반 치료제 개발에 있어 독보적인 기술력을 보유하고 있으며, 암과 자가면역 질환, 골다공증 치료제 개발에 있어 세계적으로 인정받고 있습니다. 암젠의 대표적인 제품으로는 세계 최초의 바이오 의약품 중 하나로 꼽히는 에포젠 Epogen이 있습니다. 이 약물은 빈혈 치료에 사용되며, 단백질 기반 의약품의 가능성을 보여준 혁신적인 사례로 평가받습니다. 또한, 암젠은 골다공증 치료제인 프롤리아Prolia와 암 치료제인 블린사이토 Blincyto와 같은 차세대 약물로도 큰 성공을 거두며, 바이오 의약품 시장에서 입지를 더욱 공고히 했습니다. 최근 암젠은 유전자 치료와 정밀 의학 분야로도 연구 영역을 확장하며, 지속적으로 바이오 기술의 경계를 넓히고 있습니다.

제넨텍은 1976년에 설립된 세계 최초의 바이오테크 기업으로, 바이오 의약품의 상업화를 주도하며 현대 생명공학의 기틀을 마련한 기업으로 평가받습니다. 제넨텍은 유전자 재조합 기술을 활용해 1982년 세계 최초로 상업용 인슐린인 휴물린Humulin을 출시하며, 바이오 의약품의 새로운 시대를 열었습니다. 이후 항암제 허셉틴 Herceptin과 아바스틴Avastin 등 혁신적인 바이오 의약품을 개발하여 암치료에 획기적으로 변화되었습니다. 현재 제넨텍은 스위스의 제약 대기업 로슈Roche에 합병되었지만, 여전히 생명공학 연구와 신약 개발에서 독립적으로 활동하며 글로벌 바이오테크 산업의 중심에 자리 잡고 있습니다.

길리어드 사이언스는 1987년에 설립된 회사로, 항바이러스 치료제 개발에서 세계적인 선두 주자로 평가받고 있습니다. 이 회사는 HIV와 간염 치료제를 개발하며 환자들에게 획기적인 치료 옵션을 제공해 왔습니다. 길리어드의 대표적인 약물로는 HIV 치료제인 트루바다^{Truvada}가 있으며, 이는 HIV 예방과 치료에서 새로운 기준을 제시한 약물로 평가받습니다. 또한, 길리어드는 만성 C형 간염 치료제인 소발디^{Sovaldi}를 통해 전 세계적으로 큰 영향을 미쳤으며, 간염 치료의 혁신적인 패러다임을 열었습니다. 이 약물은 간염 치료의 성공 확률을 크게 향상하며, 전염병 치료 분야에서 길리어드의 위상을 더욱 높였습니다. 최근 길리어드는 면역항암제와 유전자치료제 개발로 연구 범위를 확장하고 있으며, 코로나19 팬데믹 동안 렘데시비르^{Remdesivir}를 통해 전 세계적인 치료제 공급에 기여하며 주목받았습니다.

암젠과 제넨텍, 길리어드 사이언스는 각각 단백질 기반 치료제, 유전자 재조합 기술, 항바이러스 치료제라는 고유한 강점을 통해 바이오테크 산업의 발전을 이끌어왔습니다. 이들 기업은 바이오 기술의 응용 가능성을 상업적 성공으로 연결하며, 제약 및 바이오테크 분야의 새로운 혁신을 선도하고 있습니다. 또한, 연구 개발에 대한 지속적인 투자와 시장 주도적 전략을 통해 의료 산업에서 영향력을 강화하며, 현대 의학의 발전에 핵심적인 역할을 하고 있습니다. 앞으로도 이들 기업은 글로벌 의료 과제를 해결하고, 첨단 기술을 통해 더 나은 치료 옵션을 제공하며 바이오테크 산업의 중심에서 활약할 것으로 기대됩니다.

빅파마의 혁신
: 화이자와 모더나

화이자와 모더나는 mRNA 기술을 활용해 제약 및 바이오테크 산업에서 혁신의 중심에 서 있는 대표적인 빅파마로 평가받고 있습니다. 특히, 이 두 기업은 코로나19 팬데믹 동안 mRNA 백신 개발에 성공하며 전 세계적인 주목을 받았습니다. mRNA 기술은 전통적인 백신 개발 방식과 달리, 유전 정보를 이용해 인체 내에서 면역 반응을 유도하는 방식으로 작용합니다. 이 기술은 빠른 개발 속도와 높은 유효성, 그리고 제조 공정의 유연성을 통해 바이오 기술의 새로운 가능성을 열었습니다.

화이자는 1849년에 설립된 전통적인 제약 회사로, 수십 년간 의약품 개발의 선두 주자로 자리 잡아왔습니다. 그러나 코로나19 팬데믹 동안 독일 바이오테크 기업인 바이온텍BioNTech과 협력하여 mRNA 백신 개발을 끌어내면서 새로운 혁신을 보여주었습니다. 이 협력을 통해 개발된 '코미나티주'는 전 세계에서 최초로 긴급 사용 승인을 받은 코로나19 백신으로, 팬데믹 대응에 기여했습니다. 화이자는 기존의 제약 연구와 생산 역량을 바탕으로 대규모 백신 생산과 글로벌 배포를 가능하게 했으며, 이를 통해 전통적인 빅파마의 혁신 가능성을 입증했습니다.

모더나는 2010년에 설립된 비교적 신생 바이오테크 기업이지만, mRNA 기술을 기반으로 단기간에 글로벌 바이오테크 산업의 중심으로 성장한 사례로 주목받고 있습니다. 모더나는 설립 초기부터 mRNA를 활용한 혁신적인 치료제와 백신 개발에 초점을 맞췄으며, 코로나19 팬데믹 동안 독자적으로 개발한 mRNA-1273(상품명: 스파이크백스)를 통해 그 기술력을 증명했습니다. 모더나의 백신은 mRNA 기술을 통해 스파이크 단백질을 코딩하는 유전자를 전달함으로써 면역 체계를 훈련시키는 원리를 기반으로 했습니다. 이 백신은 빠른 개발 속도와 높은 효능, 그리고 유통의 용이성을 특징으로 하며, 전 세계적으로 높은 신뢰를 얻었습니다.

화이자와 모더나의 mRNA 기술은 단순히 코로나19 백신 개발에 그치지 않고, 향후 다양한 질병 치료의 패러다임을 변화시킬 잠재력을 가지고 있습니다. 이 기술은 기존의 백신 개발 방식에서 벗어나 암, 희귀질환, 감염병 등 다양한 치료 영역으로 확장될 가능성을 보여주고 있습니다. 예를 들어, 모더나는 현재 mRNA 기술을 활용한 암 백신 개발에 박차를 가하고 있으며, 화이자도 바이온텍과 함께 암 치료제와 기타 전염병 백신 개발에 집중하고 있습니다. 이러한 혁신적인 접근 방식은 mRNA 기술이 단순히 백신에만 국한되지 않고, 정밀 의학과 맞춤형 치료로 이어질 가능성을 제시합니다.

화이자와 모더나는 mRNA 기술을 통해 제약 및 바이오테크 산업에서의 혁신을 주도하고 있습니다. 화이자는 오랜 역사와 글로벌 네트워크를 바탕으로 전통적인 제약 회사에서 기술 혁신 기업으로의 전환을 보여주었으며, 모더나는 신생 기업으로서 mRNA 기술에 집중해 짧은 시간 안에 시장에서 강력한 입지를 확보한 사례로 평가받습니다. 이 두 기업의 성공은 mRNA 기술의 무한한 잠재력을 입증했을 뿐만 아니라, 제약 산업의 새로운 혁신 방향을 제시하며 미래 치료제 개발의 가능성을 열어가고 있습니다.

바이오 스타트업 생태계의 중요성

템퍼스 AI^{Tempus AI}와 일루미나^{Illumina}, 크리스퍼 테라퓨틱스^{CRISPR Therapeutics}는 바이오 기술 스타트업 생태계에서 혁신의 중심에 자리 잡은 두 대표적인 기업으로, 각각 유전체 분석과 유전자 편집 기술을 선도하며 바이오테크 산업의 판도를 바꾸고 있습니다. 이 두 기업은 첨단 기술과 창의적인 접근 방식을 통해 바이오 기술이 인간의 건강과 생명과학 연구에 미치는 영향을 극대화하고 있습니다.

템퍼스 AI는 2015년 미국 일리노이주 시카고에 설립된 인공지능^{AI} 기반 정밀 의료 기업으로, 공동창업자이자 CEO인 에릭 레프코프스키^{Eric Lefkofsky}가 배우자의 암 진단 경험을 계기로 '생명과학에 기술을 접목해 환자 치료를 개선하자'라는 사명으로 출발했습니다. 이 회사는 다중 오믹스(유전체·전사체 등) 데이터, 임상전자건강기록^{EHR} 데이터, 디지털 병리 영상, 실제 의료 현장의 실제 임상 데이터^{Real-World Data, RWD}를 통합해 거대 데이터베이스를 구축하고, 이를 바탕으로 AI·머신 러닝 알고리즘을 운용하여 암, 심장질환, 정신건강 등의 영역에서 맞춤형 진단·치료 및 신약 개발을 지원합니다. 특히,

기업은 병원과 제약사 및 바이오테크들과의 협업을 통해 분석 플랫폼을 제공하고 있으며, 실제로 미국 전체 학술 의료센터의 약 65% 이상과 연결돼 있고 상위 20개 종양 제약사 중 95% 이상이 협업 파트너로 참여하고 있다는 자료가 나올 정도로 시장 영향력이 확대되고 있습니다. 또한, 템퍼스 AI는 전통적인 유전체 검사 서비스 제공에서 나아가, 검사 → 데이터 생성 → 분석 툴 제공 → 제약사의 약물 개발 및 임상시험 매칭까지 연결되는 '데이터-생태계 네트워크 효과'를 구축해 경쟁 진입 장벽을 높이고 있다는 평가를 받고 있습니다.

일루미나는 1998년에 설립된 유전체 분석 기술 전문기업으로, 차세대 시퀀싱Next Generation Sequencing, NGS 기술의 선두 주자로 평가받고 있습니다. 이 회사는 인간의 유전체를 빠르고 정밀하게 분석하는 기술을 개발하며, 유전체 연구와 정밀 의학의 새 시대를 열었습니다. 일루미나의 기술은 유전자 데이터를 활용한 암 진단, 질병 예측, 약물 반응성 분석 등 의료 분야에서 혁신적인 변화를 가져왔습니다. 특히 인간 게놈의 염기 서열 분석 비용을 획기적으로 낮춘 공로는 일루미나를 바이오테크 생태계에서 필수적인 기업으로 자리매김하게 했습니다. 일루미나는 단순히 기술 공급에 그치지 않고, 스타트업 및 연구 기관과의 협력을 통해 유전체 데이터 활용을 극대화하며 산업 생태계를 확장하고 있습니다.

크리스퍼 테라퓨틱스는 2013년에 설립된 유전자 편집 기술을 전문으로 하는 혁신적인 스타트업으로, CRISPR-Cas9 기술을 활용해 유전자 치료의 가능성을 현실로 만들고 있습니다. 이 회사는 유전자 편집 기술을 활용하여 특정 질환을 치료하거나 유전적 결함을 교정하는 새로운 방식의 치료제를 개발하고 있습니다. 크리스퍼 테라퓨틱스의 연구는 겸상적혈구빈혈증, 베타 지중해빈혈과 같은 유전 질환뿐만 아니라 암과 희귀질환 치료에도 중점을 두고 있습니다. 이 회사는 유전자 편집 기술이 단순히 연구실에서의 실험적 도구를 넘어 실제 환자 치료에 적용될 수 있는 잠재력을 보여주며, 현대 의학의 패러다임을 변화시키고 있습니다.

일루미나와 크리스퍼 테라퓨틱스는 각각 바이오 기술 스타트업의 생태계에서 독창적인 기술력과 비즈니스 전략으로 두각을 나타내고 있습니다. 일루미나는 유전체 분석 기술을 상용화하여 연구 기관, 제약사, 헬스케어 스타트업 등에 필수적인 도구를 제공하며 산업 전체의 혁신을 촉진하고 있습니다. 반면, 크리스퍼 테라퓨틱스는 유전자 편집 기술을 기반으로 치료제를 직접 개발하며, 바이오 기술의 상업화와 실질적 환자 치료 사이의 차이를 좁히는 데 기여하고 있습니다. 두 회사 모두 첨단 기술의 응용을 통해 스타트업 생태계에서 중요한 위치를 차지하고 있으며, 바이오테크 산업 전반에 걸쳐 영향을 미치고 있습니다.

이들 기업은 스타트업 생태계에서 협력과 혁신의 본보기가 되고 있습니다. 일루미나는 자사의 플랫폼을 활용하여 새로운 스타트업과 연구 기관이 유전체 데이터를 기반으로 다양한 기술과 제품을 개발할 수 있도록 지원하고 있으며, 크리스퍼 테라퓨틱스는 유전자 편집 기술을 연구자와 의료 산업에 연결하며 새로운 가능성을 제시하고 있습니다. 이러한 생태계의 활성화는 단순히 개별 기업의 성공에 그치지 않고, 바이오 기술의 전반적인 발전과 글로벌 의료 문제 해결에 기여하고 있습니다.

일루미나와 크리스퍼 테라퓨틱스는 바이오 기술 스타트업 생태계의 대표적인 사례로, 각각 유전체 분석과 유전자 편집이라는 첨단 기술 분야에서 혁신을 주도하고 있습니다. 이들 기업의 성공은 바이오테크 산업이 창의적이고 도전적인 스타트업을 통해 어떻게 빠르게 발전할 수 있는지를 보여주며, 앞으로도 바이오 기술 생태계에서 지속적으로 중요한 역할을 할 것으로 기대됩니다.

중국, 급성장하는
바이오테크

2025년의 중국 바이오테크 산업은 '전략적 도약기'로 평가받고 있습니다. 미·중 기술 경쟁이 심화하는 가운데, 중국 정부는 바이오 기술을 반도체·AI와 함께 차세대 성장축으로 지정하며 전폭적인 지원을 강화하고 있습니다.

'복제'를 넘어 '혁신 주도형'으로 전환

2025년 1월, 국무원은 〈생명 건강산업 고품질 발전 행동계획 (2025–2030)〉을 발표해 바이오 신약, 합성 생물학, 세포·유전자 치료, 바이오 제조를 '4대 전략 분야'로 명시했습니다. 특히 '국가 바이오 보안법生物安全法' 이후 제도적 기반이 강화되면서, 연구 개발에서 임상, 생산, 수출까지 이어지는 전주기 생태계가 빠르게 고도화되고 있습니다. 주요 도시는 바이오테크 클러스터 간 경쟁 구도로 진입했으며, 상하이 푸둥은 신약 개발 중심의 '중국형 보스턴 모델'을, 선전과 광저우는 합성 생물학·디지털 헬스케어 중심의 '바이오테크+AI' 융합 전략을 전개하고 있습니다. 글로벌 시장에서도 중국 기업들은 FDA 승인 신약, 유전자치료제, 위탁개발생산CDMO 부문에서 잇따라 성과를 내며, 2025년을 기점으로 중국 바이오테크 산업은 '복제의 시대'를 넘어 '혁신 주도형 산업'으로 전환하고 있습니다.

중국 바이오테크 산업은 급격한 성장을 이루며 글로벌 바이오 시장에서 중요한 신흥 강자로 부상하고 있습니다. 중국의 바이오 기술 발전은 정부의 강력한 정책 지원, 연구 개발 투자, 그리고 글로벌 시장을 겨냥한 기업들의 전략적 접근 덕분에 가능했습니다. 한때 주로 의약품 복제 생산과 바이오시밀러Biosimilar(동등생물의약품) 분야에 집중했던 중국 바이오테크 산업은 이제 신약 개발, 세포 치료, 유전자 편집 등 첨단 기술 영역에서도 두각을 나타내며 세계 시장에서 그 입지를 넓혀가고 있습니다.

중국은 바이오테크 산업의 성장 가능성을 조기에 인식하고, 이를 국가 전략적 산업으로 지정하여 집중적으로 육성하고 있습니다. 특히 13차, 14차 5개년 계획과 같은 국가 경제 전략에서 바이오 기술을 주요 성장 동력으로 설정하고, 혁신적인 연구와 상업화를 장려하는 정책을 시행하고 있습니다. 이와 더불어 중국 정부는 대규모 연구 개발 투자와 함께 스타트업 육성, 글로벌 기술 도입, 해외 시장 진출을 적극 지원하고 있습니다. 이는 중국 바이오테크 산업이 단기간에 세계적으로 경쟁력 있는 기술과 제품을 보유할 수 있도록 한 중요한 요소로 작용했습니다.

중국 바이오테크 산업의 급성장은 지역적으로 형성된 바이오테크 클러스터를 중심으로 이루어지고 있습니다. 상하이, 베이징, 선전과 같은 주요 도시들은 세계적 수준의 연구소, 대학, 병원, 그리고 기업들이 집약된 생태계를 형성하며 바이오 기술 발전을 이끌고 있습니다. 이러한 클러스터는 연구 개발과 상업화 간의 격차를 좁히고, 국제적 협력을 통해 신약 개발과 바이오시밀러 생산을 촉진하는 데 중요한 역할을 하고 있습니다. 상하이 바이오테크 클러스터는 특히 제약 및 바이오시밀러 생산에 강점이 있으며, 베이징과 선전은 혁신적인 연구 개발과 세포치료제, 유전자 편집 기술 분야에서 활발한 활동을 보여주고 있습니다.

중국 바이오테크 산업의 빠른 성장은 세계 시장에서의 중국 기업들의 두드러진 활약으로도 나타납니다. 베이진BeiGene, 우시앱텍WuXi AppTec, 항서제약Jiangsu Hengrui Medicine과 같은 기업들은 글로벌 바이오 시장에서 경쟁력을 갖춘 신약 개발과 혁신적인 기술을 선보이고 있습니다. 베이진은 암 치료제 개발에서 독보적인 성과를 내고 있으며, 우시앱텍은 바이오 기술 위탁개발 및 제조CRO/CDMO 서비스로 글로벌 바이오 기업들과 협력하고 있습니다. 항서제약은 항암제와 바이오시밀러 분야에서 강점을 보이며 중국 바이오테크 산업의 위상을 높이고 있습니다. 이들 기업은 중국 바이오 기술의 상업적 가능성을 증명하며, 글로벌 시장에서 영향력을 확대하는 데 중요한 역할을 하고 있습니다.

떠오르는 AI 바이오 스타트업

다음은 중국의 떠오르는 AI 기반의 바이오 스타트업들을 소개하고자 합니다. BGI 제노믹스^{BGI Genomics}는 유전체 분석과 차세대 시퀀싱^{NGS} 전주기를 포괄하는 수직 통합형 모델을 통해 중국을 대표하는 정밀 의료 기업으로 자리매김해 왔습니다. 유전체 샘플의 수집·전처리, 라이브러리 준비, 시퀀싱, 바이오 인포매틱스 분석, 임상 리포팅, 데이터 보관과 보안까지 연결된 서비스 체인을 구축하여 연구용^{RUO}과 임상용^{IVD} 수요를 동시에 흡수하는 구조입니다. 산학연 임상 네트워크와 대규모 데이터 처리 역량을 바탕으로 희귀질환 진단 패널, 산전·신생아 선별, 암 액체 생검 등 고부가가치 카테고리를 확장해 왔으며, 자체 시퀀싱 플랫폼(계열사 MGI 시스템과 시약 생태계)과 표준화된 실험실 정보 관리 시스템^{LIMS}을 통해 단가를 낮추고 처리량을 높이는 규모의 경제를 실현해 왔습니다.

글로벌 연구 컨소시엄 참여, 해외 실험실 인증 획득, 데이터 거버넌스 준수 체계 고도화를 통해 국제 사업 비중을 높여왔고, 기술적으로는 장·단 독립 혼합 시퀀싱, 공간 전사체학, 단일세포 멀티 오믹스 같은 차세대 애플리케이션을 조기에 상용화하여 포트폴리오의 리스크를 분산하는 전략을 취해왔습니다. 동시에 개인정보·바이오 데이터 규제, 지정학적 공급망, 표준·인증 체계 변화에 민감하기에, 고신뢰 임상 검증과 규제 적합성, 지역별 데이터 주권 이슈에 대한 체계적 대응이 수익성 유지의 핵심 과제로 남아 있습니다.

항저우 DAC 바이오텍Hangzhou DAC Biotech은 항체 – 약물 접합체ADC 플랫폼에 특화된 신생 바이오텍으로, 링크커 화학과 접합 공정, 약물 – 항체 비율DAR 최적화, 종양 미세환경에서의 방출 제어 같은 핵심 공정 기술을 내재화하여 차별화를 꾀하고 있습니다.

이 회사의 전략적 초점은 두 축으로, 첫째는 표적 항원 선택의 정밀화와 페이로드 다양화를 통해 내성·독성 문제를 줄이는 차세대 ADC 파이프라인을 설계하는 것입니다. 둘째는 초기 – 중기 개발 단계에서 글로벌 제약사와의 공동 개발·라이선스 아웃을 통해 자본 효율을 높이는 것입니다. CMC(의약품의 개발부터 생산 전 과정을 아우르는 품질 관리 체계-편집자) 일관성 확보, 동물모델에서의 PK/PD(약물이 몸에 들어와서 어떻게 움직이고PK, 어떤 효과를 내는지PD 나타내는 약학의 핵심 지표-편집자) 상관, 임상 등급 생산 스케일업은 위탁개발생산CDMO 파트너십과 모듈형 공정 패키지로 대응하는 경향입니다.

경쟁 측면에서는 글로벌 톱티어 ADC 기업들이 차세대 링커·페이로드로 진입 장벽을 높이는 가운데, 중국 병원 네트워크와 실제 임상 데이터RWD 축적을 활용해 적응증 확장과 차별적 환자 세분화를 선점하려는 전략이 돋보입니다. 임상 독성 관리(특히 간독성·혈액

독성), 동반 진단 체계, 규제 기관의 CMC 요구 강화에 정교하게 대응할수록 기술 이전 밸류가 올라가며, 결과적으로 파이프라인의 옵션딜과 마일스톤 수취 가능성이 커지는 구조입니다.

아이카본엑스^{iCarbonX}는 유전체, 전사체, 단백질체, 대사체 같은 오믹스 데이터와 생활 습관·이미징·웨어러블 신호를 통합하는 멀티 모달 플랫폼을 중심으로, AI 기반의 디지털 라이프·정밀헬스 솔루션을 제시해 온 테크-바이오 기업입니다. 데이터 수집-정제-표현학습-개인화 예측-인터벤션 추천으로 이어지는 파이프라인을 보유하며, 표현학습 단계에서는 대규모 비지도·자기 지도 학습으로 잠재 표현을 안정화하고, 다운스트림에서는 질환 위험도 예측, 영양·운동·수면·스트레스 관리의 개인화 코칭, 제약사의 환자 세분화·임상 설계 지원 같은 B2B·B2C 혼합 모델을 전개해 왔습니다. 핵심 경쟁력은 대규모 라벨 부족과 이질적 데이터에 대한 강건한 모델링, 프라이버시 보존(페더레이티드 러닝, 차등 프라이버시), 의료 현장 도입을 위한 설명 가능성과 규제 적합성의 균형에 있습니다. 수익모델은 소비자 구독형 건강관리, 보험·헬스케어 제공자와의 리스크 조정 협업, 제약·바이오 기업 대상 RWD/RWE(실제 임상 근거, Real-World Evidence-편집자) 분석과 타깃 발굴, 디지털 바이오마커 공동 개발 등으로 다변화되는 추세입니다. 장기적으로는 멀티 오믹스-이미징-임상 텍스트를 아우르는 '재현, 가능한 실세계 증거' 생성 능력이 진입 장벽이 되며, 데이터 주권과 상호운용성 표준, 알고리즘 책임성에 대한 선제적 거버넌스가 글로벌 확장의 관건입니다.

　세 기업의 공통 분모는 바이오와 디지털·AI의 융합을 통해 비용 구조를 낮추고 정확도를 높이면서, 글로벌 규제·표준·데이터 거버넌스에 정면 대응한다는 점입니다. BGI 제노믹스는 대규모 시퀀싱 인프라와 분석 자동화를 통해 정밀 의료의 단가를 낮추는 스케일 전략을, 항저우 DAC 바이오텍은 ADC라는 고난도 플랫폼에서 품질·공정 일관성을 무기로 기술 이전과 공동 개발의 자본 효율을, 아이카본엑스는 멀티 모달 데이터와 AI로 예방·예측 중심의 헬스케어 전환을 가속하는 플랫폼 전략을 대표합니다.

　중국 바이오 생태계 전반에서는 신약 개발(항암·면역·대사질환), 위탁개발 및 제조CRO/CDMO, 디지털 헬스·AI 바이오마커가 삼각 축을 형성하며, 각 축이 서로 데이터를 주고받는 개방형 협업이 확대되는 흐름입니다. 앞으로는 공간 오믹스와 단일세포 해상도의 임상 적용, 차세대 ADC·이중특이항체·세포 유전자 치료의 병용·서로 게이트 엔드포인트 정립, 실세계 데이터 기반 적응형 임상과 같은 영역에서 AI가 실질적 가치를 증명할수록, 중국의 바이오 – AI 기업들이 글로벌 시장에서 파트너십과 공동 개발을 통해 존재감을 더욱 키울 가능성이 큽니다.

유럽, 바이오 혁신의 허브

유럽에서의 바이오테크 산업은 오랜 전통과 혁신이 결합한 독특한 특징을 지니며, 전 세계 바이오 기술 발전에 중요한 역할을 해왔습니다. 유럽은 초기 제약 산업의 발전과 함께 바이오 기술이 태동한 지역 중 하나로, 분자생물학과 유전학 연구의 기초를 마련하며 현대 바이오테크 산업의 발전을 이끌었습니다. 이 지역의 바이오테크 산업은 뛰어난 연구 환경과 학문적 전통을 바탕으로 지속적인 발전을 해왔으며, 최근에는 첨단 바이오 기술 혁신을 통해 글로벌 바이오 시장에서 경쟁력을 유지하고 있습니다.

제약을 넘어 생명공학 기술로 확장

유럽 바이오테크 산업의 전통은 제약 강국으로서의 역사를 기반으로 형성되었습니다. 스위스의 로슈Roche와 노바티스Novartis, 프랑스의 사노피Sanofi, 독일의 바이엘Bayer과 같은 글로벌 제약 회사들은 20세기 초부터 신약 개발과 의약품 상업화에서 선도적인 역할을 해왔습니다. 이들 기업은 유럽의 과학적 연구와 의료 기술을 상업적으로 성공시키며 바이오 기술 혁신의 기초를 마련했습니다. 유럽의 제약 산업은 오랫동안 품질과 안전성을 중시하며 신뢰를 쌓아왔고, 이는 오늘날 바이오 기술 분야에서도 지속되고 있는 특징입니다.

최근 유럽 바이오테크 산업은 전통적인 제약 분야를 넘어 첨단 생명공학 기술로 그 범위를 확장하고 있습니다. 유럽은 유전자 편집 기술, 세포 및 유전자치료제, 합성 생물학 등 혁신적인 분야에서 세계적인 주목을 받고 있습니다. 특히 독일과 스위스는 바이오테크 스타트업과 연구소가 밀집된 지역으로, 정밀 의학과 혁신적인 치료제 개발에서 중요한 역할을 하고 있습니다. 또한, 프랑스와 영국은 바이오 데이터와 AI를 결합하여 질병 진단과 약물 개발의 효율성을 높이는 데 집중하고 있습니다. 바이오엔텍BioNTech과 같은 혁신적인 기업은 mRNA 기술을 기반으로 코로나19 백신을 개발하며 전 세계적으로 유럽 바이오 기술의 우수성을 알리는 계기가 되었습니다.

유럽 바이오테크 산업의 혁신은 강력한 연구 환경과 제도적 지원을 통해 가능했습니다. 유럽은 세계에서 가장 높은 수준의 과학 연구 인프라를 보유하고 있으며, 독일의 막스 플랑크 연구소Max Planck Institute, 스위스의 바젤 생명과학 클러스터 등은 생명과학 연구의 중심지로 자리 잡고 있습니다. 이러한 연구소들은 기초 연구와 응용 연구 간의 협력을 촉진하며, 바이오 기술 발전의 밑바탕이 되고 있습니다.

유럽 바이오테크 산업은 환경과 지속가능성을 중시하는 점에서도 차별화됩니다. 유럽은 전통적으로 환경 문제와 지속 가능한 발전에 민감한 지역으로, 바이오 기술을 활용하여 친환경 농업, 생분해성 플라스틱, 바이오연료와 같은 분야에서 혁신을 이루고 있습니다. 이러한 노력은 단순히 경제적 이익을 넘어 지속 가능한 사회를 위한 기여로 평가받고 있습니다.

혁신과 성장을 이끌다
: 로슈, 노바티스, 사노피

유럽 바이오 기술 산업에서 로슈Roche, 노바티스Novartis, 사노피Sanofi는 글로벌 제약 및 바이오테크 분야를 선도하는 대표적인 기업으로, 각각의 독창적인 전략과 기술력을 바탕으로 바이오 의약품 시장에서 혁신과 성장을 이끌고 있습니다. 이들 기업은 오랜 역사와 강력한 연구 개발R&D 역량을 통해 글로벌 바이오테크 산업의 핵심 플레이어로 자리매김했으며, 신약 개발, 바이오시밀러 생산, 정밀 의학 분야에서의 선도적 역할을 통해 유럽이 바이오 혁신의 허브로 기능하는 데 중요한 역할을 하고 있습니다.

로슈는 스위스 바젤에 본사를 둔 제약 및 바이오테크 기업으로, 전 세계에서 가장 큰 바이오 의약품 제조사 중 하나로 평가받고 있습니다. 로슈는 항암제와 희귀질환 치료제 개발에서 독보적인 위치를 차지하고 있으며, 혁신적인 항암제 포트폴리오를 통해 전 세계 암 환자들에게 새로운 치료 옵션을 제공하고 있습니다. 대표적인 제품으로는 허셉틴Herceptin, 아바스틴Avastin, 퍼제타Perjeta와 같은 항암제가 있으며, 이들은 각각 유방암, 대장암, 비소세포폐암과 같은 다양한 암종에서 효과를 입증했습니다. 또한, 로슈는 바이오 의약품 개발과 함께 진단 기술에서도 강점을 보유하고 있습니다. 특히 분자 진단과 유전자 분석 기술은 정밀 의학을 실현하는 데 있어 중요한 역할을 하고 있으며, 이는 로슈를 바이오 기술 혁신의 선두 주자로 자리 잡게 합니다.

노바티스는 로슈와 함께 스위스를 기반으로 한 글로벌 제약 회사로, 신약 개발과 바이오 의약품 상업화에서 탁월한 성과를 내고 있습니다. 노바티스는 특히 세포 및 유전자치료제 분야에서 두각을 나타내며, 첨단 치료 옵션을 개발하는 데 집중하고 있습니다. 대표적인 사례로는 세계 최초의 CAR-T 치료제인 킴리아Kymriah를 들 수 있습니다. 이 치료제는 환자 맞춤형 세포치료제로, 혈액암 환자들에게 획기적인 치료 옵션을 제공하며 면역 치료의 새로운 가능성을 열었습니다. 또한, 노바티스는 황반변성 치료제 루센티스Lucentis와 같은 안과 의약품 개발에서도 선도적 역할을 하고 있으며, 유전자 치료제 분야에서 첨단 기술을 활용해 유전 질환 치료에 중점을 두고 있습니다.

사노피는 프랑스 파리에 본사를 둔 유럽 최대의 제약 기업으로, 백신과 희귀질환 치료제 개발에서 강점이 있습니다. 사노피는 전염병 예방을 위한 백신 연구와 개발에 지속적으로 투자하며, 글로벌 백신 시장에서 주도적인 위치를 유지하고 있습니다. 특히 사노피의 자회사인 사노피 파스퇴르Sanofi Pasteur는 전 세계적으로 인플루엔자, 황열, B형 간염과 같은 질병 예방을 위한 백신 개발과 보급에 기여하고 있습니다. 또한, 사노피는 유전 질환과 희귀질환 치료제 개발에 집중하며, 이 분야에서 다수의 혁신적인 치료제를 상업화했습니다. 대표적인 약물로는 파브리병과 고셔병 치료제인 젠자임Genzyme 제품군이 있으며, 이는 희귀질환 환자들에게 획기적인 치료 옵션을 제공하고 있습니다.

이들 기업은 단순히 개별적인 성공을 넘어서, 유럽 전체 바이오 기술 생태계의 성장과 발전을 견인하는 데 중요한 역할을 하고 있습니다. 로슈는 진단과 치료를 결합한 정밀 의학 접근법을 통해 치료 효율성을 극대화하고 있으며, 노바티스는 첨단 세포 및 유전자 치료 기술을 통해 바이오 의약품의 새로운 장을 열고 있습니다. 사노피는 백신과 희귀질환 치료제 개발로 글로벌 의료 문제 해결에 기여, 바이오 기술의 사회적 가치를 실현하고 있습니다.

바이오 기술의 허브
: 스위스, 독일, 영국

유럽은 바이오 기술 혁신의 중심지로 자리 잡고 있으며, 특히 스위스, 독일, 영국은 각각 독특한 강점과 전문성을 기반으로 바이오테크 산업에서 세계적으로 중요한 역할을 하고 있습니다. 이들 국가는 뛰어난 연구 인프라와 정부의 지원, 글로벌 기업과의 협력 등을 통해 바이오 기술 혁신을 선도하며 유럽을 바이오 기술 허브로 만들고 있습니다.

스위스는 전통적으로 제약 산업과 바이오테크 분야에서 세계적인 리더십을 유지해 온 국가로, 특히 로슈와 노바티스와 같은 글로벌 제약 회사들이 본거지로 자리 잡고 있습니다. 스위스는 연구와 상업화를 긴밀히 연결하는 독특한 생태계를 구축하여 바이오 의약품 개발에서 탁월한 성과를 내고 있습니다. 바젤 지역은 세계적인 생명과학 클러스터로 알려져 있으며, 혁신적인 스타트업, 대형 제약사, 그리고 연구소들이 밀집하여 협력과 경쟁을 통해 혁신을 촉진하고 있습니다. 스위스는 또한 강력한 지식재산권 보호와 기업 친화적인 정책을 통해 바이오 기업에 안정적이고 신뢰할 수 있는 환경을 제공합니다. 이러한 환경은 정밀 의학, 유전자 치료, 항암제 개발과 같은 첨단 기술 분야에서 지속적인 발전을 가능하게 하고 있습니다.

독일은 유럽 최대의 경제 규모를 바탕으로 바이오 기술 발전에서도 중요한 위치를 차지하고 있습니다. 독일은 전통적으로 화학 및 제약 산업에서 강한 경쟁력을 가지고 있으며, 최근에는 이를 기반으로 생명공학 분야로 그 역량을 확장하고 있습니다. 독일의 주요 바이오 클러스터는 뮌헨, 하이델베르크, 그리고 베를린을 포함하며, 이들 지역은 대학, 연구소, 그리고 기업 간의 긴밀한 협력을 통해 바이오 혁신을 이루고 있습니다. 특히 독일은 바이오 기술과 디지털 기술의 융합을 촉진하며, AI를 활용한 신약 개발, 바이오 데이터 분석 등에서 두각을 나타내고 있습니다. 독일은 또한 바이오엔텍과 같은 혁신적인 기업이 자리 잡은 곳으로, 코로나19 백신 개발을 통해 mRNA 기술의 상업적 성공을 이루며 글로벌 바이오테크 산업의 변화를 주도하고 있습니다.

영국은 세계적 수준의 학문적 연구와 스타트업 생태계를 바탕으로 바이오 기술 혁신에서 중요한 역할을 하고 있습니다. 특히 케임브리지와 옥스퍼드 같은 전통적인 연구 중심지와 런던을 포함한 생명과학 클러스터는 바이오테크 산업의 중심지로 자리 잡고 있습니다. 영국은 암 연구, 유전체학, 재생 의학과 같은 분야에서 뛰어난 연구 결과를 바탕으로 글로벌 바이오테크 산업을 선도하고 있습니다. 예를 들어, 영국의 연구 기관들은 인간 게놈 프로젝트에서 핵심적인 역할을 했으며, 이를 통해 정밀 의학과 맞춤형 치료의 기반을 마련했습니다. 또한 영국은 아스트라제네카AstraZeneca와 같은 글로벌 제약 기업뿐만 아니라 다양한 혁신적인 바이오 스타트업이 성장할 수 있는 환경을 제공하며, 이들 기업은 신약 개발과 바이오시밀러 생산에서 중요한 성과를 거두고 있습니다.

스위스, 독일, 영국은 각각의 고유한 강점을 바탕으로 바이오 기술 발전을 선도하며 유럽 바이오 혁신의 허브로 자리 잡고 있습니다. 스위스는 안정적이고 혁신적인 기업 환경과 강력한 글로벌 제약사를 중심으로, 독일은 디지털 기술과 바이오 기술의 융합을 통해, 영국은 세계적 수준의 연구 기반과 스타트업 생태계를 통해 유럽 바이오테크 산업의 성장과 발전을 이끌고 있습니다. 이들 국가의 협력과 경쟁은 유럽이 글로벌 바이오 기술 시장에서 지속적으로 중요한 위치를 유지하는 데 핵심적인 역할을 하고 있습니다. 앞으로도 스위스, 독일, 영국은 각자의 전문성을 바탕으로 바이오 기술의 새로운 가능성을 열어가며, 글로벌 바이오테크 산업에 중대한 역할을 할 것으로 기대됩니다.

일본, 차세대 성장 동력

일본의 바이오테크 산업은 전통적인 제약 강국으로서의 역사와 첨단 기술 개발 역량을 바탕으로 차세대 성장 동력으로 자리 잡고 있습니다. 일본은 세계적인 제약 기업과 연구 인프라를 통해 바이오 의약품 개발에서 두각을 나타내고 있으며, 재생 의학, 유전자 치료, 희귀질환 치료제와 같은 첨단 바이오 기술 분야에서도 활발한 성과를 이루고 있습니다. 그러나 이러한 강점에도 불구하고 일본 바이오테크 산업은 글로벌 시장에서의 경쟁력 강화를 위해 여러 도전 과제를 극복해야 하는 상황에 직면해 있습니다.

오랜 제약 산업의 전통과
축적된 기술 역량

일본 바이오테크 산업의 강점은 오랜 제약 산업의 전통과 그로부터 축적된 기술 및 연구 개발 역량에서 비롯됩니다. 다케다Takeda, 아스텔라스Astellas, 다이이찌산쿄Daiichi Sankyo와 같은 세계적인 제약 기업들은 바이오테크 산업을 대표하며, 글로벌 신약 개발과 상업화에서 중요한 역할을 하고 있습니다. 이들 기업은 항암제, 희귀질환 치료제, 면역 억제제와 같은 고부가가치 의약품 개발에서 강점이 있으며, 이를 통해 글로벌 시장에서도 높은 평가를 받고 있습니다. 특히 다케다가 샤이어Shire(영국에서 시작한 다국적 제약회사로 혈우병, 유전질환 등 희귀질환 치료에 특화된 제약사로 2019년 다케다가 인수함)를 인수하며 희귀질환 치료제 분야에서 입지를 강화했고, 아스텔라스는 면역 억제제와 비뇨기 질환 치료제 개발에서 두각을 나타내고 있습니다. 이러한 강점은 일본이 세계 제약 및 바이오테크 산업에서 차별화된 위치를 유지하는 데 기여하고 있습니다.

또한, 일본은 재생 의학과 유전자 치료와 같은 첨단 기술 분야에서 선도적인 위치를 차지하고 있습니다. 일본은 iPS 세포(유도 만능 줄기세포) 기술 개발로 세계적인 주목을 받았으며, 이는 노벨상을 수상한 야마나카 신야 박사의 연구를 통해 가능해졌습니다. 이 기술은 손상된 조직과 장기를 재생하거나 새로운 치료 옵션을 개발하는 데 활용될 수 있어, 의료 혁신의 가능성을 크게 확장시켰습니다. 일본은 또한 유전자치료제 개발에서도 두각을 나타내며, 유전자 편집 기술을 활용한 정밀 의학을 통해 질병 치료의 새로운 패러다임을 제시하고 있습니다. 이러한 기술적 강점은 일본 바이오테크 산업이 글로벌 첨단 바이오 기술 시장에서 경쟁력을 확보하는 데 중요한 요소로 작용하고 있습니다.

그러나 일본 바이오테크 산업은 여러 도전 과제에도 직면해 있습니다. 첫째, 인구 고령화로 인해 일본 내 의료 수요가 급격히 증가하고 있지만, 이와 동시에 제한된 국내 시장 규모로 인해 확장이 필수적입니다. 일본 기업들은 글로벌 시장에서 경쟁력을 강화하기 위해 연구 개발 투자와 국제 협력을 확대해야 하는 과제를 안고 있습니다. 둘째, 규제 환경의 복잡성과 보수적인 기업 문화는 바이오 스타트업의 성장과 혁신을 제한하는 요인으로 지적되고 있습니다. 일본은 첨단 기술 개발과 상업화의 격차를 줄이기 위해 보다 유연하고 혁신적인 규제 시스템과 스타트업 생태계 지원이 필요합니다. 셋째, 일본은 미국과 유럽, 그리고 최근 급성장하고 있는 중국과의 기술 경쟁에서 앞서기 위해 더 많은 자원과 인프라를 바이오 기술 분야에 집중해야 합니다.

독자적인 연구 개발과
헬스케어를 선도하는 강자

다케다, 아스텔라스, 다이이찌산쿄는 일본을 대표하는 글로벌 바이오 기업으로, 각각 독창적인 연구 개발 전략과 글로벌 헬스케어 시장에서의 강력한 입지를 통해 바이오 기술 발전을 이끌고 있습니다. 이들 기업은 항암제, 희귀질환 치료제, 면역 억제제와 같은 고부가가치 의약품 개발에서 세계적인 성과를 이루어내며 일본 바이오테크 산업을 글로벌 무대에서 선도하고 있습니다. 또한, 일본 특유의 연구 기반과 혁신적 접근 방식을 결합하여 첨단 의료 기술 개발에 기여하며, 글로벌 의료 문제 해결에 중요한 역할을 하고 있습니다.

다케다는 일본 최대의 제약 회사로, 글로벌 바이오테크 산업에서 그 위상이 독보적입니다. 이 회사는 전통적인 제약 산업에서부터 첨단 바이오 기술로 사업 영역을 확장하며, 세계적인 시장에서 강력한 경쟁력을 유지하고 있습니다. 특히 다케다는 2019년 샤이어를 인수하여 희귀질환 치료제 분야에서 강력한 입지를 확보했습니다. 이러한 인수는 다케다가 글로벌 제약 및 바이오 시장에서의 지배력을 강화하고, 첨단 바이오 의약품 개발에서 기술적 우위를 차지하는 데 중요한 전환점이 되었습니다. 또한, 다케다는 항암제, 혈우병 치료제, 소화기 질환 치료제 등 다양한 치료제 포트폴리오를 보유하고 있으며, 정밀 의학과 유전자 치료 기술 개발에도 지속적으로 투자하고 있습니다. 이러한 노력은 다케다가 글로벌 헬스케어 시장에서 선도적인 역할을 유지하는 데 기여하고 있습니다.

아스텔라스는 면역 억제제와 비뇨기 질환 치료제 분야에서 세계적으로 두각을 나타내는 일본의 주요 바이오 기업입니다. 아스텔라스는 혁신적인 치료법 개발에 중점을 두며, 면역 조절과 유전자 치료에서 중요한 성과를 이루어냈습니다. 이 회사는 장기 이식 환자를 위한 면역 억제제 개발로 유명하며, 이를 통해 수많은 환자에게 생명을 연장할 수 있는 치료 옵션을 제공하고 있습니다. 또한, 아스텔라스는 신약 개발 과정에서 첨단 기술을 활용하여 난치성 질환 치료제 개발에 주력하고 있습니다. 특히 유전자 치료와 세포 치료 분야에서 혁신적인 기술을 도입하며 글로벌 바이오 기술 시장에서 입지를 강화하고 있으며, 이러한 기술은 개인 맞춤형 치료의 가능성을 확대하며 정밀 의학 발전에 기여하고 있습니다.

다이이찌산쿄는 항암제 개발에서 탁월한 성과를 보여주는 일본 바이오테크 산업의 또 다른 선도 기업입니다. 이 회사는 암 치료제 포트폴리오를 통해 글로벌 시장에서 강력한 입지를 구축하고 있으며, HER2 양성 유방암 치료제 엔허투Enhertu와 같은 혁신적인 약물을 통해 암 치료의 새로운 기준을 제시하고 있습니다. 다이이찌산쿄는 정밀 의학을 기반으로 표적 치료제를 개발하며 암 치료 효과를 극대화하고 부작용을 최소화하는 데 주력하고 있습니다. 또한, 면역항암제와 항체-약물 결합체ADC와 같은 첨단 기술을 활용하여 암 치료의 효율성과 안전성을 획기적으로 향상시키고 있습니다. 이러한 기술력은 다이이찌산쿄가 글로벌 암 치료 시장에서 독보적인 위치를 유지하도록 하고 있으며, 암 환자들에게 새로운 희망을 제공하고 있습니다.

이들 기업의 성공은 단순히 상업적 성과에 그치지 않고, 글로벌 헬스케어 문제를 해결하는 데 기여하며, 일본 바이오테크 산업의 위상을 강화하고 있습니다. 다케다는 글로벌 시장에서의 적극적인 확장 전략을 통해 바이오테크 산업의 글로벌 리더로 자리매김했으며, 아스텔라스는 혁신적인 면역 억제제와 유전자 치료 기술로 차별화된 경쟁력을 보여주고 있습니다. 다이이찌산쿄는 정밀 의학을 기반으로 한 항암제 개발을 통해 암 치료의 새로운 가능성을 열어가고 있습니다. 이러한 기업들의 활동은 일본 바이오 기술이 단순한 제약 강국을 넘어, 첨단 기술 기반의 바이오테크 산업 강국으로 도약하고 있음을 보여줍니다.

전통 제약사와 바이오테크의 융합

일본 바이오 기술 산업은 전통적인 제약 강국으로서의 역사와 현대적인 바이오 기술이 융합되며 독특한 발전 양상을 보여주고 있습니다. 일본은 다케다, 아스텔라스, 다이이찌산쿄와 같은 전통 제약사들이 주도하는 강력한 기초 위에, 첨단 바이오 기술로 혁신을 끌어내며 글로벌 바이오 시장에서의 경쟁력을 강화하고 있는 것입니다. 이는 오랜 기간 축적한 제약 기술과 연구 개발 역량을 바탕으로 새로운 바이오테크 시대에 적응하고, 글로벌 의료 시장의 변화에 적극적으로 대응하는 전략입니다.

전통 제약사들은 오랜 연구 개발 경험과 안정적인 글로벌 네트워크를 통해 바이오 기술을 적극적으로 수용하고 있습니다. 다케다는 일본 최대의 제약사로, 글로벌 바이오 시장에서의 입지를 강화하기 위해 2019년 샤이어를 인수하여 희귀질환 치료제 분야에서 경쟁력을 크게 높였습니다. 이를 통해 다케다는 전통적인 제약 영역을 넘어, 유전자 치료와 같은 첨단 바이오 기술 영역으로 사업을 확장하며 새로운 성장 동력을 확보하고 있습니다. 아스텔라스는 면역 억제제와 유전자 치료를 기반으로 한 혁신적인 치료제 개발에 집중하며, 장기 이식 환자와 희귀질환 환자를 위한 치료 옵션을 제공하고 있습니다. 다이이찌산쿄는 정밀 의학을 바탕으로 한 항암제 개발에서 탁월한 성과를 보이며, HER2 양성 유방암 치료제 엔허투를 통해 글로벌 항암제 시장에서 높은 평가를 받고 있습니다.

이와 더불어 바이오테크 스타트업과의 협력을 통해 새로운 치료제와 기술 개발을 가속화하고 있습니다. 일본은 재생 의학과 유전자 편집 기술 분야에서 세계적인 연구 성과를 내며 바이오테크 혁신을 주도하고 있습니다. 대표적인 사례로는 iPS 세포 기술을 들 수 있습니다. 이는 야마나카 신야 박사의 연구를 기반으로 하며, 손상된 조직과 장기를 재생하거나 치료제를 개발하는 데 활용되고 있습니다. 전통 제약사들은 이러한 바이오테크 기술을 상업화하여 의료 시장에서 새로운 기회를 창출하고 있으며, 정부와 학계와의 협력을 통해 바이오테크 스타트업 생태계를 강화하고 있습니다.

일본 정부의 지원도 전통 제약사와 바이오 기술의 융합을 촉진하는 중요한 역할을 담당하고 있습니다. 정부는 바이오 기술을 국가적 성장 동력으로 지정하고, 바이오테크 연구와 상업화를 위한 정책적 지원을 아끼지 않고 있습니다. 특히, 정부는 재생 의학과 유전자 치료 기술을 우선 지원 분야로 선정하고, 연구 개발 보조금과 규제 완화 정책을 통해 기업들이 혁신적인 기술을 도입하고 상업화할 수 있는 환경을 조성하고 있습니다. 또한, 일본은 전 세계적인 기술 협력을 강화하여 글로벌 바이오 시장에서의 경쟁력을 높이고 있으며, 이러한 노력은 전통적인 제약 기술과 첨단 바이오테크의 융합을 더욱 촉진하고 있습니다.

더 치열해진 바이오 패권 경쟁

미국은 바이오 기술의 리더로서, 정부의 강력한 지원과 지역적 바이오 클러스터의 협력을 통해 제조와 R&D에서 혁신의 중심지로 자리매김하고 있습니다. 특히, 미국의 바이오 생태계는 정부의 투자, 클러스터 네트워크, AI 기술의 접목을 통해 첨단 바이오 기술의 발전과 상업화를 가속하며 세계 시장을 선도하고 있습니다.

미국, 바이오 제조와 R&D 허브

미국 정부는 바이오 혁신을 위해 국립보건원National Institutes of Health, NIH 과 생물의학첨단연구개발국Biomedical Advanced Research and Development Authority,

BARDA과 같은 기관을 중심으로 대규모 연구 개발 투자와 정책 지원을 펼치고 있습니다. NIH는 생명과학 분야에서 가장 큰 연구 자금 지원 기관으로, 기초 연구부터 응용 연구에 이르기까지 다양한 연구 개발 활동을 촉진하고 있습니다. NIH의 지원은 신약 개발, 유전자 치료, 면역 치료 등 첨단 바이오 기술 분야에서 혁신을 이끌며, 바이오 기술의 글로벌 선두 주자로 자리매김하는 데 핵심적인 역할을 담당하고 있습니다. BARDA는 전염병과 같은 국가적 보건 위기에 대비하기 위해 혁신적인 치료제와 백신 개발을 지원하며, 팬데믹 상황에서도 mRNA 백신 개발과 같은 중요한 성과를 이뤄냈습니다. 이러한 정부 기관의 전략적 투자와 정책적 지원은 바이오 기술의 혁신을 가능하게 하는 토대가 되고 있습니다.

미국의 바이오 클러스터는 제조와 R&D의 허브로서 중요한 역할을 하고 있으며, 특히 보스턴과 샌프란시스코는 세계적으로 가장 혁신적인 바이오 클러스터로 평가받고 있습니다. 보스턴 지역은 MIT, 하버드대학과 같은 세계적인 연구 기관과 다수의 바이오테크 기업이 밀집해 있어 바이오 기술 혁신의 중심지로 자리 잡고 있습니다. 이 지역은 대학과 기업 간의 협력이 활발히 이루어져 기초 연구와 상업화 간의 차이를 좁히는 데 중요한 역할을 하고 있습니다. 샌프란시스코는 실리콘밸리의 기술 혁신과 바이오테크 산업이 결합한 독특한 환경을 제공하며, AI와 빅데이터를 활용한 정밀 의학과 신약 개발에서 두드러진 성과를 나타내고 있습니다. 이러한 바이오 클러스터는 인프라, 연구 인력, 자금 조달 측면에서 글로벌 바이오 기술의 중심지로 기능하며, 미국이 바이오테크 산업에서 지속적으로 선도적 위치를 유지하도록 지원하고 있습니다.

AI와 바이오의 융합은 미국이 바이오 데이터 활용의 선두 주자로 자리 잡는 데 핵심적인 역할을 하고 있습니다. 바이오 기술과 AI의 결합은 유전체 데이터 분석, 신약 후보 물질 발굴, 질병 예측 모델 개발과 같은 분야에서 혁신을 가속화하고 있습니다. 미국의 기업과 연구 기관들은 대규모 바이오 데이터를 활용해 질병의 원인을 분석하고, 맞춤형 치료제를 개발하며 정밀 의학의 가능성을 확대하고 있습니다. 예를 들어, AI 기반 플랫폼을 활용하여 신약 후보 물질을 신속히 발굴하거나, 유전자 데이터와 임상 데이터를 결합해 특정 환자에게 적합한 치료법을 제안하는 시스템이 개발되고 있습니다. 이러한 AI 기술은 연구 속도를 획기적으로 높이고 비용을 절감하며, 바이오 기술의 상업적 성공 가능성을 크게 향상시키고 있습니다.

바이오 기술 생태계는 미국 정부의 전략적 투자, 지역적 바이오 클러스터의 강력한 네트워크, 그리고 AI와의 융합을 통해 세계적으로 독보적인 경쟁력을 유지하고 있습니다. NIH와 BARDA를 중심으로 한 정부의 지원은 바이오 기술 혁신의 기반을 마련하고 있으며, 보스턴과 샌프란시스코와 같은 바이오 클러스터는 연구 개발과 제조의 중심지로 기능하며 세계적인 혁신을 이끌고 있습니다. 또한, AI와 바이오 기술의 결합은 바이오 데이터 활용과 신약 개발의 새로운 가능성을 열어가며, 미국이 바이오 기술 분야에서 지속적으로 글로벌 리더십을 유지할 수 있도록 하고 있습니다.

아울러 2025년에도 다양한 정책 산업 동향이 있었습니다. 미국은 2025년을 전후로 바이오 제조와 R&D를 국가 전략 차원에서 재편하고 있으며, 이는 단기적 경기부양책이 아니라 향후 10년 이상 지속될 구조적 변화로 평가됩니다. 팬데믹 이후 공급망 재편과 지정학적 불확실성이 커지면서 미국은 바이오·제약 산업의 국내 제조 역량을 국가 안보의 핵심 요소로 인식하고 있습니다. 이에 따라 연방 정부는 생명공학을 전략산업으로 격상시키고, '국가생명공학 이니셔티브법National Biotechnology Initiative Act' 등을 통해 조정 기구를 신설하며, 허가 및 인허가 절차를 간소화하고 있습니다. 동시에 Roche 등 글로벌 제약사들이 수십억 달러 규모의 미국 내 제조 및 연구 투자 계획을 발표하면서 민간 부문에서도 대규모 투자가 이어지고 있습니다. 이러한 정책과 산업적 움직임은 AI·디지털 기술과 생명공학의 융합, 고숙련 인재 확보, 학계·산업 간 협력 확대 등과 맞물려 미국이 세계 바이오 제조 및 R&D 허브로 도약하기 위한 장기 전략을 본격적으로 실행 중임을 보여줍니다.

중국, 정부 주도의 바이오 육성 계획

중국은 제14차 5개년 계획을 기점으로 바이오를 국가성장 엔진이자 전략적 자립의 핵심 축으로 격상시켰으며, 이를 통해 산업 구조 전반을 생명공학 중심의 고부가가치 체제로 전환하려는 장기 로드맵을 가동하고 있습니다. 이 구상은 의약과 의료를 넘어서 농업, 환경, 소재, 에너지, 디지털 인프라에 이르기까지 경제 전 부문에 생물학적 지식과 공정을 스며들게 하는 방향으로 설계되어 있습니다. 정부는 기술 혁신과 산업화, 제도·재정지원이 순환하는 체계를 표준화하여, 연구 개발 성과가 임상·제조·유통·시장으로 매끄럽게 이동이 되도록 하는 것을 정책 설계의 출발점으로 삼고 있습니다. 특히 '기술 혁신 → 산업화 → 정책 지원'이라는 단계적 경로를 고정된 선형 흐름으로 보지 않고, 임상 데이터·제조 데이터·규제 데이터가 상호 강화되는 순환 구조로 설계했다는 점이 특징입니다.

거버넌스 측면에서 국무원과 국가발전개혁위원회가 거시 전략과 투자 방향을 설정하고, 과기부, 공업정보화부, 국가약품감독관리국(NMPA), 농업농촌부 등이 분야별 규제·인증·표준을 정합적으로 조율하는 체계를 구축했습니다. 이 과정에서 임상시험 인허가의 예측 가능성을 높이고, GMP(의약품 제조 및 품질관리 기준-편집자)와 GCP(의약품 임상시험 관리 기준-편집자) 등 국제 기준에의 수렴을 가속하여 해외 협력과 글로벌 상업화를 염두에 둔 제도적 인프라를 확충하고 있습니다. 지식재산권 측면에서는 특허 심사 속도와 품질을 제고하고, 규제데이터 보호·독점권 부여 기간의 명확화를 통해 혁신 유인의 확실성을 높이려는 시도가 병행되고 있습니다. 이러한 제도적 개선은 단기적으로는 시장 진입의 경로를 넓히고, 장기적으로는 오리지널 혁신의 비용과 리스크를 상쇄하는 역할을 의도하고

딥테크 바이오 에너지 전쟁

있습니다.

산업화 측면에서는 바이오 제조 역량과 임상 개발 역량의 동시 확장이 핵심 축으로 제시됩니다. 세포·유전자 치료제, 항체·백신, 합성 생물학 기반 원료·중간체, 고기능 바이오소재 등에서 '개발 – 파일럿 – 스케일업'의 병목을 줄이기 위해 공용 파일럿 플랜트와 CDMO(위탁개발) 인프라를 확대하고, 품질 관리QA/QC와 데이터 인프라를 표준화하는 자원을 집중하고 있습니다. 이를 통해 소규모의 개별 혁신이 대량 생산과 글로벌 서플라이체인으로 신속히 연결되도록 하는 것이 목표입니다. 더불어 고성능 배양기, 일회용 공정, 정밀여과·크로마토그래피 등 핵심 장비·소재의 국산화율을 끌어올려 비용과 공급망 리스크를 동시에 낮추려는 시도가 병행되고 있습니다.

농업·환경·에너지와의 융합은 중국식 바이오경제의 차별점으로 강조됩니다. 농업에서는 유전자가위와 분자 육종, 미생물 기반 생물비료·생물농약, 정밀 사료·대체 단백질 등으로 식량안보와 생산성의 이중 목표를 지향하고 있습니다. 환경 영역에서는 폐수·폐가스 처리, 생물 복원bioremediation, 분해성 바이오플라스틱과 순환형 바이오화학 공정을 확대하여 탄소집약도를 낮추는 경로가 제시됩니다. 에너지 분야에서는 바이오가스·바이오에탄올·바이오디젤과 같은 1·2세대 바이오연료를 넘어, 합성 생물학과 촉매 공정을 결합한 차세대 바이오화학·바이오연료의 상용화를 통해 화석 연료 의존도를 점진적으로 축소하는 방향을 취하고 있습니다. 이러한 융합 전략은 '생물자원 – 공정 – 데이터'가 맞물린 생산 네트워크를 형성하여, 전통 제조업의 공정 효율과 환경 성과를 동시 개선하는 것을 목표로 합니다.

지역 생태계 관점에서는 장강삼각주(상하이·쑤저우·항저우), 주장삼각주(선전·광저우·둥관), 보하이권(베이징·톈진), 서부권(청두·충칭) 등 주요 허브가 상이한 특화 전략을 띱니다. 장강삼각주는 혁신 신약 R&D와 임상시험 인프라와 고급 인력·자본의 집적이 강점이며, 주장삼각주는 의료 기기·유전체·디지털 헬스, 패브^{Fab}(제조–편집자) 인프라와 민첩한 스케일업 역량이 돋보입니다. 보하이권은 AI·빅데이터와의 융합 연구, 서부권은 원료·중간체, 파일럿 제조와 비용 효율성에서 장점을 보강하는 양상입니다. 이러한 다핵 클러스터 구조는 기술·자본·인력의 내부 순환을 촉진하고, 특정 거점에 병목이 발생했을 때의 완충재 역할도 수행합니다.

자본·금융 정책도 동원되고 있습니다. 초기·중기 R&D에는 정부 가이드 펀드와 정책성 금융이 리스크를 흡수하고, 후기 임상·상업화 단계에서는 주식시장과 지방 정부의 산업 기금, 전략적 투자자의 참여를 유도하여 자본 사다리를 정교화하고 있습니다. 세제는 연구비 세액공제, 설비 투자 가속상각, 기술 이전·라이선스 수익에 대한 혜택 등으로 보완되고, 수출입 프로세스의 간소화와 임상시험 재료·표준물질의 통관 효율 제고도 병행됩니다. 아울러 표준화·인증은 국제 조화에 방점을 찍어, GMP(의약품 제조 및 품질관리 기준) 및 ISO(국제표준화기구) 계열 표준과의 호환성을 높이고 상호인증 협정을 확대해 해외 시장 진입 장벽을 낮추려는 방향입니다.

성과관리와 지표체계는 다층적입니다. 상단에서는 바이오경제의 부가가치 비중, 고성장 기업 수, 핵심 특허·논문·인용 지표, 첨단 분야 임상 파이프라인의 단계별 분포를 모니터링합니다. 중간층에서는 규제 타임라인의 예측 가능성, 허가 심사 기간, 임상 승인 대비 등록·완료율과 같은 규제 효율 지표를 추적하고, 하단에서는 공정 수율, 배치 일관성, 매출원가(COGS) 절감률, 품질 이슈 발생률 등 제조 운영 지표를 점검합니다. 동시에 수출입, 라이선스 인·아웃 밸런스, 국제공동연구 네트워크의 밀도와 같은 대외 연계 지표를 통해 글로벌 임베딩 수준을 평가하는 구조입니다. 이러한 지표 관리 체계는 단순한 양적 확대를 넘어 질적 경쟁력과 국제 호환성을 목표로 한다는 점을 분명히 하고 있습니다.

그럼에도 과제와 리스크는 적지 않습니다. 첫째, 오리지널 혁신의 심도와 글로벌 브랜드 신뢰 구축에는 시간과 반복적 성공 사례가 필요합니다. 둘째, 임상 데이터의 품질·재현성·실제 임상 데이터(RWD) 활용 규범 등 데이터 거버넌스의 국제 신뢰 확보가 상업화 성패를 좌우합니다. 셋째, 핵심 장비·소재·시약의 공급망 자립과 비용 경쟁력의 균형이 요구되며, 지정학적 환경 변화에 따른 수출 통제·제재 리스크도 상존합니다. 넷째, 안전·윤리·개인정보보호에 대한 국제 기준과의 정합성, 투명한 위험소통 메커니즘이 확보되어야 해외 파트너십의 신뢰를 공고히 할 수 있습니다. 다섯째, 지역 간 자원 분배의 비대칭과 중복 투자, 인력 쏠림을 방지하기 위한 거버넌스 정교화가 필요합니다.

　중국의 바이오경제 전략은 기술－산업－정책이 함께 돌아가는 '복합 동력계'로 설계되어 있습니다. 연구의 양적 확대를 넘어 임상·제조·품질·표준·데이터의 전주기 경쟁력을 끌어올려 글로벌 밸류체인에서 지위를 강화하겠다는 의도가 분명합니다. 단기적으로는 규제 효율화와 생산 인프라 확충을 통해 파이프라인의 상업화 속도를 높이고, 중기적으로는 합성 생물학·세포·유전자 치료제·고기능 바이오소재를 중심으로 고부가가치 영역의 수출경쟁력을 키우며, 장기적으로는 농업·에너지·환경과의 융합을 통해 경제 전반의 탄소집약도와 자원의존도를 낮추는 '생물 기반 경제'로의 전환을 추구하는 그림입니다. 아직 독립적 검증이 축적되어야 할 부분이 있으나, 정책 의지와 제도 정합성, 인프라 투입 규모, 지역생태계의 다핵화 경향을 감안하면, 바이오경제는 중국의 산업 리모델링과 기술 주권 전략에서 점점 더 큰 비중을 차지할 가능성이 높습니다. 한국과 글로벌 기업·기관 입장에서는 규제 조화, 공동 임상·공동 제조, 데이터 상호운용성, 공급망 리스크 헤지라는 네 가지 축에서 협력과 경쟁의 포인트를 세밀하게 설계하는 것이 바람직할 것으로 보입니다.

유럽, 바이오 스타트업과 투자 생태계

유럽의 바이오 전략은 2025년에 '생명과학·바이오 제조 경쟁력 회복'과 '보건·식량·에너지 안보 내재화'라는 두 축으로 수렴되고 있습니다. 첫째, 유럽연합EU은 2024년 발표한 〈바이오테크·바이오 제조 촉진 패키지〉를 토대로 규제·표준·인력·시험 베드·조달을 동시에 손보며 기업의 '실험실 → 공장' 전환 속도를 높이고 있습니다. 위 패키지는 공공 시범 생산 인프라와 테스트베드를 확충하고, 표준화·인증을 신속화하며, 기술창업 스케일업과 기술 이전 장벽을 낮추는 다층 조치로 설계되어 있습니다. 이는 바이오 기반 신소재, 바이오연료, 미생물 발효·세포 유래 생산 등 공정혁신을 유럽 내부에 정착시키기 위한 산업 정책적 개입이며, 2025년에도 이 로드맵이 각 총국의 집행 프로그램과 연결되어 구체화 되고 있습니다.

둘째, 데이터·규제 인프라의 핵심축으로 〈유럽 건강 데이터 공간 EHDS〉 규정이 2025년 3월 발효되어 전자 건강 기록의 국경 간 상호 운용, 2차 활용(연구·규제과학·AI 학습) 거버넌스를 단계적으로 가동하고 있습니다. 발효(2025년 3월 26일) 이후는 전환기이므로 회원국과 기관이 기술·법제 정합성을 갖추는 준비 구간이 이어지고, 이는 임상시험 설계, 실제 임상 근거RWE 축적, 공중보건 대응에서 유럽 공동시장을 실질화하는 기반이 됩니다. 데이터 이동권·접근권 체계가 표준화되면 스타트업과 제약·의료 기기 기업의 알고리즘 검증·승인 경로도 예측 가능성이 높아집니다.

셋째, 의약품 공급망 안보를 위해 2025년 작업계획에는 〈크리티컬 의약품법Critical Medicines Act〉이 포함되어 원료의약품API·중간체·완제의 역내 생산 역량을 확충하고, 단가 위주의 공공 조달 관행을 '회복력·다변화·품질' 지표로 전환하려는 입법 트랙이 움직이고 있습니다. 이는 항생제·필수 의약품의 아시아 의존도를 낮추고, 지정 품목의 전략적 비축과 생산 유인을 제도화하려는 시도이며, 2025년 내내 산업계·회원국 간 가격·보상 체계 논의가 병행되고 있습니다.

넷째, 제약법 전면 개정도 2025년에 협상 막바지로 진입했습니다. 유럽의회·이사회는 접근성·혁신 인센티브의 균형을 두고 보호 기간, 미충족 수요 인센티브, 항균제·희귀의약품 우대, 심사 기간 단축 등을 조정 중이며, 6월에는 이사회 일반접근(협상 입장)이 확정되어 최종 타결을 위한 3자 협상이 진행되고 있습니다. 규제 확실성은 바이오 투자와 임상 거점 유지에 직결되므로, EHDS(유럽 건강 공간 데이터)와 결합해 '데이터에 기반한 가치평가'로 보상 체계를 고도화하려는 흐름이 뚜렷합니다.

다섯째, 연구 개발 측면에서는 〈호라이즌 유럽 2025−2027 전략계획〉을 통해 바이오·헬스(클러스터1)와 식량·바이오경제(클러스터6) 축의 미션과 파트너십 공모가 재편되었습니다. 고령화·감염병·만성질환 대응, 차세대 백신·치료제, 원헬스, AMR(항생제 내성−편집자), 의료디지털화, 바이오 기반 순환 경제 등 과제가 중점이며, 바이오 제조 공정혁신과 규제과학 연구 혁신R&I을 연계해 '연구 → 표준 → 시장'의 시간을 단축하려는 설정입니다. 이는 유럽 보건 프로그램EU4Health과 보건 비상 대응국HERA의 위기 대응 과제(예: 모기 매개 질환 진단 고도화)와 보완적으로 돌아가도록 설계되어, 연구·인허가·조달의 연쇄를 하나의 가치사슬로 묶는 특징을 보입니다.

여섯째, 2025년에는 범정부 차원에서 생명과학·바이오의 전략적 지위를 재확인하는 각료이사회 결론이 채택되어, 기술 주권·표준화·규제 샌드박스·기술 인력 양성·지역 생태계 연결(클러스터·바이오밸리) 강화가 권고되었습니다. 이는 2000년대 초반 전략 이후 가장 포괄적인 '바이오 산업정책' 업데이트로 평가되며, 의약을 넘어 농업·식품·에너지·소재로 바이오 혁신의 파급을 전제합니다. 유럽의회도 2025년 7월 결의에서 숙련 인력, 기업가정신, 역내 제조 역량, 시험·인증 생태계를 강조하여 정책 일관성을 높였습니다.

일곱째, 2018년 바이오경제 전략의 본격 업그레이드가 2025년에 착수되어 이해관계자 협의·공개 컨설테이션을 거쳐 연말 채택을 목표로 진행되고 있습니다. 새 전략은 '순환·재생·경쟁력'이라는 세 가지 축을 내세워 바이오매스의 지속가능한 이용, 생물다양성·기후 중립 정합성, 지역 순환 경제와 산업정책의 결합을 명시적으로 묶을 예정입니다. 화학·소재 산업의 탈화석 전환과 바이오 기반 공정의 표준·라벨링, 지속가능성 검증 체계 구축이 핵심이며, 이는 바이오 제조 패키지와 상호보완적으로 산업 전략을 구성합니다.

실무 관점에서 기업과 연구자에게 의미하는 바는 명확합니다. 2025~2027년에는 EHDS 적용 일정과 각국 보건 데이터 허브의 가동계획을 면밀하게 맞추어 임상·RWE·알고리즘 검증 설계를 조정해야 하며, 크리티컬 의약품법·제약법 협상 타결에 따라 조달·허가·보호기간 인센티브가 바뀌는 영역(항생제, 희귀·소아, 미충족 수요)에 전략적 우선순위를 두는 것이 유리합니다. 또한 바이오 제조 테스트베드·표준화 로드맵을 활용해 공정 스케일업과 규제준수 비용을 낮추고, 새 바이오경제 전략에서 제시될 지속가능성 기준과 라벨링을 제품·공정 설계 초기에 내재화하는 것이 필요합니다. 마지막으로 호라이즌 유럽 2025 – 2027의 파트너십·미션 콜, EU4Health·HERA의 수요 기반 과제를 적극적으로 결합하면, 연구 개발 → 임상·규제 → 조달·시장 확대의 선순환을 유럽 내에서 구현할 수 있습니다.

일본, 바이오 융합 전략

　일본 정부의 정책 레벨에서는 내각부가 주도하는 '바이오경제 전략'이 최상위 프레임을 제공하고, 규제·심사 측면에서는 후생노동성MHLW과 의약품의료기기종합기구PMDA가 혁신 신약과 재생의료를 빠르게 임상·시장 단계로 잇는 제도를 확장하고 있으며, 산업화·대형화는 경제산업성METI과 신에너지·산업기술종합개발기구NEDO가 바이오매뉴팩처링(바이오 제조)과 데이터·개인 건강 기록Personal Health Record, PHR 기반의 디지털 헬스 전환을 견인하는 구조입니다. 2025년은 오사카·간사이 엑스포를 매개로 이러한 축들이 대외적으로 집약·가시화된 해였습니다.

일본 '바이오경제 전략'은 2019년 수립 후 2024년 영문본이 갱신되어 2030년까지 '세계 최고 수준의 바이오경제 사회' 달성을 명시하고, 국내외 합산 100조 엔 규모의 바이오 시장 창출을 양적 목표로 제시합니다. 전략은 일본의 강점을 고려해 다섯 개 시장축 – ①1차산업·바이오 생산, ②바이오 제조(합성 생물학·발효), ③목재·스마트임업을 포함한 바이오소재·건축, ④바이오의약·재생의료·세포·유전자 치료, ⑤생활·웰니스와 디지털 헬스 – 을 지정하고, 기술 개발 가속, 규제 정비, 인력·자본 조달, 국제 협력의 구체 방향을 담습니다. 추진체계는 통합 혁신 전략 추진회의(내각부 과학기술·혁신실) 아래 부처 간 분담을 명확히 하며, 2030년 정합성을 기준으로 연차별 실행을 업데이트하도록 설계되어 있습니다.

규제·심사 측면에서 2024~2025년은 의약품의료기기종합기구 PMDA의 '5기 중기계획(2024 – 2028)' 하에 심사 속도·예측 가능성을 높이고, 혁신 기술 조기 적용을 위한 '조기 검토Early Consideration' 공표, 전자 데이터 심사 체계(예: 피나클 21Pinnacle 21 기반 검증 규칙 최신화) 정착, 해외 연계 강화를 진행한 시기입니다. PMDA는 사키가케SAKIGAKE(선도적 심사제도–편집자)·우선심사·조건부 조기 승인 등 다중 신속 트랙을 적극 운용하고 있으며, 2025년 여름호 업데이트에서는 워싱턴 D.C. 사무소 상담 개시, 간사이 지부 전략상담 확대 등을 통해 해외 개발사의 일본 진입 난이도를 낮추는 조치를 소개합니다. 학술·산업 보고에 따르면 표준 심사 목표(약 12개월) 대비 신속 경로는 6~9개월로 단축되며, 사키가케·희귀의약품 제도는 전용 라인, 장기 재심사 기간, 재정 인센티브 등의 혜택을 제공합니다.

재생의료 규제는 2024년 개정이 2025년 5월 31일 발효되며, '재생의료 등 안전성 확보에 관한 법(통칭 RM법)' 적용 범위를 인비보 유전자 치료 등으로 확대하고, 현장점검·취소사유 명확화 등 안전장치를 강화했습니다. 동시에 PMD법(의약품·의료 기기 등 법) 체계 아래 '조건부·기한부 승인' 가이던스가 다듬어져, 세포 치료 이질성 특성과 통계 설계 요건을 구체화하면서도 환자 접근성은 유지하려는 균형을 취하고 있습니다. 또한, 임상·데이터 요구사항도 합리화되고 있습니다. 2024년 가이드라인과 2025년 제도 보완으로, 일본 단독의 초기 임상 필수 요건을 외국 자료 동등성으로 일부 대체 가능하게 조정하여 글로벌 동시 개발을 촉진하고, 소아 개발계획 의무화 및 품질·공급 관리 책임자 제도 도입 등 상시공급·품질 관리를 강화했습니다. 이러한 흐름은 후생노동성과 의약품의료기기종합기구의 공지와 규제 해설 자료에서 확인되며, 다국적 임상의 데이터 연계·RWE(실제 임상 근거) 활용 확대가 병행됩니다.

연구·혁신 투자 축에서는 일본의료연구개발기구AMED가 2025년도 국제 공동 프로그램을 다수 가동합니다. 일본 - 스위스, 일본 - 프랑스 등 보건·의료 공동공모가 2025년에 열렸고, 사트렙스SATREPS(지속가능개발을 위한 과학기술 협력사업-편집자) 등 개발도상국 협력형 감염증·면역·헬스 분야 과제가 지속되었습니다. 특히 2025년 여름 공

딥테크 바이오 에너지 전쟁

개된 '더블 매치업Double Match Up' 유형은 등록 벤처캐피털이 투자한 바이오 스타트업 파이프라인에 대해 일본의료연구개발기구AMED가 투자액의 2배를 단계적으로 매칭해 최대 약 67억 엔까지 지원하는 스케일업 설계를 담아, 임상 진입~피보탈Pivotal(임상 3상-편집자) 단계의 '죽음의 계곡'을 공적자금으로 메우는 성격이 강합니다.

산업화·대형화는 일본 경제산업성METI과 신에너지·산업기술종합개발기구NEDO가 주도합니다. 2조 엔 규모의 '그린 이노베이션 펀드'를 통해 CO_2 직접 원료화·순환형 바이오 제조, 대규모 발효·정제 공정, 스마트셀 설계DBTL(사이클) 등 과제를 지원하며, 간토 3,000L 바이오파운드리(치바 모바라), 고베 DBTL 바이오파운드리, 식물 바이오파운드리(치요다 코퍼레이션) 등 실증 거점이 2025년에 가시화되었습니다. 이는 합성 생물학·미생물 대사공학을 통해 플라스틱·섬유·정밀화학·연료의 탈화석화를 추진하는 제조 전략으로, 일본식 '바이오 제조업 르네상스'의 핵심 축으로 평가됩니다.

디지털 헬스·PHR은 2025년에 제도·체험이 함께 전개되었습니다. 후생노동성의 '헬스케어 DX 로드맵'은 전국 의료정보 플랫폼, 전자의무기록EMR 표준화·상호운용, 사이버 보안 가이드라인을 제시하고, 디지털청도 의료·간호 데이터 연계·활용을 국가 과제로 추진합니다. 경제산업성은 2025년 오사카·간사이 엑스포에서 'Unlock a New Wellness Era with PHR(개인 건강 기록으로 새로운 웰니스 시대를 열다)' 체험관을 운영해 식사·운동·수면·생활 데이터 기반 서비스를 시연했고, 10개 서비스 모델을 공개하는 등 민간 생태계 확장을 유도했습니다.

　2025 오사카·간사이 엑스포는 일본 바이오·헬스 전략의 쇼케이스였습니다. 신에너지·산업기술종합개발기구NEDO는 바이오매뉴팩처링·에너지 전환 성과를 대거 전시했고, 인터펙스·바이오 파르마 엑스포 등과 연계된 전시·포럼이 제약·위탁개발생산·장비·디지털랩 기술을 통합 소개했습니다. '재팬 헬스Japan Health', '헬스 디자인HEALTH DESIGN' 등 테마 전시는 일본의 웰니스·의료기기·로봇·AI 기반 헬스케어를 체험형으로 선보여 국제 파트너십과 조달·사업화 접점을 넓혔습니다.

　정책적 시사점으로는, 첫째 바이오 제조·합성 생물학의 '산업 정책화'가 뚜렷합니다. 이는 반도체·배터리와 유사한 전략산업 취급으로, 장기 펀드(2조 엔)·공공 조달·표준화·실증 거점 설치가 결합하여 밸류체인 형성을 가속합니다. 둘째 규제는 안전성 담보와 혁신 촉진의 균형을 정교화하는 단계로, RM법(재생의료 안전성 확보법-편집자) 확대와 조건부·기한부 승인 가이드라인 정밀화, 해외 데이터 수용성 제고를 동시 추진합니다. 셋째 보건의료 데이터는 PHR 중심의 개방형 생태계로 이동 중이며, 디지털청·후생노동성의 플랫폼·표준화·보안 로드맵이 산업·학술·지역의료를 연결하는 공공 기반으로 기능합니다. 넷째 국제 협력은 일본의료연구개발기구AMED 공동공모, 의약품의료기기종합기구PMDA 해외거점, 엑스포 연계 글로벌 네트워크를 통해 연구 개발·임상·제조·사업화 전 단계로 확장됩니다. 이러한 포지셔닝은 2025~2030년 일본 바이오테크 산업

딥테크 바이오 에너지 전쟁

의 내수·수출 확대와 함께, 아시아 바이오 허브 경쟁 속에서 간사이·간토 양대 클러스터를 축으로 글로벌 파트너십의 허브화를 지향하는 방향입니다.

바이오테크 산업을 선도하는
한국의 위상

한국은 바이오 기술을 국가 미래 성장 동력으로 삼고 있으며, 이를 뒷받침하기 위해 다양한 기업들이 글로벌 시장에서 주목받는 성과를 내고 있습니다. 특히, 삼성바이오로직스와 셀트리온은 위탁개발 및 제조CRO/CDMO 시장에서 선도적인 위치를 차지하며 한국 바이오테크 산업의 위상을 높이고 있습니다.

국가의 미래 산업을 이끄는 성장 동력

삼성바이오로직스는 세계 최대 규모의 바이오 의약품 생산 능력을 갖추고 있으며, 글로벌 제약사와의 협력을 통해 CMO/CDMO

사업을 확장하고 있습니다. 이를 통해 삼성바이오로직스는 바이오 의약품 생산의 품질과 효율성을 동시에 확보하며, 글로벌 시장에서 중요한 파트너로 자리매김하고 있습니다. 셀트리온은 바이오시밀러 분야에서 세계적인 경쟁력을 보유하고 있으며, 독자적인 연구 개발 역량과 함께 CMO/CDMO 사업을 병행하여 시장 지배력을 강화하고 있습니다. 두 기업의 성공은 한국이 바이오 의약품 생산과 상업화 분야에서 글로벌 리더로 도약하는 데 중요한 역할을 하고 있습니다.

SK바이오사이언스는 백신 개발을 통해 한국 바이오테크 산업의 또 다른 가능성을 보여주고 있습니다. 특히, SK바이오사이언스는 mRNA 백신 기술 개발에 주력하며, 코로나19 팬데믹 상황에서 자국 백신의 개발과 생산을 이끌었습니다. 이러한 성과는 단순히 백신 공급에 그치지 않고, mRNA 기술을 활용한 다양한 치료제 개발 가능성을 열어 주었습니다. SK바이오사이언스는 글로벌 백신 시장에서의 경쟁력을 확보하기 위해 연구 개발 역량을 지속적으로 강화하고 있으며, 이를 통해 한국이 백신 자급화와 글로벌 시장 진출이라는 두 가지 목표를 동시에 달성할 수 있도록 기여하고 있습니다. 이와 함께, 글로벌 제약사들과의 협력을 통해 기술 이전과 생산 역량을 더욱 확대하고 있어, mRNA 기술이 한국 바이오테크 산업의 미래를 이끄는 주요 동력으로 자리 잡고 있습니다.

한국 바이오테크 스타트업은 국내 바이오 생태계의 중요한 축으로, 연구 개발을 중심으로 빠르게 성장하고 있습니다. 특히, 신약 개발, 유전자 치료, 세포치료제와 같은 첨단 바이오 기술 분야에서 활발히 활동하고 있는 스타트업은 정부 지원과 민간투자를 통해 기술력을 높이고 있습니다. 예를 들어, 아이엠바이오로직스IMBiologics는 항체 기반 치료제 개발에 특화된 한국의 바이오테크 스타트업으로, 자체 항체 라이브러리와 독자적 플랫폼 'ePENDY(감염병 임상시험 데이터 네트워크)'를 통해 기존 IgG(면역글로불린 G) 항체보다 높은 결합력과 생체 내 효능을 가진 차세대 항체를 개발하고 있습니다. 주력 파이프라인인 IMB-101(이중특이항체 후보물질-편집자)은 OX40L(면역 T세포 활성화를 조절하는 신호 전달 물질-편집자)과 TNF(종양괴사인자-편집자)를 동시에 공략하는 이중특이항체로, 자가면역질환 치료제 시장을 겨냥하고 있으며, 이외에도 종양 미세환경 조절 및 면역항암제 후보를 개발 중입니다. 아이엠바이오로직스는 미국과 중국 제약사에 기술 이전 계약을 체결하는 등 글로벌 시장 진출을 가속화하고 있으며, 2023년에는 약 200억 원 규모의 투자 유치에 성공했습니다. 2024년 기준 매출은 약 미화 383만 달러(약 52억 원) 수준으로, 국내 바이오 스타트업 중 상업화 매출을 실현한 드문 사례로 평가받고 있습니다.

그러나 이러한 성장에도 불구하고, 한국 바이오테크 스타트업은 여전히 몇 가지 한계에 직면해 있습니다. 초기 연구 개발 자금 조달의 어려움, 국제 경쟁력을 갖춘 인재 부족, 그리고 엄격한 규제와 인증 절차 등이 스타트업의 성장을 제약하는 주요 요인으로 작용하고 있습니다. 또한, 글로벌 시장 진출에 필요한 네트워크와 경험이 부족하여 기술 상용화와 글로벌 경쟁력 확보에 어려움을 겪는 경우가 많습니다. 이러한 문제를 해결하기 위해, 스타트업들은 대형 제약사나 글로벌 기업과의 협력을 확대하고, 정부와 민간의 지속적인 지원이 필요합니다.

한국 바이오테크 산업은 이러한 다양한 기업들의 활동을 통해 전 세계적으로 중요한 위치를 차지하고 있으며, 앞으로도 글로벌 바이오 시장에의 경쟁력을 지속적으로 강화할 가능성을 보여주고 있습니다. 이를 위해 기업들의 기술력 향상과 더불어, 정부의 정책적 지원과 규제 개선이 중요한 역할을 할 것으로 보입니다.

클러스터와 융합 기술의 중요성

한국이 바이오 제조 강국으로 도약하기 위해서는 단순히 개별 기술이나 기업 중심의 지원을 넘어, '클러스터 기반 융합 생태계 Convergence Cluster Ecosystem'를 구축하는 것이 필수적입니다. 이는 미국이 보여준 전략적 통합형 허브 모델과 같은 방향성을 지향해야 합니다.

첫째, 클러스터 중심의 융합 기술 집적화가 필요합니다. 생명공학, 화학공정, AI 기반 데이터 분석, 로보틱스 자동화, 나노소재 등 이종 기술이 유기적으로 결합할 수 있는 구조를 갖춰야 합니다. 이를 통해 R&D 성과가 생산공정으로 바로 전환되는 '연구 – 공정 일체형 시스템R&D-to-Manufacturing Pipeline'을 구현할 수 있습니다. 특히 바이오 의약품·세포치료제·유전자치료제 분야에서는 공정 자동화, 품질 관리QA/QC 기술, 데이터 기반 공정 최적화 기술의 융합이 필수적입니다.

둘째, 산·학·연 및 병원 간의 수직적·수평적 네트워크 강화가 필요합니다. 미국은 대학 연구소, 스타트업, 글로벌 제약사, 규제 기관이 하나의 클러스터 내에서 긴밀히 협력하는 구조를 갖추고 있습니다. 한국도 이를 벤치마킹하여, 수도권 중심의 집중형 모델이 아니라 지역별 특화형 바이오 클러스터(예: 오송-바이오의약, 송도-위탁개발생산, 대구-의료 기기, 전남-바이오소재 등)를 상호 연계하는 네트워크형 구조를 설계해야 합니다. 이러한 클러스터 간 협업은 기술 교류뿐 아니라 인재 순환, 규제 특례 적용, 해외 파트너십 확대에도 기여할 것입니다.

셋째, 융합 기술 기반의 공정혁신 플랫폼 구축이 요구됩니다. 예를 들어, AI·디지털 트윈을 활용한 바이오 공정 시뮬레이션, 로봇 자동화 생산 라인, 스마트 센서 기반 품질제어 시스템 등을 하나의 통합 플랫폼으로 개발·공유하는 것입니다. 이를 통해 중소 바이오 기업도 대형 기업 수준의 공정 효율성을 확보할 수 있으며, 기술 이전 및 스핀오프 활성화로 클러스터 전반의 생산성이 향상됩니다.

넷째, 규제·인허가·표준화의 융합적 지원체계를 구축해야 합니다. 클러스터 단위에서 신속심사, 사전협의, 공용데이터 활용 등을 가능케 하는 '원스톱 허브 규제 지원 시스템'을 도입한다면, 임상시험과 상업화 간의 시간·비용을 획기적으로 줄일 수 있습니다. 또한

AI, 로보틱스, 생명공학 등 복합 기술의 안전성·품질 표준을 통합 관리함으로써 경쟁력을 높일 수 있습니다.

아울러 바이오 클러스터는 지리적으로 밀집된 연구 개발 기관, 스타트업, 대기업, 그리고 정부 지원 인프라가 유기적으로 결합된 형태로, 혁신과 협력의 중심지 역할을 합니다. 한국은 판교, 대덕, 오송, 송도와 같은 지역에서 바이오 클러스터를 구축하며, 연구 개발과 상업화가 동시에 이루어질 수 있는 환경을 조성하고 있습니다. 특히 송도는 삼성바이오로직스와 셀트리온 같은 세계적인 기업이 자리 잡고 있으며, 연구 개발에서 대량 생산까지 전 과정이 연계되는 글로벌 바이오 허브로 발전하고 있습니다. 이러한 클러스터는 국내외 기업과 연구소의 협력을 촉진하며, 기술 교류와 혁신적인 아이디어의 상업화를 가속하는 데 중요성이 있습니다.

바이오 클러스터의 성공적인 운영은 고급 인재와 자본의 유입, 그리고 이를 기반으로 한 지속적인 혁신을 가능하게 합니다. 한국은 이를 위해 세계적인 연구자와 기업을 유치하고, 창업 초기 단계의 바이오 스타트업이 안정적으로 성장할 수 있는 지원체계를 강화하고 있습니다. 연구 개발 인프라를 갖춘 바이오 클러스터는 단순히 기술 개발뿐만 아니라, 규제 및 인증 프로세스 지원, 시제품 제작, 그리고 국제 시장 진출 전략까지 포괄적으로 지원하는 플랫폼으로 작동하며, 이는 글로벌 경쟁에서 한국의 바이오테크 산업이 생존할 수 있는 기반을 제공합니다.

또한, 융합 기술은 한국 바이오테크 산업의 생존과 성장을 위한 또 다른 핵심 요소입니다. 바이오 기술은 AI, 빅데이터, 로봇 공학, 나노 기술 등 다른 첨단 기술과의 융합을 통해 새로운 가치를 창출하고 있습니다. 예를 들어, AI 기술은 신약 개발 과정에서 후보 물질 탐색을 효율화하며, 개발 시간과 비용을 획기적으로 단축하는 데 기여하고 있습니다. 빅데이터는 환자 데이터를 기반으로 한 정밀 의학과 맞춤형 치료의 발전을 가능하게 하며, 이를 통해 치료의 효과성을 높이고 부작용을 최소화하는 데 도움을 주고 있습니다. 로봇 공학은 첨단 의료 장비와 수술 기술의 개발을 촉진하며, 나노 기술은 약물 전달 시스템의 혁신을 가능하게 해 바이오 기술의 응용 범위를 확장하고 있습니다.

한국은 이러한 융합 기술의 발전을 촉진하기 위해 산학연 협력 모델을 강화하고 있으며, 정부는 관련 연구 개발 프로젝트와 창업 지원을 통해 기술 융합을 장려하고 있습니다. 특히, 바이오 클러스터 내에서 다양한 기술 분야의 전문가와 기업이 협력할 수 있는 환경을 조성함으로써 기술 융합의 시너지를 극대화하고 있습니다. 이는 한국 바이오테크 산업이 글로벌 시장에서 독자적인 경쟁력을 확보하는 데 필수적인 요소로 작용하고 있습니다.

2장

양자 기술,
물리적 한계를 돌파하는 첨단 기술

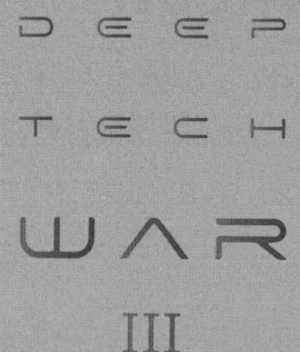

기존 기술의 한계를 뛰어넘는
패러다임의 대전환

양자 기술은 양자역학의 기본 원리를 활용하여 기존 기술의 한계를 뛰어넘는 혁신적 응용을 가능하게 하는 첨단 기술입니다. 양자역학은 미시적 세계에서 물질과 에너지가 어떻게 작용하는지를 설명하는 물리학 분야로, 고전적 물리학으로는 설명할 수 없는 양자 얽힘, 양자 중첩, 양자 터널링 같은 독특한 현상을 다룹니다. 이 원리들은 양자 기술의 핵심적인 기반을 이루며, 이를 통해 양자 컴퓨팅, 양자 통신, 양자 센싱 등 다양한 분야에서 새로운 기술적 가능성이 열리고 있습니다.

양자 얽힘은 서로 얽힌 입자들이 공간적으로 떨어져 있어도 상태가 즉각적으로 연결되는 현상으로, 양자 암호화와 양자 통신에 중요한 역할을 합니다. 이 기술을 통해 완벽한 보안 통신이 가능해질 수 있으며, 이는 현대 네트워크 시스템의 근본적 변화를 예고합니다. 양자 중첩은 하나의 양자가 동시에 여러 상태를 가질 수 있는 현상을 의미하며, 양자 컴퓨팅의 큐비트가 이를 활용해 기존 컴퓨터의 이진 논리를 뛰어넘는 계산 능력을 발휘하게 합니다. 양자 터널링은 입자가 에너지 장벽을 뛰어넘는 현상으로, 반도체와 나노기술, 그리고 고감도 센서 설계에 적용되며 혁신적인 기술 개발을 가능하게 합니다.

양자 기술은 고전적 컴퓨팅과 비교했을 때 계산 방식과 능력에서 근본적인 차이를 보입니다. 고전적 컴퓨터는 0과 1의 이진 비트를 기반으로 작동하지만, 양자 컴퓨터는 양자 중첩을 통해 큐비트가 0과 1의 상태를 동시에 나타낼 수 있어 병렬 계산을 가능하게 합니다. 이를 통해 복잡한 문제, 예를 들어 암호 해독이나 분자 시뮬레이션 같은 작업을 기존 컴퓨터보다 훨씬 빠르게 처리할 수 있습니다. 그러나 양자 컴퓨터는 매우 민감한 환경에서 작동해야 하고, 큐비트 상태를 안정적으로 유지하기 위한 기술적 과제가 여전히 존재합니다.

양자 기술이 실현할 가능성은 매우 큽니다. 양자 컴퓨팅은 복잡한 문제 해결의 새 지평을 열 수 있으며, 양자 통신은 완벽한 보안성을 제공하여 기존 데이터 보호 방식을 혁신할 수 있습니다. 양자 센싱 기술은 기존 센서에 비해 훨씬 더 높은 민감도와 정확성을 제공하여 의료, 지구과학, 나노기술 등 다양한 분야에서 활용될 수 있습니다. 그러나 양자 기술은 상용화 과정에서 해결해야 할 도전 과

딥테크 바이오 에너지 전쟁

제도 많습니다. 양자 시스템은 외부 환경 변화에 극도로 민감하며, 오류를 효과적으로 보정하는 기술이 초기 단계에 머물러 있습니다. 또한, 양자 기술을 발전시키는 데에는 막대한 자본과 고도의 전문성이 요구되며, 이를 둘러싼 글로벌 경쟁 역시 격화되고 있습니다.

양자 기술은 기존의 기술 패러다임을 근본적으로 변화시킬 잠재력을 가지고 있습니다. 이는 미래 사회의 정보 처리 방식과 보안 시스템, 첨단 산업 구조를 재구성하는 데 있어 핵심적인 역할을 할 것입니다. 그러나 이러한 잠재력을 실현하기 위해서는 지속적인 기초 연구와 응용 연구의 결합, 국제적 협력, 그리고 기술 상용화를 위한 환경 조성이 필수적입니다. 양자 기술은 물리학의 기본 원리를 혁신적 기술로 전환하려는 노력의 결정체이며, 미래 사회에 중대한 영향을 미칠 새로운 기술의 토대를 형성하고 있습니다.

양자 기술이 산업 전반에 미칠 영향

양자 기술은 양자역학의 기본 원리를 활용하여 다양한 산업 분야에서 혁신을 이끄는 기술로, 그 주요 응용 분야는 양자 컴퓨팅, 양자암호통신, 양자 센싱으로 나뉩니다. 양자 컴퓨팅은 병렬 처리와 고속 계산 능력을 기반으로 복잡한 문제를 해결하는 데 탁월한 성능을 발휘합니다. 예를 들어, 신약 개발에서 양자컴퓨터는 단백질 접힘 문제를 정확히 시뮬레이션하여 전통적인 방법으로는 수십 년이 걸릴 연구를 몇 시간 만에 수행할 수 있습니다. 금융 분야에서는 양자 알고리즘을 활용해 포트폴리오 최적화, 리스크 분석, 시장 예측을 혁신적으로 개선할 수 있습니다. 이러한 능력은 기존 컴퓨터로는 불가능했던 수준의 효율성과 정확성을 제공하며, 금융 시스템 전반에 걸쳐 큰 변화의 잠재력을 가지고 있습니다.

양자암호통신은 정보 보안 분야에서 혁신을 일으키고 있습니다. 양자 얽힘과 양자 키 분배^{QKD} 기술을 통해 통신 과정에서 도청이 물리적으로 불가능한 완벽한 보안을 제공합니다. 이는 군사, 금융, 의료 등 보안이 필수적인 분야에서의 데이터 보호를 근본적으로 강화합니다. 특히, 의료 분야에서는 환자 데이터를 안전하게 관리하고 전송하는 데 양자암호통신이 중요한 역할을 할 수 있습니다. 에너지 산업에서도 이 기술은 스마트 그리드의 데이터 보안을 보장하며, 에너지 분배 시스템의 안정성을 높이는 데 기여할 수 있습니다. 실제로, 중국과 유럽은 양자암호통신 네트워크를 구축하여 국가 간 안전한 통신 시스템을 구현하는 데 성공했으며, 이는 향후 글로벌 데이터 보호 표준의 변화를 예고합니다.

양자 센싱은 기존 센서의 한계를 넘어선 민감도와 정확성을 제공하며, 다양한 분야에서 실용적으로 활용되고 있습니다. 의료 분야에서는 양자 센서를 활용해 초정밀 MRI 스캔이 가능해졌으며, 이는 조기 진단과 맞춤형 치료를 위한 획기적인 도구로 자리 잡고 있습니다. 지질학에서는 양자 센서를 사용하여 지하자원 탐사나 지진 예측의 정확도를 대폭 향상할 수 있습니다. 또한, 환경 모니터링에서도 미세한 변화까지 감지할 수 있어 대기질 분석, 해양 연구 등에서 혁신적인 응용이 가능하며, 이는 지속 가능한 발전을 지원하는 데 중요한 역할을 합니다.

양자 기술이 산업 구조에 미칠 영향은 매우 큽니다. 기존 산업은 양자 기술을 기반으로 새로운 비즈니스 모델과 운영 방식을 채택하게 될 것입니다. 예를 들어, 제조업에서는 양자 컴퓨팅을 활용한 최적화 알고리즘을 통해 자원 사용을 줄이고 생산성을 극대화할 수 있으며, 이는 비용 절감과 환경 보호를 동시에 달성할 수 있게 합니다. 금융 및 보안 산업에서는 양자 기술을 도입하여 기존의 데이터 처리 및 보호 방식을 완전히 대체할 가능성이 높습니다. 특히, 양자 암호화 기술은 현재의 암호 체계를 대체하며, 데이터 보안의 새로운 표준을 제시할 것입니다.

양자 기술의 파급 효과는 국가 간 기술 경쟁과 글로벌 산업 구도의 변화로도 이어질 전망입니다. 양자 기술의 상용화는 특정 국가나 기업에 집중된 기술 주도권을 재편할 가능성을 가지고 있으며, 이는 새로운 경제적, 정치적 동력을 형성할 것입니다. 또한, 양자 기술은 새로운 고급 기술 인력을 요구하며, 이는 고용 구조와 교육 시스템에도 변화를 불러올 수 있습니다. 전반적으로, 양자 기술은 기존 산업의 경계를 허물고 새로운 시장을 창출하며, 전 세계적으로 경제와 기술의 혁신을 촉진할 것입니다. 이를 통해 양자 기술은 단순히 기술 발전을 넘어 사회 전반에 걸쳐 광범위한 영향을 미칠 잠재력을 가지고 있습니다.

양자 기술 경쟁의 서막

양자 기술의 발전은 양자역학의 기초 이론이 실용적 기술로 전환되는 과정을 통해 이루어졌으며, 이 과정에서 양자컴퓨터 개발의 역사와 기술적 진보가 중요한 역할을 했습니다. 양자컴퓨터의 개념은 1980년대 초반 리처드 파인만과 데이비드 도이치에 의해 처음 제시되었습니다. 파인만은 고전적 컴퓨터가 양자역학적 시스템을 효율적으로 시뮬레이션할 수 없음을 지적하며 양자컴퓨터의 필요성을 주장했고, 도이치는 양자 게이트를 기반으로 한 컴퓨팅 모델을 제안했습니다. 이후 1994년 피터 쇼어가 양자컴퓨터를 이용한 소인수분해 알고리즘을 발표하며 암호학 분야에 혁신적 가능성을 제시하였고, 이는 양자컴퓨터 개발의 강력한 동기를 제공했습니다. 이러한 이론적 토대를 바탕으로, IBM, 구글, 마이크로소프트와 같은 선도 기업들과 연구 기관들이 기술적 진보를 이루며 실질적인 양자컴퓨터를 구축하기 위한 경쟁을 시작했습니다.

IBM은 양자컴퓨터 개발의 선두 주자로, 초전도 큐비트 기술을 활용하여 안정성과 정확성을 향상하는 데 성공했습니다. IBM은 2016년 클라우드 기반 양자 컴퓨팅 플랫폼인 IBM Q 익스피리언스 IBM Q Experience를 출시하여 전 세계 연구자들에게 양자컴퓨터를 실험할 수 있는 환경을 제공했으며, 이를 통해 양자 컴퓨팅 연구의 대중화와 협업을 촉진했습니다. IBM은 이후 지속적으로 큐비트 수를 늘리고 오류율을 줄이며, 상업적으로 이용, 가능한 양자 컴퓨터의 구현 가능성을 높이고 있습니다. 구글 역시 2019년 '양자 우위'를 달성했다고 발표하며, 기존 슈퍼컴퓨터로는 불가능했던 계산을 양자컴퓨터로 처리할 수 있음을 증명했습니다. 이는 양자컴퓨터가 실용적 문제를 해결할 가능성을 보여준 중요한 사례로 기록됩니다.

중국은 양자 통신 기술에서 선두를 달리고 있으며, 2016년 세계 최초의 양자 통신 위성인 '묵자호'를 발사하였습니다. 이 위성은 양자 얽힘을 이용한 암호화된 통신을 성공적으로 구현하며, 전 세계적으로 양자 암호화 네트워크 개발의 가능성을 입증했습니다. 중국은 이 프로젝트를 통해 양자 통신 네트워크의 실현 가능성을 높였을 뿐만 아니라, 양자 기술이 국가 안보와 글로벌 데이터 보호에 미칠 영향을 강조했습니다. 이러한 혁신 사례들은 양자 기술이 연구실을 넘어 실제 응용 단계로 접어들고 있음을 보여줍니다.

양자 기술의 발전 속도를 결정하는 핵심 요소는 하드웨어, 소프

딥테크 바이오 에너지 전쟁

트웨어, 그리고 네트워크 기술입니다. 하드웨어 측면에서는 큐비트의 안정성과 정확성을 유지하며, 큐비트 수를 늘리는 것이 주요 도전 과제입니다. 초전도 큐비트, 이온 트랩 큐비트, 광학 기반 큐비트 등 다양한 접근법이 시도되고 있으며, 각각의 기술은 특정 장점과 한계를 가지고 있습니다. 하드웨어의 발전은 양자컴퓨터의 성능을 좌우하는 핵심적인 요소로, 고성능 양자컴퓨터의 구현을 위해 지속적인 연구와 투자가 필요합니다.

소프트웨어는 양자 알고리즘 개발과 최적화를 통해 양자 하드웨어의 잠재력을 최대한 활용하는 역할을 합니다. 쇼어 알고리즘과 같은 초기의 이론적 성과는 양자 컴퓨팅의 가능성을 입증했지만, 실질적인 문제 해결을 위한 응용 알고리즘은 아직 초기 단계에 머물러 있습니다. 소프트웨어 개발은 양자 컴퓨팅이 산업 전반에 걸쳐 실질적인 가치를 제공하는 데 중요한 역할을 하며, 이를 위해 컴퓨터 과학자와 물리학자 간의 협력이 필수적입니다.

네트워크 기술은 양자 컴퓨팅의 분산 처리와 양자 통신의 확장을 가능하게 하는 핵심 인프라입니다. 양자 통신 네트워크는 보안성과 신뢰성을 갖춘 데이터 전송을 가능하게 하며, 이는 미래의 인터넷 환경을 재정의할 잠재력을 가지고 있습니다. 양자 얽힘 기반 네트워크 기술은 현재 연구 단계에 있지만, 상용화를 통해 글로벌 데이터 보호와 통신 기술의 혁신을 가져올 수 있을 것으로 기대됩니다.

아울러 2025년 노벨 물리학상은 존 클라크, 미셸 데보레, 존 마르티니스 세 물리학자에게 공동 수여되었으며, 그 이유는 "전기 회로 내에서의 거시적 양자역학적 터널링quantum mechanical tunnelling과 에너지 양자화energy quantization의 발견"이 중요하다고 판단했기 때문입니다. 이들은 1980년대 중반부터 초전도 상태의 전기 회로, 특히 조셉슨 접합Josephson junction을 이용해 원자 수준에서만 관측되던 양자역학적 현상이 손에 들릴 만한 규모의 회로에서도 나타날 수 있다는 것을 실험적으로 보여주었습니다. 이 발견은 단순한 물리학 실험을 넘어 오늘날의 양자 컴퓨터, 양자 센서, 양자암호통신 등 차세대 양자 기술의 토대를 놓았다는 점에서 그 의미가 매우 큽니다.

미국, 양자 컴퓨팅의
선두 주자

미국의 양자 기술은 양자역학의 이론적 발전을 기반으로 시작되었으며, 20세기 중반부터 군사적, 학술적, 상업적 필요로 점진적으로 발전해 왔습니다.

양자 기술 발전을 주도하다

양자 기술의 역사는 20세기 초 양자역학의 기초가 확립되면서 시작됩니다. 특히, 알베르트 아인슈타인의 광전효과 설명, 닐스 보어의 원자 모델, 에르빈 슈뢰딩거와 베르너 하이젠베르크의 양자역학 공식화는 현대 양자 기술의 이론적 토대를 구축했습니다. 이러한 이론은 미국이 제2차 세계대전 중 맨해튼 프로젝트를 통해 원자력 기술을 실현하는 과정에서 중요한 역할을 했습니다. 비록 당시 양자 기술이 핵물리학과 관련된 군사적 응용에 국한되어 있었지만, 이는 양자역학의 응용 가능성을 실질적으로 확인한 계기가 되었습니다.

전후에는 양자 기술이 학문적 영역에서 더 깊이 연구되기 시작했습니다. 1960년대와 1970년대에 이르러 레이저 기술과 반도체 기술이 발전하면서 양자역학의 원리가 실질적인 기술 혁신으로 전환되었습니다. 레이저는 양자 상태를 제어하고 증폭할 수 있는 도구로, 광학 통신과 의료 기술, 국방 응용 등 다양한 분야에서 활용되기 시작했습니다. 반도체 기술은 양자 터널링과 같은 현상을 기반으로 한 트랜지스터 개발로 이어졌으며, 이는 현대 전자기기의 핵심 기술이 되었습니다. 이러한 기술적 진보는 미국이 전 세계 양자 기술 개발에서 주도적인 역할을 하는 데 기반이 되었습니다.

1980년대는 양자 기술이 새로운 국면을 맞이한 시기로, 리처드 파인만이 양자 컴퓨터의 개념을 처음 제안한 것이 중요한 계기가 되었습니다. 그는 양자역학의 복잡한 시스템을 시뮬레이션하기 위해 고전적 컴퓨터 대신 양자적 특성을 활용한 새로운 형태의 컴퓨터가 필요하다고 주장했습니다. 이후 미국의 학계와 연구 기관들은 양자컴퓨터 개발에 박차를 가하기 시작했습니다. 1990년대에는 피터 쇼어가 양자컴퓨터를 이용한 소인수분해 알고리즘을 발표하며, 양자컴퓨터가 고전적 컴퓨터를 능가하는 실질적인 가능성을 입증

딥테크 바이오 에너지 전쟁

했습니다. 이러한 이론적 발전은 미국 정부와 산업계가 양자 기술에 대한 투자를 확대하는 계기가 되었습니다.

21세기 들어 미국은 양자 기술을 국가 전략 기술로 규정하고, 정부와 민간 부문이 협력하여 연구와 상용화를 적극 추진하고 있습니다. 2018년에는 '국가 양자 이니셔티브 법안National Quantum Initiative Act, NQI Act'이 제정되어 양자 기술 연구 개발을 체계적으로 지원하기 위한 법적 기반이 마련되었습니다. 이 법안은 연방 정부의 연구 자금을 확충하고, 국가 차원의 양자 기술 연구소와 교육 프로그램을 설립하여 미국이 글로벌 양자 기술 경쟁에서 선도적 위치를 유지하도록 하는 데 목표를 두고 있습니다. 이를 통해 미국은 양자 컴퓨팅, 양자 통신, 양자 센싱 등 다양한 분야에서 지속적으로 혁신을 이어가고 있습니다.

미국의 양자 기술 발전에서 중요한 역할을 한 기업으로는 IBM, 구글, 마이크로소프트와 같은 글로벌 IT 대기업이 있습니다. IBM은 양자컴퓨터 개발의 선구자로, 2016년 클라우드 기반 양자 컴퓨팅 플랫폼인 IBM Q 익스피리언스를 출시하며 연구자들에게 양자 컴퓨팅을 실험할 기회를 제공했습니다. 구글은 2019년 양자 우위를 달성했다고 발표하며 양자컴퓨터가 기존 슈퍼컴퓨터보다 특정 계산에서 훨씬 더 빠를 수 있음을 입증했습니다. 마이크로소프트는 양자 컴퓨팅 생태계 구축에 주력하며, 하드웨어 개발뿐만 아니라 양자 알고리즘과 소프트웨어 개발에도 큰 투자를 하고 있습니다.

미국의 양자 기술 발전은 단순히 기술적 경쟁력을 넘어 국가 안보, 경제, 과학적 우위를 유지하는 데 중요한 전략적 수단으로 자리 잡고 있습니다. 미국은 양자 기술의 초기 발전 단계에서부터 현재에 이르기까지 학문적 연구, 산업적 응용, 정책적 지원을 통합적으로 추진하며 글로벌 리더십을 공고히 해왔습니다. 이는 미국이 양자 기술의 역사적 맥락을 이해하고 이를 기반으로 미래를 준비해 온 과정에서 이루어진 성과이며, 앞으로도 지속적인 혁신과 발전을 통해 전 세계 양자 기술의 중심에서 역할을 할 것으로 기대됩니다.

양자 기술의 중심에 서다
: IBM과 구글

IBM은 2025년에 '대규모 내결함성 양자컴퓨터'를 2029년에 구현한다는 업데이트 로드맵을 제시하며, 이를 뉴욕 포키프시에 신설되는 IBM 퀀텀 데이터 센터에서 'IBM 퀀텀 스탈링IBM Quantum Starling' 으로 구축하겠다고 공식화하였습니다. 해당 계획은 200개의 논리 큐빗으로 1억 게이트 규모의 회로를 실행할 수 있는 체계와 qLDPC(양자 저밀도 패리티 검사-편집자) 계열 오류정정 코드를 중심으로 한 물리·펌웨어·소프트웨어 전 층의 설계를 담고 있으며, 오늘날 시스템 대비 2만 배 수준의 연산 성능 도달을 목표로 합니다. IBM은 이 로드맵을 통해 2029년 최초의 대규모 내결함성 시스템 제공과 이후 '블루 제이Blue Jay'로의 확장 경로까지 제시하여 산업·학

딥테크 바이오 에너지 전쟁

계 파트너에게 명확한 기술적 나침반을 제공하고 있습니다. 동시에 2025년에는 차세대 시스템 보급에서도 가시적 진전을 보였는데, 6월 일본 고베의 이화학연구소RIKEN에 156큐빗 헤론Heron 프로세서를 탑재한 IBM 퀀텀 시스템 투IBM Quantum System Two를 설치해 '후가쿠Fugaku' 슈퍼컴퓨터와 연계하는 양자 – 중심 초컴퓨팅 운용을 시작했고, 헤론은 2큐빗 오류율을 세대 이전 대비 10배 개선한 지표를 시연하였습니다. 이어 10월에는 스페인 산세바스티안의 IBM-에우스카디 양자 컴퓨팅 센터에서 유럽 최초의 IBM 퀀텀 시스템 투를 공개하며 연구·산업 현장의 '유틸리티 스케일' 접근성을 유럽권으로 확대하였습니다. 이 일련의 전개는 IBM이 장기적으로는 내결함성, 단기적으로는 고품질 NISQ(노이즈가 있는 중간 규모 양자 – 편집자) 하드웨어와 하이브리드 워크플로 확산에 병진하는 전략임을 보여주며, 파트너 생태계를 글로벌로 확장하는 기반이 되고 있습니다.

구글은 2025년 10월 자사 윌로Willow 초전도 칩에서 '퀀텀 에코Quantum Echoes' 알고리즘을 구동해 하드웨어 상의 '검증, 가능한 양자 우위verifiable quantum advantage'를 달성했다고 발표하였습니다. 이 결과는 역시간 상관OTOC 기반 기댓값을 측정하는 벤치마크 회로 집합에서 고전적 시뮬레이션이 실질적으로 불가능한 계산을 양자 하드웨어가 수행했고, 동시에 결과를 검증, 가능한 방식으로 산출했음을 보였다는 점에서 의의가 큽니다. 구글은 본 성과가 오류정정 스케일업과 결합했을 경우 재료과학, 동역학 시뮬레이션, 복잡계 분석 등의 '기댓값 계산'이 가장 먼저 양자 이득 영역으로 끌어들일 수 있는 실용 경로를 제시한다고 해석하고 있으며, 학계 보도 역시 이번 성과가 고전 컴퓨팅으로 재현·검증하기 어려운 계산을 양자 칩에서 직접 입증했다는 점을 강조하고 있습니다. 이는 2020년대 중반 이후 구글이 축적해 온 표면 코드 기반 오류정정 스케일링, 제조 공정 개선 등의 축과 맞물려, 내결함성 체제로의 단계적 이행과 '현실 문제에서의 우위 입증' 사이의 차이를 줄여줘, 진전된 평가를 받고 있습니다.

양자 네트워크와 보안

양자 네트워크와 보안은 양자 기술의 핵심 응용 분야 중 하나로, 데이터 통신과 정보 보호의 새로운 기준을 제시할 가능성을 가지고 있습니다. 이 분야에서 마이크로소프트와 AWS는 각각 독창적인 접근법과 기술력을 통해 양자 네트워크의 발전과 보안 기술 혁신을 이끌고 있습니다. 양자 네트워크는 양자역학의 얽힘과 중첩 원리를 활용하여 데이터 전송의 보안성과 신뢰성을 극대화하는 것을 목표로 합니다. 이는 전통적인 네트워크와는 달리, 양자 키 분배(QKD)와 같은 기술을 통해 물리적으로 도청 불가능한 통신을 가능하게 하며, 특히 금융, 의료, 군사와 같이 고도로 민감한 정보를 다루는 분야에서 필수적인 기술로 부상하고 있습니다.

마이크로소프트는 양자 네트워크와 보안 기술을 통합적으로 발전시키기 위해 애저 퀀텀^{Azure Quantum} 플랫폼을 중심으로 양자 기술 연구와 개발을 지속하고 있습니다. 마이크로소프트는 하드웨어, 소프트웨어, 네트워크 기술을 아우르는 종합적인 접근을 통해 양자 네트워크의 실용적 구현을 목표로 하고 있습니다. 특히, 마이크로소프트는 위상적 큐비트를 기반으로 한 고유한 양자 컴퓨팅 기술 개발을 추진하고 있으며, 이를 통해 높은 안정성과 확장성을 가진 양자 네트워크를 구축하려 하고 있습니다. 애저 퀀텀은 클라우드 네트워크를 통해 양자 컴퓨팅과 전통적 컴퓨팅을 연결함으로써, 양자 네트워크의 응용 가능성을 확대하고 있습니다. 이와 함께, 마이크로소프트는 양자 암호화 기술을 기존 클라우드 서비스와 통합하여 데이터 보호 수준을 강화하고 있으며, 이러한 노력은 기업과 연구 기관이 보다 나은 안전한 데이터 관리와 통신 환경을 구축하는데 기여하고 있습니다.

아마존 웹 서비스^{AWS}는 아마존 브래킷^{Amazon Braket} 플랫폼을 통해 양자 네트워크와 보안 기술을 발전시키는 데 중점을 두고 있습니다. AWS는 양자 컴퓨팅과 전통적 네트워크 인프라를 통합하여, 사용자가 다양한 양자 알고리즘을 실험하고, 이를 보안 및 네트워크 응용에 적용할 수 있는 환경을 제공합니다. AWS는 또한 고객 데이터를 보호하기 위해 양자 안전 암호화^{Quantum-Safe Cryptography} 기술 개발에 투자하고 있으며, 이러한 기술은 양자컴퓨터가 기존 암호화 체계를 무력화할 가능성에 대비하는 중요한 역할을 합니다. AWS는 글로벌 데이터 센터 네트워크와의 긴밀한 연계를 통해 양자 기술이 클라우드 기반 서비스로 원활히 통합될 수 있도록 하고 있으며, 이를 통해 대규모 네트워크 환경에서도 양자 암호화와 양자 키 분배 기술의 적용이 가능하게 하고 있습니다.

마이크로소프트와 AWS는 양자 네트워크와 보안 분야에서 협력과 경쟁을 통해 기술 발전을 가속화하고 있습니다. 두 기업은 양자 네트워크의 확장성과 보안성을 동시에 고려하며, 상용화 가능성을 높이는 데 주력하고 있습니다. 마이크로소프트는 애저 퀀텀을 통해 연구자와 기업에 양자 네트워크를 실험할 기회를 제공하며, AWS는 아마존 브래킷을 기반으로 사용자 친화적인 양자 네트워크 개발 환경을 구축하고 있습니다. 이들 기업의 노력은 양자 기술이 단순한 실험적 기술에서 벗어나 실제 응용 분야에서 가치를 창출할 수 있도록 하는 데 중요한 역할을 하고 있습니다.

양자 네트워크와 보안 기술은 정보 통신의 새로운 패러다임을 제시하며, 마이크로소프트와 AWS는 이러한 변화의 선두에 서서 기술 개발과 상용화를 이끌고 있습니다. 이들의 연구와 혁신은 데이터 보호와 네트워크 신뢰성을 강화하며, 글로벌 산업과 사회 전반에 걸쳐 광범위한 영향을 미칠 것으로 기대됩니다. 마이크로소프트와 AWS는 양자 네트워크의 기술적 기반을 공고히 하며, 이를 통해 미래 정보 통신 환경의 핵심 축으로 양자 기술을 자리매김하고 있습니다.

스타트업 생태계와 혁신

양자 컴퓨팅 분야에서 스타트업은 혁신의 중요한 원동력이 되고 있으며, 그 중심에는 아이온큐^{IonQ}와 리게티^{Rigetti}와 같은 기업들이 있습니다. 이들 스타트업은 대형 기술 기업과 경쟁하며 독창적인 접근 방식을 통해 양자 컴퓨팅의 발전과 상용화를 가속화하고 있습니다. 특히, 각 기업은 독자적인 기술 플랫폼과 전략을 기반으로 양자 컴퓨팅 생태계에 큰 영향을 미치고 있습니다.

아이온큐는 트랩 이온^{ion trap} 방식의 양자 컴퓨팅 기술을 기반으로 하는 대표적인 스타트업입니다. 이 회사는 미국 메릴랜드주 칼리지 파크에 본사를 두고 있으며, 물리적으로 안정적인 이온을 전자기 장에 가두어 큐빗으로 활용하는 방식을 통해 높은 충실도와 긴 코히어런스 타임^{coherence time}(양자 상태가 외부 노이즈의 간섭 없이 안정적으로 유지되는 시간 – 편집자)을 달성하고 있습니다. 아이온큐의 하드웨어 플랫폼은 이미 아마존 브래킷, 마이크로소프트 애저 퀀텀 등 주요 클라우드 서비스에 통합되어 있으며, 양자 컴퓨팅 접근성을 크게 높였습니다. 2025년에는 차세대 64큐빗 '포르테 엔터프라이즈^{Forte Enterprise}' 시스템을 공개하며, 오류율을 줄이고 연산 속도를 개선한 상용 제품군을 선보였습니다.

리게티는 초전도^{superconducting} 큐빗 기반 양자 칩을 개발하는 또 다른 핵심 스타트업입니다. 캘리포니아 버클리에 본사를 둔 리게티는 독자적인 'Fab-1' 양자 칩 제조시설을 보유하고 있어, 하드웨어 설계부터 제작·소프트웨어 통합까지 수직계열화된 구조를 갖추고 있습니다. 2025년에는 칩렛chiplet 구조를 적용한 36큐빗 '안카-2Ankaa-2' 시스템에서 중위 2큐빗 게이트 충실도 99.5%를 달성해 오류율을 절반으로 낮추는 성과를 보였으며, 연말까지 동일 아키텍처의 100큐빗 이상 시스템을 출시할 계획을 밝혔습니다. 또한 약 570만 달러 규모의 노베라Novera 시스템 2대 구매 주문을 확보함으로써 연구용 장비에서 상용 납품 단계로 진입하는 의미 있는 전환점을 마련했습니다.

중국, 미래를 겨냥한 도약

중국은 양자 기술을 국가 전략 기술로 지정하며, 대규모 투자와 정책적 지원을 통해 세계적 리더로 도약하려는 야심을 보여주고 있습니다. 중국 정부는 양자 기술을 AI, 반도체와 함께 21세기 미래 경제를 주도할 핵심 기술로 인식하고, 이를 기반으로 한 국가 경쟁력 강화를 목표로 하고 있습니다. 이러한 비전은 13차 및 14차 5개년 계획에 반영되었으며, 양자 기술 연구와 개발을 지원하기 위해 국가 차원의 대규모 자금이 투입되고 있습니다. 특히, 2016년 발사된 세계 최초의 양자 통신 위성 '묵자호Micius, 墨子号'는 중국이 양자 기술 연구에서 국제적인 주목을 받는 계기가 되었으며, 이는 양자 암호화 및 통신 기술에서 중국이 글로벌 선두에 서게 되는 발판이 되었습니다.

국가 전략 기술 지정과 세계적 도약

중국은 양자 기술의 발전을 위해 다양한 분야에 걸쳐 투자하고 있습니다. 우선, 학문적 연구를 뒷받침하기 위해 중국 과학원과 같은 주요 연구 기관이 중심이 되어 양자 컴퓨팅, 양자 통신, 양자 센싱과 같은 핵심 기술 분야에서 연구를 진행하고 있습니다. 정부는 양자기술 관련 연구소와 클러스터를 설립하여 인재와 자본을 집결시키는 한편, 국제 공동 연구를 통해 기술 개발의 속도를 높이고 있습니다. 또한, 중국은 고급 인재를 육성하기 위해 국내외 연구자들을 적극적으로 유치하고 있으며, 이를 위해 높은 수준의 연구 환경과 자금을 지원하고 있습니다. 이러한 노력은 양자 물리학과 기술 분야에서 중국이 세계적 수준의 학문적 리더십을 확보하는 데 기여하고 있습니다.

중국의 양자 기술 발전에는 주요 기업들의 역할도 빼놓을 수 없습니다. 대표적으로, 알리바바는 클라우드 컴퓨팅 플랫폼인 알리클라우드를 통해 양자 컴퓨팅 연구와 실험을 지원하고 있습니다. 알리바바는 양자 컴퓨팅을 활용한 빅데이터 분석, 암호화 기술, 금융 모델링과 같은 상업적 응용 분야를 모색하며, 양자 기술의 상용화를 목표로 하고 있습니다. 바이두는 독자적인 양자 컴퓨팅 플랫폼인 '쿤룬Kunlun'을 개발하며, 양자 알고리즘 연구와 소프트웨어 개발에 중점을 두고 있습니다. 이러한 플랫폼은 중국의 기업들이 양자 기술을 상업적으로 활용할 수 있는 기반을 제공하며, 국가적 기술 경쟁력을 높이는 데 기여하고 있습니다. 또한, 화웨이는 양자 통신과 보안 기술 연구에서 두각을 나타내고 있으며, 자사 네트워크 장비에 양자 암호화를 통합하여 데이터 보안성을 강화하는 방향으로 기술 개발을 진행하고 있습니다.

중국 정부는 양자 기술 상용화를 촉진하기 위해 민간 부문과의 협력을 강화하고 있으며, 이를 위해 스타트업과 대기업을 포함한 생태계를 조성하고 있습니다. 예를 들어, 스타트업인 오리진 퀀텀 Origin Quantum은 양자컴퓨터 하드웨어와 소프트웨어를 개발하며 주목받고 있습니다. 이 회사는 초전도 큐비트를 기반으로 한 양자컴퓨터 개발을 목표로 하며, 중국 양자 기술의 하드웨어 혁신을 이끌고 있습니다. 이러한 민간 부문과의 협력은 양자 기술이 연구실을 넘어 실질적인 산업과 응용으로 확대할 기회를 제공하고 있습니다.

중국의 양자 기술 투자와 발전은 국제 기술 경쟁에 중요한 파급 효과를 미치고 있습니다. 양자 암호화 기술은 군사, 및 국가 안보와 직결되며, 양자 컴퓨팅은 금융, 에너지, 재료과학 등 다양한 분야에서 혁신을 가능하게 합니다. 이러한 기술적 우위를 통해 중국은 글로벌 기술 패권 경쟁에서 미국과 유럽에 맞서 경쟁력을 강화하고 있습니다. 또한, 양자 기술을 활용한 스마트 시티와 사물인터넷IoT 시스템 개발에도 투자하고 있으며, 이는 지속 가능한 발전과 디지털 전환의 핵심 기술로 자리 잡고 있습니다.

알리바바, 바이두, 중국과학원의 활동

중국은 양자 기술 분야에서 세계적 선두를 달리는 주요 기업들과 프로젝트를 통해 양자 컴퓨팅과 양자 통신의 상용화와 발전을 가속화하고 있습니다. 알리바바 클라우드, 바이두, CAS 퀀텀 네트워크 CAS Quantum Network는 중국의 양자 기술 발전에서 핵심적으로 역할을 하는 대표적인 기업들입니다. 알리바바 클라우드는 자사의 클라우드 플랫폼을 통해 양자 컴퓨팅 연구와 실험 환경을 제공하며, 양자 기술을 빅데이터 분석, 암호화, 최적화 문제와 같은 실질적인 응용 분야로 확장하려는 노력을 지속하고 있습니다. 알리바바는 중국과학원과 협력하여 초전도 큐비트 기반의 양자컴퓨터를 개발 중이며, 이를 통해 양자 기술이 실제 산업과 연결될 수 있는 구체적인 사례를 만들어가고 있습니다. 이러한 노력은 양자 컴퓨팅 기술을 단순히 연구실 수준에서 상업적 응용 단계로 끌어올리는 데 기여하고 있습니다.

바이두는 양자 기술의 상업적 활용 가능성을 확대하기 위해 자사의 AI 기술과 양자 컴퓨팅을 결합하는 전략을 추진하고 있습니다. 바이두는 자체적으로 개발한 양자 컴퓨팅 플랫폼 '쿤룬'을 통해 양자 알고리즘 연구와 소프트웨어 개발을 활성화하고 있으며, 이를 통해 복잡한 최적화 문제, 암호화 해독, 그리고 머신러닝 모델 개선과 같은 다양한 분야에서 양자 기술의 응용 가능성을 탐구하고 있습니다. 또한, 바이두는 클라우드 기반 양자 컴퓨팅 솔루션을 통해 연구자와 기업들에 양자 기술에 대한 접근성을 높이고 있으며, 이를 통해 중국의 기술 생태계를 강화하고 있습니다.

CAS 퀀텀 네트워크는 양자 통신 기술 분야에서 주도적인 위치를 차지하고 있는 기업으로, 중국 전역에 양자 네트워크를 구축하여 안전한 통신 환경을 제공하는 데 기여하고 있습니다. 이 회사는 양자 키 분배QKD 기술을 기반으로 한 보안 솔루션을 개발하며, 금융, 군사, 정부 통신과 같은 민감한 분야에서 데이터 보호를 강화하는 데 중점을 두고 있습니다. 특히, CAS 퀀텀 네트워크는 중국 내 주요 도시 간 양자 암호화 네트워크를 성공적으로 구축하며, 양자 통신 기술이 실질적으로 적용될 수 있는 기반을 마련했습니다. 이러한 네트워크는 기존의 통신 기술로는 제공할 수 없는 완벽한 데이터 보안성을 보장하며, 글로벌 양자 통신 경쟁에서 중국의 기술 우위를 강조하는 사례로 평가받고 있습니다.

중국과학원의 묵자호 위성 프로젝트는 중국이 양자 통신 분야에서 세계적 리더로 자리 잡는 데 중요한 역할을 했습니다. 2016년에 발사된 미시우스 위성은 세계 최초로 양자 얽힘 기반의 통신 실험을 성공적으로 수행하며, 양자 암호화와 양자키 분배 기술이 실제 우주 환경에서도 작동, 가능함을 입증했습니다. 이 프로젝트를 통해 중국은 지상–우주 간 양자 통신 기술을 개발하였으며, 이는 장거리 통신에서 기존 암호화 기술의 한계를 극복할 수 있는 혁신적 돌파구로 여겨지고 있습니다. 미시우스 위성은 중국의 주요 도시와 해외 연구소 간의 양자 암호화된 데이터를 전송하는 데 사용되었으며, 이를 통해 글로벌 데이터 보호와 안전한 통신 시스템 구축에서 중국의 기술적 리더십을 확립하는 데 기여했습니다.

미시우스 프로젝트는 단순한 기술적 성공을 넘어, 양자 통신이 국가 안보와 글로벌 데이터 보안에서 필수적인 기술로 자리 잡게 하는 데 중요하게 기여했습니다. 이 프로젝트의 성공은 중국 정부가 양자 기술에 대규모 투자를 지속하도록 자극했으며, 세계 여러 나라가 양자 통신 기술 개발에 관한 관심을 높이는 계기가 되었습니다. 미시우스 프로젝트와 이를 기반으로 한 기술 개발은 중국이 양자 기술의 선두 주자로 부상하며, 글로벌 기술 경쟁에서 독보적인 위치를 차지하도록 이끄는 원동력이 되고 있습니다.

주목받는 양자 스타트업

중국의 양자 기술 분야에서 가장 주목받는 세 기업은 오리진 퀀텀과 스핀큐SpinQ Technology, 그리고 퀀텀씨텍QuantumCTek이 있습니다. 이들은 각각 초전도 양자컴퓨터, 교육용·상업용 양자 하드웨어, 그리고 양자 통신 보안 기술 분야에서 두각을 나타내고 있습니다.

오리진 퀀텀은 중국 양자 기술의 중심지인 안후이성 합비에 2017년 설립된 스타트업으로, 중국과학원CAS 양자 정보키 실험실 출신 연구진이 주도하고 있습니다. 이 회사는 양자칩 설계에서 제어시스

딥테크 바이오 에너지 전쟁

템, 클라우드 플랫폼까지 통합적인 '풀스택 양자 컴퓨팅' 접근을 취하고 있으며, 초전도 기반의 프로세서 아키텍처를 중심으로 개발을 이어가고 있습니다. 특히 2022년 7월, 약 10억 위안(미화 약 1억 4,800만 달러) 규모의 시리즈B 투자를 유치하며 중국 내에서 가장 많은 자금을 확보한 양자 스타트업으로 평가받고 있습니다. 이 자금은 양자 하드웨어 대형화와 상용 서비스 인프라 구축에 집중적으로 투입되었습니다. 최근에는 500큐비트를 초과하는 제어시스템 '톈지Tianji 4.0'을 공개하며, 중국 내에서 IBM과 구글의 양자 로드맵을 추격할 수 있는 기술력을 갖춘 기업으로 자리매김하고 있습니다. 연구 중심의 기업을 넘어 양자 클라우드 서비스까지 사업을 확장하고 있어, 기술적 완성도와 상업화 잠재력을 동시에 인정받고 있습니다.

스핀큐는 중국 남부의 혁신 중심지인 선전에 본사를 둔 스타트업으로, 교육용 데스크탑 양자컴퓨터부터 산업용 초전도 양자 칩까지 폭넓은 제품군을 보유하고 있습니다. 이 기업은 초기에는 양자 교육 플랫폼으로 주목을 받았으나, 이후 산업용 응용까지 영역을 확장하며 중국 내 대표적인 민간 양자 하드웨어 기업으로 성장했습니다. 최근 수백만 위안(수십만 달러 규모)의 시리즈B 투자를 유치하였으며, 중국 정부 펀드와 민간 벤처자본이 공동 참여했습니다. 또한 미국의 싱크 탱크인 정보기술혁신재단Information Technology & Innovation Foundation, ITIF 보고서에서 중국 양자 생태계의 혁신적 스타트업으로 공식 언급되며 국제적 인지도를 얻었습니다. 스핀큐는 세계 최초로 중국산 초전도 양자컴퓨터를 해외 교육기관과 연구소에 수출한 기업이기도 합니다. 소형화·저비용·교육 접근성을 강조한 전략은 중국 내 양자산업의 대중화와 시장 확대를 촉진하는 주요 계기가 되었습니다.

퀀텀씨텍은 세 기업 중 가장 역사가 긴 기업으로, 2009년에 설립된 중국 최초의 상업적 양자 통신 전문기업입니다. 양자 키 분배QKD 기술을 중심으로 양자암호통신 장비를 개발해 왔으며, 현재는 양자 컴퓨팅과 보안 하드웨어로 영역을 확장하고 있습니다. 2020년 상하이 증권거래소 퀴창반STAR Market 시장에 상장하면서 중국 양자 기업으로는 드물게 공개시장 자본 조달에 성공하였고, 2024년 3월에는 차이나텔레콤China Telecom의 자회사로부터 약 19억 위안(미화 약 2억 6,500만 달러) 규모의 유상증자를 유치했습니다. 이러한 대형 국영 통신사의 전략적 참여는 양자 보안 인프라를 국가적 수준으로 확장하려는 정부의 의지를 반영합니다. 퀀텀씨텍은 양자암호통신 네트워크 구축을 주도하며, 베이징 – 상하이 간 2,000km 장거리 양자 통신망 구축 프로젝트의 핵심 수행사이기도 합니다.

유럽, 전통과 협력의 힘

유럽은 양자 기술 분야에서 깊은 연구 전통을 가지고 있으며, 이러한 전통은 유럽입자물리학연구소CERN과 막스 플랑크Max Planck 연구소와 같은 세계적인 연구 기관에 의해 뒷받침되고 있습니다. 유럽의 양자 연구는 양자역학이 탄생한 초기부터 시작되어, 현대 물리학의 핵심적인 발전을 이끌어왔습니다. 이 과학적 유산은 양자 기술로 이어져, 유럽이 전 세계적으로 양자 연구와 응용에서 중요한 위치를 차지하는 기반이 되고 있습니다.

양자 연구 전통
: CERN, 막스 플랑크 연구소

CERN은 입자물리학과 고에너지 물리학의 중심지로, 양자역학의 근본 원리를 실험적으로 검증하는 데 중요한 역할을 해왔습니다. CERN은 양자역학과 입자물리학의 경계를 탐구하며, 대형 강입자 충돌기(LHC)를 활용하여 양자 현상을 연구하고 이를 새로운 기술로 전환하는 데 기여하고 있습니다. 양자 기술과 직접적으로 연결된 연구로는 양자 암호화와 양자 통신 기술이 있으며, CERN은 초고속 데이터 전송과 보안 통신을 위한 양자 네트워크를 실험적으로 구현하는 프로젝트를 주도하고 있습니다. 이러한 연구는 기존의 통신 시스템 한계를 극복하고, 완전히 새로운 보안 모델을 제시하는 데 도움을 주고 있습니다.

막스 플랑크 연구소는 독일을 중심으로 한 유럽 과학 연구의 심장부로, 양자역학 이론과 실험 양자 기술의 발전에 결정적인 공헌을 해왔습니다. 이 연구소는 양자 광학, 초전도 양자 시스템, 양자 센서와 같은 분야에서 선구적인 연구를 수행하며, 양자 기술의 응용 가능성을 확장하는 데 기여하고 있습니다. 막스 플랑크 연구소는 특히 양자 컴퓨팅과 관련된 하드웨어 개발에서 주목할 만한 성과를 보이고 있습니다. 초전도 큐비트, 이온 트랩 큐비트, 그리고 광자 기반 시스템을 활용한 연구는 유럽이 이들 기술 분야에서 글로벌 리더십을 유지할 수 있도록 지원하고 있습니다.

CERN과 막스 플랑크 연구소는 양자 기술 연구뿐만 아니라, 유럽의 젊은 과학자들에게 양자 물리학과 기술에 대한 깊은 이해를 심어주는 교육의 장으로도 기능하고 있습니다. 이들 기관은 국제적 협력과 네트워킹을 통해 양자 기술의 연구 생태계를 확장하고, 유럽뿐 아니라 전 세계의 과학자들과 협력하여 기술 개발의 속도를 높이고 있습니다. 특히, EU 차원의 양자 기술 연구 프로그램과 연계하여, 이러한 연구소들은 유럽의 양자 기술 생태계 내에서 핵심적인 역할을 하고 있습니다.

유럽의 양자 연구 전통은 단순히 과거의 유산에 머무르지 않고, 현재와 미래의 기술 혁신을 이끄는 중요한 기반으로 작용하고 있습니다. CERN과 막스 플랑크 연구소의 연구는 양자역학 이론의 실험적 검증에서 나아가, 양자 기술이 실질적으로 응용될 수 있는 다양한 방안을 제시하며, 글로벌 양자 기술 경쟁에서 유럽의 입지를 강화하는 데 핵심적인 역할을 하고 있습니다. 이들 기관의 연구는 유럽이 단순히 양자 기술의 소비자가 아닌 창조자, 그리고 글로벌 리더로 자리매김할 수 있도록 하는 데 중대한 기여를 하고 있습니다.

전통적인 연구 기관과 주요 양자 스타트업

유럽은 양자 기술 분야에서 전통적인 연구 기관과 함께 IQM 퀀텀 컴퓨터IQM Quantum Computers, 파스칼Pasqal, 멀티버스 컴퓨팅Multiverse Computing과 같은 주요 기업들이 혁신적인 기술 개발과 상용화를 이끌며 글로벌 경쟁력을 강화하고 있습니다. 이들 기업은 양자 컴퓨팅, 양자 통신, 양자 센싱과 같은 다양한 응용 분야에서 독창적인 접근법과 기술적 강점을 통해 유럽 양자 기술의 중심축을 형성하고 있습니다. 또한, 유럽의 양자 스타트업은 빠른 속도로 부상하며 기존의 대기업들과 협력하거나 독립적으로 상용화 가능성을 확대하며 산업 생태계에 활력을 불어넣고 있습니다.

IQM 퀸텀 컴퓨터(핀란드)는 초전도 방식의 양자 프로세서를 바탕으로 '온-프레미스on-premise 양자컴퓨터(클라우드를 통해 원격으로 접속하는 방식이 아니라, 기업이나 연구소 자체 데이터 센터에 직접 설치하여 운영하는 방식-편집자)' 납품에 강점을 보이는 하드웨어 중심 기업으로, 핀란드 국가기술연구센터VTTT와 함께 2026년 150큐빗, 2027년 300큐빗 시스템을 핀란드 HPCHigh Performance Computing(고성능 컴퓨팅-편집자) 인프라에 통합 구축하는 대형 프로젝트를 수주해 기술·사업화 모두에서 가시적 이정표를 세웠습니다(300큐빗은 150큐빗 프로세서 두 개를 결합한 설계로 오류정정 연구를 염두에 둔 테스트베드로 활용 예정). 또한 최근 12개월 기준 온-프레미스 시스템 납품에서 성과를 보였고, 라이프니츠 슈퍼컴퓨팅 센터LRZ, 율리히 연구소 등 유럽 각국 연구기관과의 구축 경험을 축적해 상용 하드웨어 공급 역량이 두드러집니다.

프랑스의 파스칼은 중성원자neutral-atom 플랫폼을 기반으로 하는 대

딥테크 바이오 에너지 전쟁

표적 유럽 하드웨어 기업으로, 2022년 양자 소프트웨어 기업 큐앤코Qu&Co와의 합병을 통해 풀스택 역량(알고리즘·응용 소프트웨어+하드웨어)을 결합했고, 2023년에는 테마섹Temasek 등이 주도한 1억 유로 시리즈B를 마무리하며 산업 적용 확장(예: 클라우드/엔터프라이즈 워크로드)과 1,000큐빗급 로드맵 가속을 위한 자금을 확보했습니다. 이러한 전략 아래에서 파스칼은 실제 산업 문제 해결을 겨냥한 응용 지향 접근을 강화하고, 애저 퀀텀 등 클라우드 생태계 편입을 통해 접근성을 높여 '초전도 일변도' 경쟁 구도에서 차별화된 대안을 제시하고 있습니다.

스페인의 멀티버스 컴퓨팅은 '하드웨어 불문'으로 적용, 가능한 양자·양자 영감quantum-inspired 소프트웨어 전문기업으로 출발해, 최근에는 LLM(대규모언어모델) 압축 엔진 '컴팩티프AICompactifAI'를 앞세워 모델 크기를 최대 95% 축소하면서도 성능을 유지하고 추론 비용을 50 – 80% 낮출 수 있다고 주장하며(온디바이스·에지 실행까지 염두), 2025년 6월 1억 8,900만 유로 규모의 대형 투자 유치로 이 분야에서 스페인 최대급 AI 스타트업 반열에 올랐습니다. 금융·제조·에너지 등 다양한 도메인에서 최적화·예측·리스크 관리로 축적한 '문제정의 → 알고리즘 → 비즈니스 성과' 전환 경험을 바탕으로, 유럽 양자 생태계 내에서 하드웨어 대비 상용화 속도가 빠른 응용 소프트웨어 축을 담당한다는 점이 특징입니다.

일본, 정밀함과 혁신의 조화

    일본은 양자 기술 연구와 개발에서 오랜 역사와 강점을 보유하고 있으며, 이러한 배경은 특화된 기술 분야에서 두드러지게 나타나고 있습니다. 일본의 양자 기술 연구는 양자역학의 이론이 확립된 20세기 초반부터 시작되었으며, 이는 노벨 물리학상 수상자를 배출한 풍부한 학문적 전통과 과학적 유산으로 이어졌습니다. 일본은 기초 물리학 연구를 기반으로 한 양자역학적 이해를 통해, 양자 컴퓨팅, 양자 암호화, 양자 센싱 등 첨단 기술 분야로 그 응용 범위를 확장하는 데 성공하였습니다.

                                      딥테크 바이오 에너지 전쟁

양자 기술의 역사와 특화 분야

일본의 양자 기술 발전은 1980년대 이후 정부 주도의 연구 개발 프로젝트를 통해 가속화되었습니다. 일본 정부는 기초과학 연구를 적극적으로 지원하며, 양자 기술이 국가 경제와 안보에 미칠 잠재력을 인식하였습니다. 특히, 양자광학과 초전도 기술 분야에서 연구진은 세계적으로 높은 평가를 받고 있으며, 이는 고성능 양자컴퓨터 개발과 양자 암호화 시스템 구축의 기반이 되고 있습니다. 일본은 양자역학적 원리를 활용한 정밀 측정 기술에서도 두각을 나타내며, 이는 항공우주, 의료, 환경 모니터링 등 다양한 분야에서 활용되고 있습니다.

양자 기술의 특화 분야에서 일본은 초전도 큐비트와 광자 기반 양자 컴퓨팅 기술에 중점을 두고 있습니다. 일본의 연구진은 초전도 큐비트를 안정적으로 제어하고, 큐비트 간의 오류를 최소화하는 기술에서 혁신적인 성과를 거두고 있습니다. 이러한 기술은 고정밀 양자컴퓨터 개발을 가능하게 하며, 이를 통해 양자 컴퓨팅의 상업적 응용을 실현하려 하고 있습니다. 또한, 광자 기반 양자 컴퓨팅 기술에서도 선도적인 위치를 차지하고 있습니다. 광자를 활용한 양자컴퓨터는 높은 안정성과 이동성을 가지며, 이는 통신 인프라와 통합에 유리한 장점을 제공합니다.

일본은 양자 암호화 기술에서도 세계적인 경쟁력을 보유하고 있습니다. 일본 연구진은 양자 키 분배[QKD] 시스템의 상용화를 목표로 연구를 진행하고 있으며, 이를 통해 해킹이 불가능한 통신 시스템을 구축하고자 하고 있습니다. 이러한 기술은 일본의 금융, 국방, 정보 통신 분야에서 데이터 보안성을 강화하는 데 중요한 역할을 하고 있습니다. 특히, 일본 정부는 주요 도시와 기관 간의 양자 암호화 네트워크를 구축하는 프로젝트를 추진하며, 이를 통해 국가 데이터 보호 수준을 높이고 있습니다.

양자 센싱 분야에서 고정밀 센서를 개발하여 다양한 산업에서 응용 가능성을 확대하고 있습니다. 예를 들어, 양자 센서를 활용해 의료 영상 기술을 개선하고, 지질학적 탐사와 환경 모니터링에서 혁신적인 기술을 도입하고 있습니다. 이러한 센서는 기존 기술로는 탐지하기 어려운 미세한 변화를 감지할 수 있어, 일본의 기술력이 특히 돋보이는 분야로 자리 잡고 있습니다.

일본의 양자 기술 발전은 정부, 학계, 산업계 간의 협력을 통해 이루어지고 있습니다. 일본 정부는 양자 기술 연구 개발을 장려하기 위해 '양자 이니셔티브 프로젝트'를 추진하며, 연구 자금을 확대하고 인재 양성을 위한 교육 프로그램을 운영하고 있습니다. 학계는 세계적인 수준의 연구 성과를 통해 기술 기반을 강화하고 있으며, 주요 기업들은 이를 바탕으로 상용화 기술을 개발하고 있습니다. 예를 들어, 도시바와 NTT는 양자 암호화와 통신 기술에서 혁신적인 제품을 선보이며, 일본이 글로벌 양자 기술 경쟁에서 두각을 나타내는데 기여하고 있습니다.

양자 컴퓨팅과 센서 기술에서의 혁신

일본의 주요 기업인 NTT, 도시바, 후지쯔Fujitsu는 양자 기술의 발전과 상용화를 이끄는 핵심 주체로, 각각 양자 컴퓨팅, 양자 암호화, 센서 기술에서 혁신을 주도하고 있습니다. 이들 기업은 일본의 오랜 기술적 강점을 기반으로 양자 기술의 실질적인 응용 가능성을 확대하며, 글로벌 경쟁에서도 주목받는 성과를 내고 있습니다. 이러한 기업들의 노력은 일본이 양자 기술 분야에서 세계적인 리더로 자리매김하는 데 기여하고 있으며, 다양한 산업 분야에서 양자 기술이 적용될 수 있는 토대를 마련하고 있습니다.

NTT는 양자 암호화 기술과 양자 네트워크 개발에서 선도적인 역할을 하고 있습니다. NTT는 양자 키 분배QKD 기술을 기반으로 완벽한 데이터 보안성을 제공하는 통신 시스템을 구축하고 있으며, 주요 금융 기관과 정부 기관과 협력하여 이 기술을 실용화하고 있습니다. 특히, NTT는 양자 암호화 기술을 기존 통신 네트워크와 통합하는 방안을 모색하며, 이를 통해 양자 암호화 네트워크의 상용화를 앞당기고 있습니다. 또한, NTT는 양자 컴퓨팅과 AI 기술을 결합하여 새로운 형태의 데이터 처리 솔루션을 개발하고 있으며, 이는 금융, 의료, 제조 등 다양한 산업 분야에서 활용될 가능성을 열어 주고 있습니다. 이러한 노력은 NTT가 일본뿐만 아니라 글로벌 시장에서 기술적 경쟁력을 확보하는 데 중요한 역할을 하고 있습니다.

도시바는 양자 암호화와 센서 기술에서 주목할 만한 성과를 내는 기업으로, 특히 양자 통신 기술 개발에서 두각을 나타내고 있습니다. 도시바는 세계적으로 가장 진보된 QKD 시스템 중 하나를 개발하여, 해킹이 불가능한 보안 통신을 구현하고 있습니다. 이 기술은 데이터 보호가 중요한 금융 및 정부 통신 분야에서 널리 적용될 가능성을 가지고 있으며, 도시바는 이를 상용화하기 위한 글로벌 파트너십을 확대하고 있습니다. 또한, 도시바는 양자 센싱 기술을 활용해 의료 영상 및 환경 모니터링 분야에서의 혁신적인 솔루션을 제시하고 있으며, 이를 통해 고정밀 측정과 분석이 필요한 응용 사례에서 뛰어난 성능을 입증하고 있습니다. 이러한 기술은 일본의 산업 경쟁력을 강화하는 동시에, 도시바가 글로벌 기술 리더로 자리 잡는 데 기여하고 있습니다.

후지쯔는 양자 컴퓨팅 기술 개발에서 선도적인 기업으로, 초전도 큐비트와 광자 기반 양자컴퓨터를 연구하며 양자 하드웨어의 성능을 향상하는 데 주력하고 있습니다. 후지쯔는 고성능 컴퓨팅(HPC) 분야에서 쌓아온 기술적 경험을 양자 컴퓨팅에 접목하여, 복잡한 계산 문제를 해결하는 데 있어 기존 컴퓨터를 뛰어넘는 성능을 제공할 수 있는 양자컴퓨터를 개발하고 있습니다. 후지쯔는 또한 양자 컴퓨팅 기술을 AI와 통합하여 머신러닝, 최적화, 시뮬레이션과 같은 다양한 응용 분야에서 활용할 가능성을 탐구하고 있습니다. 이 회사는 연구소와 협력하여 양자 컴퓨팅 생태계를 구축하고, 이를 통해 일본과 글로벌 기업들이 양자 기술을 보다 효과적으로 도입할 수 있도록 지원하고 있습니다.

　양자 컴퓨팅과 센서 기술에서의 혁신은 일본이 양자 기술의 응용 가능성을 넓히는 데 핵심적인 역할을 하고 있습니다. 일본 기업들은 양자 센싱 기술을 활용해 기존 센서보다 훨씬 더 높은 정밀도와 민감도를 제공하는 장치를 개발하고 있으며, 이는 의료, 환경, 산업 안전 분야에서 새로운 가능성을 열고 있습니다. 예를 들어, 양자 센서는 초미세 구조의 변화를 감지하거나, 환경 변화에 따른 데이터를 실시간으로 제공하여 보다 정밀한 제어와 예측을 가능하게 합니다. 이러한 기술은 전통적으로 강점인 제조업과 결합해 생산성과 효율성을 극대화하는 데 활용될 수 있습니다.

　NTT, 도시바, 후지쯔와 같은 주요 기업들은 각자의 전문 분야에서 혁신을 지속하며, 일본의 양자 기술 경쟁력을 강화하는 데 중요한 역할을 하고 있습니다. 이들의 연구 개발 노력은 일본이 양자 기술 분야에서 독보적인 위치를 확보하고, 이를 기반으로 다양한 산업 분야에서 새로운 가치를 창출할 수 있도록 하는 핵심 동력으로 작용하고 있습니다. 이러한 기업들의 기술적 성과는 일본이 글로벌 양자 기술 경쟁에서 지속적으로 영향력을 확대하는 데 기여할 것으로 기대됩니다.

국가 안보와 산업 지형을 재편하는 전략적 게임 체인저

미국은 양자 기술을 국가 전략 기술로 인식하고, 이를 육성하기 위해 강력한 연구 개발 투자와 정책적 지원을 실행하고 있습니다.

미국, 강력한 연구 개발 투자

2018년 제정된 '국가 양자 이니셔티브 법안NQI Act'은 이러한 노력을 체계화한 중요한 전환점으로, 양자 기술 연구와 개발의 촉진을 목적으로 만들어졌습니다. 이 법안은 양자 기술의 발전이 국가 안보와 경제적 경쟁력에 필수적임을 강조하며, 연방 차원에서 R&D를 확대하고 민간 부문과의 협력을 강화하기 위한 법적 틀을 제공합니다. NQI Act는 양자 컴퓨팅, 양자 통신, 양자 센싱과 같은 주요 응용 분야에서 연구를 장려하고, 이를 통해 미국이 글로벌 양자 기술 경쟁에서 주도적인 위치를 유지하도록 지원합니다.

NQI Act는 구체적으로 10년간 양자 기술 연구 개발을 지원하기 위해 연방 차원의 전략적 프로그램을 도입하였으며, 국립과학재단 NSF, 국립표준기술연구소NIST, 에너지부DOE를 중심으로 양자 기술 연구소를 설립하도록 규정하고 있습니다. 이러한 연구소는 학계와 민간 부문, 그리고 정부 기관 간의 협력을 강화하며, 양자 기술의 기초과학에서부터 상용화 가능성까지 포괄적인 연구를 수행할 수 있는 환경을 제공합니다. 이 법안은 또한 양자 기술 인재 양성을 위한 교육 프로그램과 연구비 지원을 포함하며, 장기적으로 양자 기술 생태계의 지속가능성을 보장하려는 목표를 가지고 있습니다.

미국은 NQI Act 외에도 방위고등연구계획국DARPA와 에너지부를 통해 양자 기술 연구 개발을 적극적으로 지원하고 있습니다. DARPA는 양자 기술이 국가 안보에 미칠 수 있는 잠재력을 인식하며, 첨단 양자 컴퓨팅 및 암호화 기술 개발에 집중하고 있습니다. DARPA는 민간 기업과 협력하여 양자 기술을 국방 시스템에 통합하려는 프로젝트를 추진하며, 이를 통해 양자 암호화 네트워크와 양자 센싱 기술이 군사적 활용에 적합하도록 기술 성숙도를 높이고 있습니다. 에너지부는 고성능 양자 컴퓨팅 기술과 에너지 시스템의 혁신적 응용 가능성을 탐구하며, 양자 기술이 환경 문제와 에너지 효율성 개선에 기여할 방안을 모색하고 있습니다. 에너지부는 이를 위해 국립 연구소와의 협력을 확대하고, 양자 기술이 재생 에너지와 스마트 그리드 기술에 적용될 가능성을 적극적으로 검토하고 있습니다.

미국의 양자 기술 육성 전략은 민관 협력을 통해 상용화 가능성을 확대하는 데에도 중점을 두고 있습니다. IBM, 구글, 마이크로소프트와 같은 대기업들은 정부 연구 프로그램과 협력하며, 양자 기술의 연구 개발과 상업화를 동시에 추구하고 있습니다. 이러한 협력은 양자 기술이 실제 산업에 적용될 수 있는 구체적인 응용 사례를 창출하는 데 기여하고 있으며, 금융, 의료, 물류와 같은 다양한 분야에서 양자 컴퓨팅과 암호화 기술이 활용될 수 있는 기반을 마련하고 있습니다. 민간 부문은 하드웨어 개발, 소프트웨어 플랫폼 구축, 클라우드 기반 양자 컴퓨팅 솔루션 제공과 같은 상업적 활동을 통해 양자 기술의 생태계를 확장하며, 이는 미국이 글로벌 기술 경쟁에서 앞서나가는 중요한 원동력이 되고 있습니다.

미국의 양자 기술 육성 전략은 단순히 기술 개발에 그치지 않고, 국가 안보와 경제적 이익을 동시에 고려하는 종합적 접근 방식을 보여줍니다. 강력한 연구 개발 투자, DARPA와 에너지부를 통한 국가 차원의 지원, 그리고 민간 부문과의 협력은 양자 기술이 실질적인 사회적, 경제적 가치를 창출할 수 있도록 돕는 중요한 요소로 작용하고 있습니다. 이러한 노력은 미국이 글로벌 양자 기술 경쟁에서 선도적인 위치를 유지하며, 장기적으로는 새로운 기술 패권을 형성하는 데 기여할 것으로 예상됩니다.

중국, 국가 주도의 대규모 투자

중국은 양자 기술을 국가 전략의 핵심 축으로 삼고, 정부 주도의 대규모 투자와 국가 차원의 프로젝트를 통해 양자 기술의 발전을 강력히 추진하고 있습니다. 중국은 양자 컴퓨팅, 양자 통신, 양자 센싱 등 첨단 기술 분야에서 글로벌 선도국으로 도약하기 위해 명확한 비전과 체계적인 정책을 수립하였습니다. 이러한 전략은 정부가 중심이 되어 국가적 자원과 역량을 양자 기술의 연구 개발과 상용화에 집중하도록 하는데 기반을 두고 있습니다. 특히, 중국 정부는 13차 및 14차 5개년 계획에서 양자 기술을 최우선 과학기술 프로젝트로 지정하고, 이를 실현하기 위한 대규모 투자와 체계적인 지원을 아끼지 않고 있습니다.

중국의 양자 기술 육성 전략은 구체적으로 대규모 투자와 국가 양자 프로젝트를 통해 실행되고 있습니다. 중국은 2016년 세계 최초의 양자 통신 위성인 묵자호를 성공적으로 발사하며, 양자 암호화와 양자 통신 분야에서 독보적인 기술력을 입증하였습니다. 이러한 성과는 정부가 주도한 국가 양자 프로젝트의 결과로, 중국은 이를 기반으로 지상–우주 간 양자 네트워크를 구축하는 데 박차를 가하고 있습니다. 중국 정부는 또한 항저우에 세계 최대 규모의 양자 기술 연구소를 설립하였으며, 이 연구소는 양자 컴퓨팅과 양자 통신 기술을 통합하여 연구와 상용화 가능성을 동시에 탐구하고 있습니다. 이와 같은 대규모 투자는 중국이 양자 기술 연구의 중심지로 자리 잡고, 글로벌 경쟁에서 기술적 우위를 확보하는 데 기여하고 있습니다.

중국은 글로벌 양자 네트워크 구축을 위한 계획을 적극적으로 추진하고 있으며, 이를 통해 양자 통신 기술의 상용화와 국제적 협력을 동시에 모색하고 있습니다. 중국의 목표는 전 세계 주요 국가를 연결하는 글로벌 양자 암호화 네트워크를 구축하여 데이터 보안성과 통신 신뢰성을 대폭 향상하는 것입니다. 이러한 계획은 중국 내 주요 도시와 지역 간 양자 암호화 네트워크를 이미 성공적으로 구현한 경험을 바탕으로 이루어지고 있습니다. 예를 들어, 중국은 베이징-상하이 간 양자 통신 네트워크를 구축하여 약 2,000km에 이르는 구간에서 완벽한 양자 암호화 통신을 가능하게 하였습니다. 이 네트워크는 금융 및 정부 통신 분야에서 데이터 보안을 강화하는 데 활용되고 있으며, 글로벌 통신 인프라에 양자 기술을 통합할 가능성을 제시하고 있습니다. 이러한 노력은 중국이 양자 통신 기술의 글로벌 리더로 자리매김하도록 하는 데 중대한 역할을 하고 있습니다.

양자 기술 연구와 인재 양성에서도 중국은 세계적 수준의 역량을 구축하기 위해 집중적인 노력을 기울이고 있습니다. 중국의 주요 대학과 연구소는 양자 물리학과 양자 기술 분야에서 최첨단 연구를 수행하며, 이를 통해 양자 기술의 이론적 기반을 강화하고 있습니다. 중국과학원(CAS)은 양자 기술 연구의 중심 역할을 하며, 세계적 수준의 학문적 성과를 창출하고 있습니다. 또한, 베이징대학과 칭화대학 같은 명문 대학들은 양자 물리학과 기술을 전공하는 젊은 인재들을 양성하며, 중국의 양자 기술 생태계를 확장하는 데 기여하고 있습니다. 이와 함께, 중국 정부는 국제 학술 교류와 협력을 통해 해외 연구자와 인재들을 적극적으로 유치하며, 글로벌 연구 네트워크에서 중국의 역할을 강화하고 있습니다.

중국의 양자 기술 육성 전략은 정부, 학계, 산업계 간의 긴밀한 협력을 기반으로 이루어지고 있습니다. 이러한 전략은 단순히 기술적 경쟁력을 확보하는 것을 넘어, 국가 안보와 경제적 이익을 강화하고, 국제 사회에서 중국의 기술적 위상을 높이는 데 기여하고 있습니다. 대규모 투자와 국가 프로젝트, 글로벌 네트워크 구축, 그리고 인재 양성을 결합한 중국의 종합적 접근 방식은 양자 기술이 미래의 경제와 사회를 이끄는 핵심 기술로 자리 잡도록 하는 데 중요한 역할을 하고 있습니다. 이를 통해 중국은 글로벌 기술 패권 경쟁에서 독보적인 위치를 유지하며, 양자 기술 분야에서 세계적 리더로 도약하기 위한 기반을 공고히 하고 있습니다.

유럽, 지속 가능한 기술 혁신

유럽은 양자 기술을 미래의 핵심 기술로 인식하고, 이를 발전시키기 위해 장기적이고 체계적인 육성 전략을 실행하고 있습니다. EU는 양자 기술 분야에서 세계적 리더십을 확보하기 위해 2018년에 '퀀텀 플래그십Quantum Flagship' 프로그램을 출범시켰으며, 이는 10년에 걸친 비전과 목표를 담고 있습니다. 퀀텀 플래그십은 약 10억 유로의 예산을 투입하여 양자 컴퓨팅, 양자 통신, 양자 센싱, 양자 시뮬레이션 등 다양한 분야에서 연구 개발을 지원하며, 유럽 내 학계, 산업계, 정부 간 협력을 강화하는 데 초점을 맞추고 있습니다. 이 프로그램은 유럽이 양자 기술의 연구와 응용에서 선도적인 역할을 할 수 있도록 지원하며, 동시에 상용화 가능성을 높여 경제적 이익을 창출하는 것을 목표로 하고 있습니다.

퀀텀 플래그십 프로그램은 연구와 혁신, 상업화를 아우르는 종합적 접근 방식을 통해 양자 기술 생태계를 구축하고 있습니다. 이 프로그램은 약 5,000명의 연구자와 기업이 참여하며, 유럽 전역에서 협력 네트워크를 형성하고 있습니다. 주요 목표는 양자 기술의 이론적 연구를 심화하고, 이를 기반으로 실질적인 산업 응용 사례를 개발하는 것입니다. 예를 들어, 초전도 큐비트와 광자 기반 큐비트를 활용한 고성능 양자컴퓨터 개발, 양자 암호화 기술을 활용한 보안 통신 시스템 구축, 그리고 양자 센서를 활용한 정밀 측정 기술 개발이 포함됩니다. 이러한 노력은 유럽이 글로벌 기술 경쟁에서 경쟁력을 유지하고, 양자 기술의 상용화와 사회적 응용을 가속하는데 기여하고 있습니다.

아울러 EU는 2025년 7월 2일 〈유럽 양자 전략 - 변화하는 세계 속의 유럽 양자 기술Quantum Europe Strategy-Quantum Europe in a Changing World〉 보고서를 발표하며, 2030년까지 양자 기술 분야에서 글로벌 리더십을 확보하겠다는 전략적 비전을 제시했습니다. 이번 전략은 연구 성과의 상업화 부족, 회원국별 정책 분절, 자금·생태계 미성숙이라는 기존 한계를 극복하고자 마련된 것으로, 기술 주권과 전략적 자율성을 핵심 가치로 내세웠습니다. 유럽위원회^{EC}는 기존의 개별 프로그램들을 통합하여 연구 – 파일럿 – 생산 – 시장화로 이어지는 기술 수명주기 기반의 구조를 구축하고, 산업화 및 시장 확산을 촉진하는 통합적 전략 체계를 도입했습니다.

이 전략은 다음의 다섯 가지 핵심 축을 중심으로 구성되어 있습니다. ① 연구 및 혁신, ② 양자 인프라, ③ 생태계 강화, ④ 우주·이중용도 기술, ⑤ 양자 역량 및 인재. EU는 양자 칩 파일럿라인 구축(공공자금 5천만 유로 투입), 양자 인터넷 및 QKD 통신 인프라 확대, 2026년 세부 로드맵 수립(컴퓨팅·시뮬레이션·센싱 분야)을 추진 중입니다. 또한 민간투자 비중이 글로벌 대비 5% 수준에 불과하다는 점을 지적하며, 공공·민간의 공동투자 구조를 강조했습니다. 2025년은 연구·인프라·생태계 간 조정을 본격화하는 전환점으로 설정되었으며, 회원국 협의체 및 고위 자문위원회를 통해 EU 차원의 거버넌스가 강화되었습니다. 한국에 주는 시사점으로는 양자 칩·양자 통신·센싱 등 협력 분야 사전 발굴, 인재 교류 및 표준화 참여, 민관 투자 연계형 진출 전략 수립이 중요하다는 점이 강조됩니다.

이 외에도 유럽은 양자 보안과 컴퓨팅 분야에서 리더십을 강화하기 위해 다각적인 노력을 기울이고 있습니다. 양자 보안 기술은 데이터 보호와 통신 보안에서 새로운 표준을 제시하며, 금융, 정부,

국방과 같은 민감한 분야에서 광범위하게 적용될 수 있습니다. 유럽은 양자 키 분배^{QKD} 기술 개발과 네트워크 구축에 집중하며, 이를 통해 기존의 암호화 체계를 대체할 수 있는 안전한 데이터 전송 시스템을 구현하고 있습니다. 또한, 양자 컴퓨팅 분야에서는 고성능 컴퓨터를 활용한 복잡한 문제 해결과 최적화, 그리고 화학, 재료과학, 의료 시뮬레이션과 같은 응용 가능성을 확대하고 있습니다. 유럽은 이를 위해 학계와 산업계 간의 협력을 강화하며, 양자 기술이 경제와 사회 전반에 걸쳐 혁신을 이끌 수 있는 환경을 조성하고 있습니다.

유럽 내 협력 연구소와 산업 네트워크는 양자 기술 발전에서 핵심적인 역할을 하고 있습니다. 독일 막스 플랑크 연구소, 프랑스 국립과학연구센터^{CNRS}, 네덜란드 큐텍^{QuTech}과 같은 세계적인 연구 기관들은 양자 기술의 기초과학과 응용 연구를 주도하며, 유럽의 기술 기반을 강화하고 있습니다. 이러한 연구소들은 유럽 전역의 대학, 기업, 정부 기관과 협력하여 연구 결과를 상업적으로 활용, 가능한 제품과 서비스로 전환하는 데 기여하고 있습니다. 또한, 유럽은 중소기업과 스타트업을 포함한 산업 네트워크를 통해 혁신 생태계를 활성화하며, 양자 기술의 상용화 가능성을 극대화하고 있습니다.

유럽의 양자 기술 육성 전략은 단순히 기술 개발을 넘어, 지속 가능한 경제 성장을 촉진하고, 글로벌 기술 경쟁에서 유럽의 독립성과 리더십을 확보하는 것을 목표로 하고 있습니다. 퀀텀 플래그십 프로그램과 양자 보안 및 컴퓨팅 분야에서의 리더십 강화, 그리고 유럽 내 협력 연구소와 산업 네트워크는 이러한 비전을 실현하기 위한 핵심 요소로 작용하고 있습니다. 유럽은 이와 같은 종합적인 접근을 통해 양자 기술이 사회와 산업 전반에 혁신을 가져오는 원동력이 될 수 있도록 하며, 글로벌 기술 경쟁에서 중요한 위치를 유지할 수 있는 기반을 마련하고 있습니다.

일본, 첨단 기술과 전통적인 강점의 조화

일본은 양자 기술을 미래 경제와 국가 안보의 핵심 기술로 인식하고, 이를 육성하기 위해 정부 주도의 로드맵과 체계적인 투자 전략을 수립해 추진하고 있습니다. 일본 정부는 양자 기술이 가지는 잠재력을 활용해 첨단 산업을 강화하고, 글로벌 기술 경쟁에서 리더십을 확보하는 것을 목표로 하고 있습니다. 이를 위해 일본은 2020년에 '양자 기술 이니셔티브'를 발표하며, 양자 컴퓨팅, 양자 통신, 양자 센싱 등 다양한 분야를 아우르는 로드맵을 제시하였습니다. 이 로드맵은 기초 연구와 응용 기술 개발, 인재 양성, 산업 상용화를 포함하는 종합적인 전략을 담고 있으며, 장기적으로 일본이 양자 기술 분야에서 글로벌 선도국으로 자리매김할 수 있도록 구체적인 계획을 제시하고 있습니다.

또한, '양자 미래사회 비전Vision of Quantum Future Society'은 일본 정부가

양자 기술을 국가 혁신의 핵심축으로 삼기 위해 수립한 중장기 전략 비전입니다. 이 문서는 내각부 과학기술정책조정실CSTI이 주도하여 2022년 4월 발표했으며, 단순히 양자 컴퓨팅의 기술적 진보에 머물지 않고 사회·산업 전반에서 양자 기술이 창출할 새로운 가치와 구조 변화를 포괄적으로 제시한 것이 특징입니다. 비전의 핵심은 "양자 기술을 통해 사회문제를 해결하고 새로운 산업과 일자리를 창출하는 사회 구현"으로, 이를 위해 양자 컴퓨팅·양자 통신·양자 센서·양자 보안의 4대 기술 축을 균형 있게 발전시키고, 산업계·학계·정부가 참여하는 '양자 미래 사회Quantum Future Society' 플랫폼을 구축하며, 2030년까지 글로벌 시장에서 경쟁, 가능한 양자산업 생태계를 조성하는 것을 목표로 합니다. 또한 일본은 이 비전 아래 이화학연구소RIKEN, 정보통신연구기구NICT, 신에너지·산업기술종합개발기구NEDO 등 주요 연구 기관을 중심으로 국가 차원의 양자 인프라와 실증 허브를 설계하고, 민간 기업의 참여를 촉진하기 위해 오픈 이노베이션 및 데이터 공유 체계를 강화했습니다.

아울러 일본 정부는 이 로드맵을 실현하기 위해 대규모 예산을 투입하며 양자 기술 연구와 상업화를 지원하고 있습니다. 특히, 정부는 학계와 산업계를 연결하는 플랫폼을 구축하고, 양자 기술 연구소 설립과 클러스터 형성을 통해 R&D 환경을 강화하고 있습니다. 또한, 일본은 국가 차원의 양자 기술 연구 센터를 설립하여 기초과학 연구를 촉진하고, 이를 기반으로 상용화가 가능한 기술로 전환하는 데 주력하고 있습니다. 정부는 이러한 투자를 통해 첨단 기술의 자립성과 글로벌 경쟁력을 동시에 강화하려는 전략을 펼치고 있습니다.

산학 협력은 일본의 양자 기술 육성 전략에서 중요한 요소로, 연구 기관과 기업 간의 파트너십을 통해 기술 개발과 상용화를 가속화하고 있습니다. 일본의 주요 대학과 연구소, 예를 들어 도쿄대학, 교토대학, 국립 첨단과학기술연구원AIST 등은 기업들과 협력하여 양자 기술 연구 프로젝트를 진행하고 있습니다. 이러한 협력은 기초 연구와 응용 기술 사이의 차이를 줄이고, 연구 결과가 상업적으로 활용될 수 있는 기반을 마련합니다. 예를 들어, 도시바와 NTT는 양자 암호화 기술과 통신 네트워크를 공동, 개발하며, 이를 실제 통신 시스템에 적용하기 위한 실험을 진행하고 있습니다. 후지쯔는 초전도 큐비트 기반의 양자 컴퓨팅 기술 개발을 위해 연구 기관과 협력하며, 산업계와 학계의 기술적 강점을 결합하여 혁신을 촉진하고 있습니다.

일본은 또한 양자 기술과 반도체 산업 간의 연계를 강화하여 새로운 성장 동력을 창출하고 있습니다. 양자 기반 반도체 기술은 일본이 전통적으로 강점을 가져온 분야로, 양자 컴퓨팅과 기존 반도체 기술의 결합을 통해 고성능 전자 장치와 양자 프로세서를 개발하는 데 주력하고 있습니다. 일본 기업들은 초전도와 광자 기반 기술을 활용한 양자 칩 개발에 집중하며, 기존 반도체 제조 공정을 최적화하여 양자 기술을 대량 생산 방안을 모색하고 있습니다. 이는 양자 컴퓨팅의 상용화를 앞당길 수 있는 중요한 기술적 진전으로 평가를 받습니다. 특히, 일본의 반도체 기업들은 양자 컴퓨팅의 핵심 요소인 양자 칩과 관련된 하드웨어 개발에서 글로벌 리더로 자리 잡기 위해 연구 개발에 집중적으로 투자하고 있으며, 정부도 이를 뒷받침하기 위한 정책적 지원을 아끼지 않고 있습니다.

일본의 양자 기술 육성 전략은 정부, 학계, 산업계의 유기적인 협력을 통해 연구에서 상업화로 이어지는 기술 생태계를 구축하는 데 초점을 맞추고 있습니다. 로드맵과 투자 방향, 산학 협력, 그리고 양자 기반 반도체 기술 개발은 일본이 양자 기술 분야에서 독보적인 경쟁력을 확보하고, 이를 통해 국가 경제와 안보를 강화하는 데 중요한 역할을 하고 있습니다. 이러한 접근은 일본이 단순히 기술 경쟁에 참여하는 걸 넘어, 글로벌 양자 기술의 선두 주자로 자리매김하는 데 필요한 전략적 기반을 제공하고 있습니다.

한국의 양자 제조 굴기 전략

한국은 양자 기술을 미래 산업의 핵심 동력으로 인식하고, 관련 기업들이 기술 개발과 상용화를 통해 글로벌 경쟁력을 강화하기 위해 노력하고 있습니다. 한국은 양자 컴퓨팅, 양자 통신, 양자 센싱 등 다양한 분야에서 발전 가능성을 모색하며, 특히 관련 기업들의 활동이 이러한 생태계 구축에 중요한 역할을 하고 있습니다. 이들 기업은 독자적인 기술력과 정부의 지원을 바탕으로 국내외 시장에서 양자 기술의 상업적 응용을 실현하기 위한 노력을 이어가고 있습니다.

한국 양자 기술 관련 기업들의 활동

한국 정부는 2025년을 기점으로 양자 기술을 국가 전략산업으로 격상시키며, 연구 개발 중심에서 산업화 중심으로 전환하는 정책을 추진하고 있습니다. 과학기술정보통신부는 약 1,980억 원 규모의 예산을 투입해 양자 컴퓨팅·양자 통신·양자 센서 등 3대 핵심 분야를 집중적으로 육성하고, 2035년까지 기술 수준을 선도국의 85% 수준으로 끌어올리는 것을 목표로 하고 있습니다. 정부는 양자클러스터 조성, 전문 인력 양성, 민간 기업 참여 확대를 통해 생태계를 확장하고 있으며, 국제공동연구와 표준화 협력도 병행하고 있습니다.

다음으로 기업 단위로 살펴보면, SK텔레콤은 한국 양자 기술 분야에서 선두적인 기업으로, 양자 암호화 통신 네트워크 구축과 양자 보안 솔루션 개발에 주력하고 있습니다. SK텔레콤은 세계 최초로 상용화된 양자 암호화 통신 네트워크를 운영하며, 금융, 정부, 국방과 같은 보안이 중요한 분야에서 이 기술을 적용하고 있습니다. 또한, SK텔레콤은 국내외 통신 사업자들과 협력하여 글로벌 양자 암호화 통신 생태계를 확장하려는 전략을 추진하고 있습니다. 이를 통해 한국이 글로벌 양자 보안 시장에서 중요한 역할을 할 수 있도록 기반을 마련하고 있습니다.

KT는 양자 통신과 관련된 연구 개발에 집중하며, 양자 키 분배 QKD 기술을 활용한 안전한 통신 네트워크 구축에 주력하고 있습니다. KT는 양자 암호화를 기존의 5G 통신망과 통합하는 프로젝트를 진행하며, IoT 및 스마트 시티와 같은 응용 분야에서도 양자 기술의 활용 가능성을 탐구하고 있습니다. KT의 이러한 활동은 한국이 양자 통신 인프라 구축에서 앞서 나갈 수 있는 발판을 제공하며, 새로운 데이터 보안 표준을 제시하는 데 기여하고 있습니다.

LG CNS는 양자 컴퓨팅의 상용화 가능성을 탐구하며, 클라우드 기반의 양자 컴퓨팅 플랫폼 개발과 관련된 연구를 진행하고 있습니다. LG CNS는 양자 컴퓨팅 기술을 활용하여 복잡한 최적화 문제를 해결하고, 이를 물류, 제조, 금융과 같은 다양한 산업 분야에 적용하는 방안을 모색하고 있습니다. 특히, LG CNS는 글로벌 기업들과 협력하여 최신 양자 알고리즘과 하드웨어 기술을 도입하며, 한국이 양자 컴퓨팅 분야에서 경쟁력을 갖추는데 기여하고 있습니다.

삼성전자는 반도체와 양자 기술을 결합한 새로운 기술 개발에 중점을 두고 있습니다. 삼성은 양자컴퓨팅용 반도체 칩과 양자 센싱 기술 개발에 투자하며, 초정밀 전자 장치와 양자컴퓨터의 핵심 부품을 연구하고 있습니다. 삼성전자의 이러한 노력은 한국이 전통적으로 강점을 보유한 반도체 산업과 양자 기술을 결합하여, 글로벌 기술 경쟁에서 차별화된 우위를 확보하는 데 기여하고 있습니다.

한국 스타트업들도 양자 기술 분야에서 활발히 활동하고 있으며, 새로운 혁신을 통해 생태계를 확대하고 있습니다. 예를 들어, 퀀텀 센싱quantum sensing과 양자암호통신quantum cryptography 분야에서 두각을 나타내는 스타트업들이 등장하고 있습니다. 대표적으로 큐노바 컴퓨팅Qunova Computing은 양자 알고리즘을 이용한 소재·신약 시뮬레이션 솔루션을 개발하며, 산업용 양자 응용 분야를 선도하고 있습니다. 또한, 정부의 '양자 기술 국가 로드맵(2023-2035)'에 따라 대학·출연연과 협력하는 스타트업들이 빠르게 늘어나고 있습니다. 서울대, KAIST, 포항공대 등과 연계된 창업팀들은 초전도 큐비트, 광자 기반 양자 컴퓨팅, 양자 센싱용 칩 설계 등 핵심 부품 국산화에 주력하고 있으며, 최근에는 대기업 오픈 이노베이션 프로그램과의 연계를 통해 양자 클라우드 및 산업 응용 시제품을 개발하는 사례도 확산되고 있습니다.

한국은 정부, 학계, 산업계 간의 협력을 통해 양자 기술 생태계를 강화하고 있으며, 기업들의 활동이 이 생태계의 중심에 자리하고 있습니다. SK텔레콤, KT, LG CNS, 삼성전자와 같은 대기업들은 연구 개발과 상용화를 통해 양자 기술을 실질적인 산업으로 발전시키는 중요한 역할을 하고 있습니다. 이들 기업의 활동은 한국이 양자 기술의 글로벌 경쟁에서 뒤처지지 않고 독자적인 생존 전략을 수립할 수 있도록 지원하며, 국가적 차원의 기술 혁신과 경제적 이익 창출에 기여하고 있습니다. 이러한 기업들의 노력은 한국이 양자 기술 분야에서 독보적인 위치를 차지하고, 새로운 성장 동력을 확보하는 데 중요한 기반이 되고 있습니다.

기초과학 투자와
응용 기술과의 융합 가능성

기초과학에 대한 투자와 응용 기술과의 융합은 현대 기술 발전의 핵심 동력으로, AI, 양자 기술, 정보통신기술(ICT), 제조업 등 다양한 분야에서 혁신을 끌어낼 가능성을 제공합니다. 기초과학은 양자역학, 물리학, 수학과 같은 이론적 토대를 구축하며, 이러한 기초 지식이 응용 기술로 전환될 때 새로운 산업적 가치를 창출할 수 있습니다. AI, 양자 기술, ICT는 각각 독립적으로도 강력한 기술이지만, 이들이 서로 융합하는 경우 기술적 한계를 뛰어넘는 시너지 효과를 발휘할 수 있습니다. 이 융합은 기존 산업을 혁신할 뿐만 아니라 새로운 산업 구조를 형성하며, 전통적인 제조업과의 결합을 통해 경제 전반에 걸쳐 깊은 영향을 미칠 수 있습니다.

AI와 양자 기술의 융합은 복잡한 문제를 해결하고, 데이터 분석의 새로운 패러다임을 열 수 있는 잠재력을 가지고 있습니다. 양자 컴퓨팅은 고전적 컴퓨팅의 한계를 극복하며, AI의 학습 알고리즘을 가속화하고 최적화 문제를 해결하는 데 기여할 수 있습니다. 예를 들어, 양자 컴퓨터는 AI가 처리해야 할 데이터의 구조를 더 효율적으로 분석하고, 최적의 학습 모델을 생성할 수 있도록 도울 수 있습니다. 이는 특히 의료, 금융, 물류와 같은 대규모 데이터를 처리하는 분야에서 큰 가치를 제공합니다. 또한, AI는 양자 기술 개발 과정에서 중요한 역할을 할 수 있습니다. AI를 활용해 양자 컴퓨팅 시스템의 성능을 분석하고, 큐비트 간의 상호작용을 최적화하며, 양자 알고리즘의 설계를 지원할 수 있습니다. 이러한 상호작용은 양자 기술과 AI가 상호 보완적으로 발전하는 길을 열어줍니다.

ICT와 양자 기술의 융합은 데이터 통신과 보안에서 혁신을 가져올 수 있습니다. 양자 암호화 기술은 ICT의 기존 데이터 보호 체계를 강화하며, 해킹이 불가능한 통신 네트워크를 구축하는 데 기여할 수 있습니다. 특히, IoT와 같은 ICT 기반 기술이 발전하면서 보안 문제는 더욱 중요해지고 있습니다. 양자 암호화는 이러한 문제를 해결하는 필수적인 기술로 자리 잡을 수 있으며, ICT와의 결합을 통해 스마트 시티, 스마트 공장, 스마트 농업 등 다양한 응용 분야에서 안정성과 신뢰성을 제공할 수 있습니다. ICT의 네트워크 관리와 양자 네트워크 기술이 결합하면, 초고속 데이터 전송과 글로벌 네트워크의 신뢰성 강화가 가능해질 것입니다.

제조업과 양자 기술, AI, ICT의 융합은 전통 산업의 디지털 전환과 혁신을 가속하는 중요한 기회가 됩니다. 제조업은 스마트 제조 시스템을 도입하며 생산성을 극대화하고 비용을 절감하려는 방향으로 나아가고 있으며, AI와 양자 기술은 이를 실현하는 데 핵심 역할을 할 수 있습니다. AI는 생산공정에서 데이터를 분석하고 예측 모델을 제공하여 효율성을 향상하고, 양자 기술은 최적화 문제를 해결하여 제조 프로세스를 혁신적으로 개선할 수 있습니다. 예를 들어, 양자 컴퓨팅은 재료과학 분야에서 새로운 합금이나 나노 소재를 설계하는 데 필요한 복잡한 시뮬레이션을 기존 기술보다 훨씬 빠르게 수행할 수 있습니다. 이러한 혁신은 제조업의 전반적인 경쟁력을 높이고, 고부가가치 제품 개발로 이어질 수 있습니다.

이와 같은 기초과학과 응용 기술의 융합은 국가적 차원에서도 중요한 의미를 가집니다. 기초과학에 대한 투자는 장기적으로 기술 자립과 혁신의 기반이 되며, AI, 양자 기술, ICT, 제조업 간의 융합은 경제 성장을 가속화하고 글로벌 기술 경쟁에서 우위를 확보할 수 있는 전략적 도구가 될 수 있습니다. 이러한 융합은 전통적인 산업 구조를 재편하고, 지속 가능한 경제 모델을 구축하며, 국가의 기술 경쟁력을 높이는 데 기여합니다. 궁극적으로, 기초과학과 응용 기술의 융합은 인류가 직면한 복잡한 문제를 해결하고, 더 나은 미래를 위한 기술적 가능성을 확장하는 데 중요한 역할을 할 것입니다.

3장

통신,
초연결 시대로의 진화

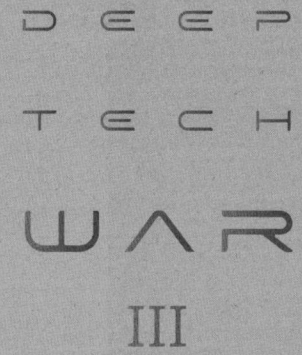

혁신의 매개체,
전기와 무선 통신의 등장

통신의 발전은 인류 문명의 진화와 함께 시작되었습니다. 인간은 오랜 세월 동안 멀리 떨어진 사람들과 소통하기 위해 불빛, 연기, 깃발, 봉수 등 다양한 신호 체계를 사용했습니다. 하지만, 이 방식들은 물리적인 거리와 날씨 등 외부 환경의 영향을 크게 받았고, 정보가 전달되기까지 긴 시간이 소요되었으며, 전달할 수 있는 정보의 양 또한 제한적이었습니다. 이러한 한계를 극복하고자 했던 인류의 노력은 19세기 말과 20세기 초, 전기와 무선 통신의 발명과 함께 새로운 전기를 맞이하게 되었습니다.

전기는 현대 통신의 기반을 다지는 데 있어 중요한 역할을 했습니다. 19세기 후반, 전기 기술이 발전하면서 전신과 전화 같은 전기 기반 통신 수단들이 등장하기 시작했습니다. 특히 1879년, 발명가

토머스 에디슨이 백열전구를 발명한 사건은 전 세계적으로 전력망 형성의 시발점이 되었습니다. 전구의 발명은 단순히 빛을 제공하는 데 그치지 않고, 전기의 상용화를 촉진시켰습니다. 에디슨의 전구는 안정적인 빛을 제공하면서 도시와 가정에서 전력이 필요로 하게 했고, 이를 위한 인프라가 구축되기 시작했습니다.

전력망 형성은 통신 수단에도 엄청난 영향을 미쳤습니다. 전력망이 형성되기 전에는 통신 수단이 제한적이었고, 대부분 물리적인 인프라에 의존해야 했습니다. 하지만 전력망이 형성되고 전기를 사용할 수 있게 되면서 전신, 전화와 같은 통신 수단이 더욱 빠르고 안정적으로 작동할 수 있는 기반이 마련되었습니다. 전력망을 통해 도시와 도시를 연결하는 인프라가 구축되면서, 도시 간 정보 전달 속도가 획기적으로 빨라졌고, 전력 공급이 안정화되며 통신망의 신뢰성도 높아졌습니다. 전기의 발명과 전력망의 형성은 단순히 에너지를 제공하는 것을 넘어서, 현대 사회의 통신 체계의 근간을 이룩하는 중요한 초석이 되었습니다.

이어서, 무선 통신의 등장은 물리적 연결을 넘어선 새로운 형태의 통신 가능성을 열었습니다. 초기 통신은 전신선을 통해 유선으로 이루어졌고, 물리적인 연결이 필수적이었습니다. 그러나 1890년대 후반, 이탈리아의 발명가 구겔리엘모 마르코니가 무선전신을 상업적으로 성공시키며 통신 역사에 한 획을 그었습니다. 마르코니는 전선 없이 전파를 통해 정보를 전송하는 기술을 개발하였고, 이 기술을 통해 대서양을 건너는 메시지 송신에 성공했습니다. 이는

딥테크 바이오 에너지 전쟁

대륙 간의 통신이 가능해지는 획기적인 사건이었으며, 당시 사람들에게는 마치 마법과 같은 혁신적인 기술로 받아들여졌습니다.

무선전신은 특히 선박 간의 통신과 군사 통신에서 큰 효율성을 발휘했습니다. 예를 들어, 선박들이 바다 한가운데에서도 무선전신을 통해 육지와 소통할 수 있게 됨에 따라, 항해의 안전성이 크게 향상되었습니다. 또한, 전쟁 중에도 무선 통신을 통해 신속하게 명령을 전달할 수 있게 되면서, 군사 전략에서도 중요한 역할을 하게 되었습니다. 무선 통신의 보급은 바다나 산맥을 넘어선 거리에서도 신속한 정보 전달을 가능하게 하며, 세계적으로 통신 네트워크가 확장되는 계기를 마련했습니다.

무선 통신의 가능성을 일상 속으로 끌어들인 또 다른 혁신은 라디오의 등장입니다. 1920년대에 이르러 라디오는 대중 매체로서 빠르게 자리 잡으며, 실시간으로 음악, 뉴스, 드라마 등 다양한 프로그램을 송출하기 시작했습니다. 초기의 라디오는 사람들이 뉴스나 정보를 듣는 데 있어 획기적인 수단이 되었고, 일방적이지만 효율적인 정보 전달 매체로 성장했습니다. 라디오는 정부와 기업들이 중요한 정보를 대중에게 신속히 전달하는 도구로 활용되었으며, 이는 현대 사회에서 정보가 곧 권력이자 자원으로 인식되는 계기를 제공했습니다.

라디오 방송은 또한 사회와 문화를 변화시키는 데 중요한 역할을 했습니다. 라디오 방송을 통해 사람들은 같은 프로그램을 동시에 듣고 공감대를 형성할 수 있게 되었으며, 이러한 문화적 경험은 사람들에게 일체감을 부여했습니다. 예를 들어, 라디오는 사람들에게 음악을 제공함으로써 음악 산업의 성장을 촉진했으며, 특정 장르의 음악과 스타들이 탄생하게 하는 데 기여했습니다. 뉴스나 시사 프로그램을 통해서는 사람들에게 사회적, 정치적 이슈에 대한 정보를 제공함으로써 사람들의 의식을 고양하고, 라디오는 사회적 변화를 촉진하는 매개체로 자리 잡았습니다.

이와 같이, 전기와 무선 통신의 등장은 통신의 물리적 한계를 극복하고, 현대 통신의 기초를 마련하게 했습니다. 물리적 거리를 뛰어넘어 실시간으로 정보를 주고받을 수 있는 이러한 기술들은 이후 전화, 텔레비전, 그리고 오늘날의 디지털 통신으로 이어지는 초석이 되었습니다. 전기와 무선 통신을 통해 우리는 세계 각지의 사람들과 즉각적으로 소통할 수 있는 세계에 살고 있으며, 이 기술의 발전은 20세기 이후에도 지속적인 혁신을 거듭하며 우리의 일상에 깊숙이 스며들어 있습니다.

인류 문명 발전을 이끈
통신의 진화

통신이란 기본적으로 사람들 또는 시스템 간에 정보를 주고받는 행위로, 그 형태와 방법은 시대에 따라 다양하게 발전해 왔습니다. 통신의 핵심은 정보를 전달하고 수신자가 이를 해석하여 필요한 의미를 이해하도록 돕는 것입니다. 간단히 말해, 통신은 정보의 전달과 이해를 목적으로 하는 모든 행위를 의미합니다. 오늘날 우리가 일상적으로 사용하는 전화, 인터넷, 라디오, 텔레비전, 이메일 등 다양한 수단들이 모두 통신의 범주에 포함되며, 각 수단은 인간 사회의 정보 전달 방식과 그 중요성을 더욱더 강화하는 데 기여했습니다.

통신의 주요 요소는 크게 세 가지로 나눌 수 있습니다. 첫째는 발신자, 둘째는 메시지 자체, 셋째는 수신자입니다. 발신자는 정보를 전달하고자 하는 사람이나 기관이며, 수신자는 이를 받아들이는 대상입니다. 발신자가 보낸 정보는 전달 과정에서 메시지로 표현되며, 이는 문장, 영상, 음성 등 다양한 형태로 변환될 수 있습니다. 메시지가 발신자로부터 수신자에게 도달하기 위해서는 특정 매개체나 채널이 필요한데, 이는 곧 통신의 방법을 정의하게 됩니다. 발신자와 수신자 간의 매개체는 전신, 전화, 무선 통신, 인터넷 등의 방식으로 구성될 수 있으며, 이들은 정보 전달의 신속성과 효율성을 높이는 데 중대한 역할을 해왔습니다.

통신의 유형은 크게 대인 통신과 대중 통신으로 구분됩니다. 대인 통신은 주로 개인 간의 상호작용을 의미하며, 전화, 이메일, 메신저 등을 통해 이루어집니다. 이는 발신자와 수신자가 직접적으로 소통하는 방식으로, 쌍방향으로 진행될 수 있습니다. 반면에 대중 통신은 한 명의 발신자가 다수의 수신자에게 정보를 전달하는 방식으로, 라디오 방송, 텔레비전, 인터넷 뉴스와 같은 대중 매체가 여기에 해당합니다. 대중 통신은 일방향적인 특성을 가지지만, 현대에 들어 인터넷이 보편화되면서 대중 통신 역시 댓글, 실시간 채팅 등을 통해 상호작용의 성격을 띠게 되었습니다.

통신의 역사적 진화는 인류 문명 발전의 중요한 요소 중 하나로, 시대와 기술의 변화에 따라 통신 방식도 급격히 발전해 왔습니다. 통신의 초기 형태는 신호를 전달하는 비언어적 수단, 예를 들어 봉수, 연기, 깃발 등을 통한 원시적 신호 체계였습니다. 이러한 방식은 긴급한 메시지를 물리적 거리 내에서 전달할 수 있었지만, 날씨와 지형의 영향을 크게 받았고, 한 번에 전달할 수 있는 정보가 제한적이었습니다. 이후 기계식 통신의 발전으로 전신이 도입되면서 통신의 속도와 거리의 한계가 획기적으로 개선되었습니다. 전신은 모스 부호를 통해 텍스트 메시지를 멀리까지 전달할 수 있게 해주었고, 특히 대륙 간 정보 전달 속도를 혁신적으로 끌어올렸습니다.

20세기에 들어서면서 전화와 무선 통신이 등장하며 통신은 새로운 시대를 맞이했습니다. 알렉산더 그레이엄 벨이 1876년에 발명한 전화는 음성을 전달할 수 있는 최초의 발명품으로, 사람들은 이제 멀리 떨어진 상대와 직접적으로 대화할 수 있게 되었습니다. 또한 1920년대에는 라디오 방송이 보편화되며 대중 통신의 효시가 열렸고, 수많은 사람들에게 정보를 동시다발적으로 전달하는 새로운 가능성을 열어 주었습니다. 라디오는 그 시대를 대표하는 대중 매체로 자리 잡으며 음악, 뉴스, 드라마 등 다양한 프로그램을 통해 사람들의 일상에 깊이 스며들었습니다.

이후 20세기 중반에는 텔레비전이 등장하여 시각적인 정보를 제공하는 혁신을 가져왔습니다. 텔레비전은 라디오가 갖지 못한 영상 전달 기능을 통해 더욱 강력한 정보 전달 수단이 되었으며, 정치적, 사회적 영향을 널리 미치기 시작했습니다. 특히 1969년 아폴로 11호의 달 착륙 장면을 전 세계가 TV로 실시간 시청하며, 전 세계가 동시에 동일한 사건을 목격하는 경험은 인류에게 큰 충격을 주었고, 통신의 글로벌화 가능성을 시사했습니다.

현대에 들어서 통신은 인터넷의 등장으로 새로운 국면을 맞이했습니다. 인터넷은 컴퓨터와 디지털 기기의 연결을 통해 정보를 전 세계적으로 즉시 공유할 수 있는 통합 통신 네트워크를 제공하게 되었습니다. 인터넷을 통해 사람들은 이메일, 채팅, SNS 등을 활용하여 실시간으로 정보를 주고받을 수 있게 되었고, 스마트폰의 보급은 개인이 언제 어디서나 원하는 정보를 쉽게 접할 수 있도록 만들었습니다. 오늘날, 인터넷은 인류 역사상 가장 강력한 통신 수단으로 자리 잡으며, 경제, 정치, 문화 등 사회 모든 분야에서 필수적인 요소로 작용하고 있습니다.

통신의 중요성은 그 자체로 인류 문명의 발전과 밀접하게 연결되어 있습니다. 정보의 전달과 소통을 가능하게 하는 통신 수단이 발전하면서 사람들은 지리적 한계를 넘어 사회, 경제, 문화적으로 긴밀하게 연결되었습니다. 예를 들어, 정보의 신속한 전달은 상거래, 금융, 제조업의 혁신을 가져와 글로벌 경제의 활성화에 기여하였고, 다양한 문화와 사상의 교류를 통해 세계화가 가속화되었습니다. 정치적으로도 통신의 발전은 민주주의와 인권 운동을 확산시키는 데 중요한 역할을 했습니다. 1960년대 미국의 흑인 민권 운동, 동유럽의 민주화 운동 등은 언론과 통신 수단을 통해 빠르게 확산되었고, 대중의 참여를 끌어내며 사회 변화를 이끌었습니다.

또한, 통신은 과학과 기술 발전 가속화에 중요한 역할을 했습니다. 과학자들과 연구자들은 새로운 발견과 이론을 공유하고 논의하는 데 통신을 활용해 왔으며, 전 세계의 연구 기관이 서로 연결되면서 지식과 정보의 교류가 활발해졌습니다. 이는 과학 연구의 속도를 비약적으로 증가시켰으며, 현대 사회의 많은 기술적 혁신이 가능한 배경이 되었습니다.

통신으로 무엇을 할 수 있는가?

통신 기술의 발전은 현대 사회에서 생활을 혁신적으로 변화시키며 새로운 가능성을 열어 주고 있습니다. 특히 IoT, 스마트 홈, 스마트 시티 같은 첨단 기술들은 통신을 통해 다양한 디바이스와 시스템을 연결하고, 일상생활에서 높은 효율성과 편리함을 제공합니다. 이들 기술은 각각의 사물들이 네트워크로 연결되고 데이터를 주고받을 수 있는 환경을 조성해, 사람들이 정보에 실시간으로 접근하고, 원격으로 장치를 제어하며, 효율적으로 자원을 관리할 수 있게 해줍니다.

사물인터넷은 다양한 사물과 장치들이 인터넷에 연결되어 상호작용 하는 기술을 의미합니다. IoT의 개념은 스마트폰, 컴퓨터 같은 전통적인 디지털 기기뿐만 아니라 자동차, 가전제품, 산업 기계 등

딥테크 바이오 에너지 전쟁

일상 속의 다양한 사물들이 인터넷에 연결되고, 이를 통해 데이터를 주고받으며, 사용자의 명령에 따라 작동하거나 자체적으로 학습해 더 효율적인 서비스를 제공하는 것을 목표로 합니다. 예를 들어, IoT 기술을 활용해 스마트 냉장고는 내부의 식품을 감지하여 유통기한이 지난 제품을 사용자에게 알리거나, 자동으로 부족한 식료품을 온라인으로 주문할 수 있습니다. 이처럼 IoT는 가전기기와 산업 기계뿐만 아니라 헬스케어, 농업, 물류 등 여러 산업 분야에 걸쳐 적용되며, 다양한 사물들이 데이터를 통해 상호 연결되면서 효율성과 자동화를 촉진합니다.

스마트 홈은 IoT의 한 응용 분야로, 집 안의 다양한 장치들을 네트워크로 연결해 사용자가 더욱 편리하고 안전하게 생활할 수 있도록 도와줍니다. 스마트 홈 시스템은 주로 스마트폰이나 음성 인식을 통해 조명, 냉난방, 가전제품 등을 원격으로 제어할 수 있게 하며, 집 안팎의 상황을 실시간으로 모니터링 할 수 있게 합니다. 예를 들어, 스마트 홈에서는 외출 중에도 스마트폰 앱을 통해 문이 잠겼는지 확인하고, 필요시 문을 잠그거나 여는 것이 가능합니다. 또한, 조명과 온도를 자동으로 조절하는 센서가 탑재되어 있어, 사용자가 귀가할 때 온도가 적절하게 조절되고, 조명이 켜지면서 편안한 환경을 조성할 수 있습니다. 에너지 절약 측면에서도 스마트 홈은 큰 장점을 가지는데, 스마트 홈 시스템은 집안 곳곳의 에너지 사용을 실시간으로 분석하여 불필요한 전력 소비를 줄이고, 효율적인 에너지 관리가 가능하게 해줍니다.

스마트 홈은 또한 보안 측면에서 큰 혁신을 가져왔습니다. 집 안팎에 설치된 카메라와 센서가 외부 침입이나 위험 상황을 감지하면 즉시 사용자에게 경고 알림을 전송하며, 상황에 따라 보안 회사나 경찰에 연락할 수 있습니다. 이와 같이 스마트 홈은 사용자에게 편리함을 제공하는 동시에 안전한 생활 환경을 보장하며, 점차 많은 가정에서 스마트 홈 솔루션이 도입되고 있습니다.

스마트 시티는 IoT와 스마트 홈의 개념을 도시 전체로 확장한 개념으로, 도시의 다양한 시스템과 인프라가 네트워크로 연결되어 전체적으로 효율적이고 지속 가능한 도시 환경을 조성하는 것을 목표로 합니다. 스마트 시티에서는 교통, 전력, 물 관리, 공공 안전 등 다양한 시스템이 실시간으로 데이터를 공유하며 상호작용 합니다. 예를 들어, 스마트 시티에서는 교통 혼잡을 줄이기 위해 실시간 교통 데이터를 분석하여 신호등이 자동으로 조절되고, 대중교통의 위치와 혼잡도를 실시간으로 제공하여 사람들이 효율적으로 이동할 수 있도록 돕습니다. 이러한 시스템은 도시의 에너지와 자원을 효율적으로 관리하고, 환경 오염을 줄이는 데 기여합니다.

또한, 스마트 시티는 공공 안전 강화에 중요한 역할을 합니다. 예를 들어, 도시 곳곳에 설치된 감시 카메라와 센서들이 실시간으로 이상 상황을 감지하고, 경찰이나 소방서에 즉각적인 알림을 전송하여 신속한 대응이 가능하게 합니다. 아울러, 도시의 공공 공간에 설치된 IoT 센서들이 대기질, 소음, 기온 등을 지속적으로 모니터링하며, 그 결과를 바탕으로 도시 계획이나 환경 개선 정책을 수립하는 데 활용됩니다. 예를 들어, 미세먼지 농도가 높은 지역에 공기 청정기를 설치하거나, 소음이 심한 지역에 방음벽을 설치하는 등 환경 문제에 대한 해결책을 마련할 수 있습니다.

스마트 시티의 또 다른 특징은 시민들의 참여를 독려하고, 사람 중심의 도시를 만들어간다는 점입니다. 스마트 시티에서는 시민들이 직접 도시의 데이터를 제공하거나, 실시간으로 의견을 제시하여 도시의 운영에 참여할 수 있습니다. 예를 들어, 시민들은 스마트폰 앱을 통해 도로의 파손, 쓰레기 문제, 공공시설의 고장 등을 신고하고, 시 당국은 이를 즉각적으로 처리할 수 있게 됩니다. 이러한 시민 참여 시스템은 도시 문제를 신속하게 해결하고, 사람들이 더욱 쾌적한 환경에서 생활할 수 있도록 도와줍니다.

미국, 글로벌 통신
기술을 선도하다

AI 인프라를 둘러싼 경쟁은 통신 기업 중심의 네트워크 경쟁을 넘어, 반도체·플랫폼·서비스가 결합된 종합 생태계 경쟁으로 재편되고 있습니다. 특히 미국은 AT&T, 버라이즌^{Verizon}을 중심으로 5G 및 IoT 인프라와 반도체·네트워크 장비 기업을 결합하며 기술 주도권을 공고히 하고 있습니다. 이러한 흐름 속에서 통신 산업은 단순 연결을 넘어, 데이터 처리와 AI 연산, 서비스 혁신을 통합하는 디지털 인프라 플랫폼 경쟁으로 진화하고 있습니다.

딥테크 바이오 에너지 전쟁

글로벌 통신 시장 속 미국의 지위

　AT&T와 버라이즌은 미국 통신 산업을 대표하는 두 거대 기업으로서, 각기 독특한 성장 여정을 통해 글로벌 통신 시장에서 선도적인 위치를 차지하게 되었습니다. AT&T는 1877년 알렉산더 그레이엄 벨이 전화 기술을 발명한 이후, 그의 회사로 시작된 벨 텔레폰컴퍼니가 모체가 되어 성장했습니다. 이후 벨 시스템이라는 미국 최초의 전화 네트워크 구축에 힘쓰며 전국적으로 네트워크를 확장해 나갔고, 1980년대에 이르러서는 '마 벨Ma Bell'이라는 이름으로 미국 통신 산업을 독점하던 시기를 거치게 됩니다. 그러나 1984년 반독점 소송으로 벨 시스템이 해체되며 AT&T는 여러 개의 독립적인 지역 통신 회사로 분할되었고, 이는 AT&T가 새로운 도전 과제에 직면하게 되는 계기가 되었습니다. 이때부터 AT&T는 기존 유선 통신뿐만 아니라, 무선 통신, 인터넷, 디지털 미디어로 사업 영역을 확장해 나갔으며, 급변하는 통신 시장에서 디지털 혁신을 도입하며 다시 한번 시장의 선두 주자로 자리매김했습니다.

　2000년대에 들어와 AT&T는 다양한 인수합병을 통해 서비스 영역을 확장하고, 미디어와 엔터테인먼트 분야에서도 포트폴리오를 넓혔습니다. 대표적으로 2015년에는 'Direc TV'를 인수하며 위성 TV 시장에 진출하였고, 2018년에는 타임 워너Time Warner를 인수하여 미디어 분야에서도 큰 영향력을 발휘하게 되었습니다. 이러한 전략적 확장과 혁신을 통해 AT&T는 통신과 미디어를 융합한 종합 디지털 플랫폼 기업으로서의 기반을 다졌습니다.

버라이즌의 경우, AT&T와는 다른 성장 경로를 통해 통신 산업의 주요 기업으로 자리 잡았습니다. 1983년 설립된 벨 애틀랜틱Bell Atlantic이 모체가 되었던 버라이즌은 2000년 GTE와 합병하면서 대규모 무선 및 유선 네트워크를 보유한 기업으로 성장하게 됩니다. 당시 통신 산업에서 무선 통신이 급속도로 확장되던 시기였기 때문에, 버라이즌은 이러한 시장 변화를 빠르게 반영하며 무선 통신을 전략적으로 강화하는 데 주력했습니다. 특히 4G LTE 네트워크 구축에 선제적으로 나서면서 소비자들에게 빠르고 안정적인 무선 인터넷 서비스를 제공하며 미국 내 이동통신 시장에서 경쟁 우위를 점했습니다. 이러한 4G LTE 네트워크 구축의 선도는 버라이즌을 무선 통신 혁신의 중심에 놓이게 했으며, 5G 네트워크의 시대에 들어서도 빠른 속도로 인프라를 확장하며 통신 기술의 최전선에서 고객에게 고도화된 서비스를 제공하는 기반이 되었습니다.

버라이즌은 또한 디지털 변환과 네트워크 인프라 강화를 위해 다양한 기업과의 인수합병을 추진했습니다. 2015년에는 AOL을, 2017년에는 야후Yahoo를 인수하여 미디어 및 광고 플랫폼 사업을 확장하며, 통신과 디지털 미디어의 융합을 모색했습니다. 이 과정에서 AOL과 Yahoo는 Oath라는 디지털 미디어 자회사로 통합되었고, 이를 통해 버라이즌은 미디어와 콘텐츠 수익 창출을 도모하며 새로운 성장 동력을 마련하고자 했습니다. 이러한 사업 다각화는 버라이즌이 단순한 통신 제공자에서 디지털 미디어와 기술 솔루션을 아우르는 종합 IT 기업으로 발전할 수 있는 기반을 제공하였습니다.

미국의 통신 기술은 AT&T와 버라이즌 같은 선도 기업들이 중심이 되어 세계적으로 강력한 리더십을 발휘하고 있습니다. AT&T는 세계적인 규모와 인프라를 자랑하는 통신사로, 미국 전역에 걸친 네트워크 구축뿐만 아니라 국제적으로도 광범위한 서비스 제공을 통해 글로벌 통신 산업을 이끌고 있습니다. 5G 인프라의 확장에 있어 AT&T는 적극적인 투자를 통해 빠른 속도로 네트워크 성능을 향상하며 차세대 통신 기술을 선도하고 있습니다. 이와 동시에 AT&T는 미디어 및 콘텐츠 분야에도 진출하여 고객들에게 통합적인 통신 및 미디어 서비스를 제공하고, 다양한 디지털 플랫폼을 통해 미국 내외의 사용자 경험을 강화하고 있습니다. 이는 단순한 네트워크 제공을 넘어, 통신사로서 역할을 확장하고 디지털 생태계의 주요 플레이어로 자리매김하고자 하는 전략을 보여줍니다.

버라이즌 또한 AT&T와 함께 미국 통신 산업의 든든한 기둥 역할을 하며 5G와 IoT 분야에서 혁신을 이루어가고 있습니다. 특히 버라이즌은 빠른 속도의 5G 네트워크 구축에 주력하며, 자율주행차, 스마트 시티, 스마트 홈 등 다양한 IoT 응용 분야에서 경쟁 우위를 확보하고 있습니다. 버라이즌의 5G 네트워크는 초고속 데이터 전송을 통해 사용자에게 이전과는 차원이 다른 모바일 경험을 제공하며, 특히 기업 고객을 대상으로 한 솔루션을 강화하여 B2B 시장에서도 두각을 나타내고 있습니다. 또한, 버라이즌은 엔터프라이즈 서비스와 클라우드, 보안 서비스에서도 전략적 성장을 도모하고 있으며, 이를 통해 기존의 통신 사업 영역을 넘어 글로벌 IT 인프라 공급자로 자리 잡고자 하는 비전을 실현하고 있습니다.

　AT&T와 버라이즌의 이러한 활동은 미국이 세계 통신 시장에서 기술 혁신을 선도하는 중요한 요인 중 하나로 작용하고 있습니다. 이들 기업은 막대한 연구 개발 투자를 통해 5G 기술 발전을 촉진하는 동시에, 미국 내외에서 차세대 네트워크 구축을 가속화하고 있습니다. 특히 미국 정부와의 협력을 통해 주요 통신 인프라의 보안을 강화하고 있으며, 이를 통해 국가 보안에 있어서 중요한 역할을 하고 있습니다. 또한 이들은 미국 내 경제와 고용 창출에도 기여하고 있어, 통신 산업뿐만 아니라 국가 경제 전반에 걸친 긍정적인 영향을 미치고 있습니다.

통신 네트워크 확장과 서비스 혁신

　미국 통신 시장에서 콤케스트Comcast와 T-모바일T-Mobile은 각기 다른 강점을 바탕으로 통신 네트워크 확장과 서비스 혁신을 추구하며 중요한 역할을 하고 있습니다. 콤케스트는 전통적으로 케이블 TV 및 인터넷 제공을 중심으로 한 거대 통신 사업자로 출발했으나, 빠르게 발전하는 디지털 시대에 발맞춰 유선 및 무선 네트워크 확장에 공격적으로 투자하며 포트폴리오를 다변화하고 있습니다. 특히 광대역 네트워크의 확장과 고속 인터넷 서비스에 있어 선두를 달리고 있는 콤케스트는 Xfinity 브랜드를 통해 수많은 가정과 기업에 초고속 인터넷, Wi-Fi, 케이블, 홈 오토메이션 서비스를 제공하여, 미국 내 최대 인터넷 제공업체 중 하나로 자리 잡고 있습니다.

콤케스트는 기존의 통신 인프라에 지속적으로 투자를 아끼지 않으며, 유선 네트워크의 한계를 극복하기 위해 새로운 기술을 적극적으로 도입하고 있습니다. 특히 DOCSIS Data Over Cable Service Interface Specification 표준을 기반으로 초고속 데이터 전송을 가능하게 하는 네트워크 업그레이드를 통해, 기존 케이블 네트워크를 고속 인터넷 제공을 위한 주요 수단으로 발전시키고 있습니다. 이와 함께 5G 네트워크 구축에도 발을 들여 Xfinity Mobile 서비스를 통해 무선 통신 시장에도 진출하며, 유무선 통합 서비스를 통한 소비자 선택의 폭을 넓히고 있습니다. 콤케스트의 이러한 전략은 가정 및 기업 고객의 다양한 수요를 충족시키고, 통신 인프라의 종합적인 발전을 꾀하는 한편, 고객 충성도를 높이는 데 기여하고 있습니다.

T-모바일은 상대적으로 이동통신 분야에서 큰 강점인 기업으로, 특히 5G 네트워크 구축에서 빠른 속도로 시장을 선도하며 미국 내 무선 통신 시장에서 두각을 나타내고 있습니다. 2020년 스프린트 Sprint와의 합병 이후 네트워크 커버리지와 서비스 품질이 크게 강화된 T-모바일은 특히 5G 구축 속도와 네트워크 품질 면에서 업계를 선도하고 있습니다. T-모바일은 중대역 스펙트럼 Mid-Band Spectrum을 적극적으로 활용하여, 초고속 데이터 전송과 광범위한 커버리지 제공을 가능하게 하며, 대도시뿐만 아니라 교외 및 농촌 지역에서도

강력한 네트워크를 제공하고 있습니다. T-모바일의 네트워크 확장 전략은 단순히 커버리지 확장에 그치지 않고, 고화질 영상 스트리밍, 클라우드 게임 등 고속 데이터 전송을 요구하는 차세대 서비스들이 원활하게 이루어질 수 있는 환경을 조성하여 사용자 경험을 혁신하는 데 초점을 맞추고 있습니다.

T-모바일의 혁신 전략은 '언캐리어Un-carrier' 정책에서 특히 두드러지며, 이는 전통적인 통신사의 운영 방식에서 벗어나 소비자 친화적인 서비스 정책을 도입하는 것을 목표로 합니다. 데이터 사용량 무제한, 로밍 무료 혜택, 계약 없는 유연한 서비스 등 혁신적인 요금제 및 서비스를 통해 고객의 요구에 빠르게 대응하고, 사용자 만족도를 높이고 있습니다. 이러한 전략은 T-모바일이 미국 내 젊은 세대와 혁신을 중시하는 사용자들에게 인기를 끌게 하였으며, 지속적인 고객 확보와 시장 점유율 상승으로 이어지고 있습니다.

반도체와 네트워크 장비에서의 혁신

퀄컴Qualcomm과 시스코Cisco는 반도체와 네트워크 장비 분야에서 혁신을 이끄는 선도 기업으로, 이들의 기술 리더십은 미국 통신 산업과 글로벌 IT 인프라의 발전을 크게 촉진하고 있습니다. 퀄컴은 반도체 설계와 무선 통신 기술에서 독보적인 위치를 차지하고 있으며, 특히 5G 네트워크의 핵심 기술을 제공하는 데 있어 중요한 역

딥테크 바이오 에너지 전쟁

할을 해왔습니다. 퀄컴은 초기부터 CDMA(코드 분할 다중 접속) 기술 개발을 통해 모바일 통신의 기반을 다지며 이동통신 분야에서 큰 성공을 거두었고, 이후 4G와 5G로 이어지는 통신 기술 표준화 과정에서 꾸준히 혁신적인 반도체 칩셋을 개발해 왔습니다. 현재 퀄컴의 스냅드래곤Snapdragon 칩셋은 전 세계 스마트폰과 IoT 기기에 널리 사용되며, 저전력 고성능 기술로 다양한 모바일 기기에서 필수적인 반도체로 자리 잡았습니다.

퀄컴의 5G 기술 혁신은 특히 주목할 만한데, 이 회사는 5G NR New Radio 표준을 포함한 다양한 5G 기술을 개발하고 이를 상용화하는 데 앞장서고 있습니다. 5G 기술은 자율주행차, 스마트 시티, 원격 의료, 증강 현실AR과 가상 현실VR 등 여러 분야에서 핵심적인 역할을 하고 있으며, 이를 위해 퀄컴은 초고속 데이터 전송, 초저지연성, 다중 기기 연결성을 지원하는 솔루션을 제공합니다. 퀄컴은 이러한 기술을 통해 전 세계 이동 통신사와 기기 제조사들에 필수적인 5G 칩셋을 공급하고 있으며, 5G의 글로벌 확산을 가속화하고 있습니다. 또한 퀄컴은 최근 들어 AI와 IoT 기술을 결합한 새로운 반도체 솔루션을 출시하여, 스마트 기기와 연결된 생태계를 더욱 확장하고 있습니다. 예를 들어 퀄컴의 AI 엔진은 모바일 기기뿐만 아니라 IoT 센서, 드론, 로봇 등에 적용되어 더 나은 실시간 데이터 처리와 AI 기능을 제공하며, 다양한 산업에서 혁신적인 응용 가능성을 열어가고 있습니다.

시스코는 네트워크 장비 시장에서 세계적인 선두 기업으로, 다양한 네트워크 솔루션을 통해 IT 인프라 혁신을 선도하고 있습니다. 시스코는 스위치와 라우터 같은 전통적인 네트워크 장비뿐만 아니라, 데이터 센터, 클라우드, 보안 솔루션을 포괄하는 광범위한 네트워크 인프라 솔루션을 제공하며, 기업과 정부 기관, 교육기관 등 다양한 고객층에 중요한 IT 자원을 제공합니다. 시스코의 혁신은 네트워크 연결성뿐만 아니라 네트워크 보안, 데이터 관리, 클라우드 컴퓨팅, SDN(소프트웨어 정의 네트워크) 등 현대 IT 환경에서 필수적인 기술 영역에 걸쳐 있습니다. 특히 클라우드 시대에 대응하기 위한 솔루션으로서 멀티 클라우드 환경을 지원하는 네트워크 인프라와 보안 솔루션을 개발하여, 기업들이 클라우드로 전환하는 과정에서 안정성과 효율성을 높일 수 있도록 돕고 있습니다.

시스코는 또한 네트워크 장비와 데이터 분석 기능을 결합한 새로운 솔루션을 통해, 네트워크가 단순한 데이터 전송 경로를 넘어 실시간 데이터 처리와 분석을 수행하는 플랫폼으로 발전하도록 이끌고 있습니다. 이는 빅데이터와 AI가 중요한 역할을 하는 현대 기업 환경에서 매우 중요한 기능이며, 시스코는 이를 통해 네트워크 장비가 스마트하고 자율적인 의사결정을 내릴 수 있도록 지원하고 있습니다. 예를 들어 시스코의 자율 네트워킹 솔루션은 네트워크의 상태를 실시간으로 모니터링하고, 문제 발생 시 자동으로 대응하여 다운타임을 최소화합니다. 이러한 솔루션은 특히 대규모 데이터 센터와 복잡한 네트워크 구조를 가진 글로벌 기업들에 필수적인 자산으로 평가받고 있습니다.

딥테크 바이오 에너지 전쟁

미국의 5G와 IoT 기술 발전

　미국은 5G와 IoT 기술에서 세계적으로 주목할 만한 성과를 이루며, 인프라와 응용 분야에서 다양한 발전을 이루어내고 있습니다. 특히 5G는 고속, 고대역폭, 저지연성을 제공하는 차세대 통신 기술로서, 미국의 주요 통신 기업들과 기술 기업들은 이를 토대로 새로운 서비스와 응용 가능성을 끊임없이 탐구하고 있습니다. 5G 기술 발전에서 두드러진 역할을 한 기업들로는 AT&T, 버라이즌, T-모바일, 퀄컴, 시스코가 있으며, 이들은 5G 네트워크의 전국적인 구축과 새로운 IoT 서비스 개발에 많은 자원을 투자했습니다. 5G의 초고속 네트워크는 스마트폰 사용자뿐만 아니라 자율주행차, 스마트 시티, 원격 의료, 증강 현실과 가상 현실 등 다양한 분야에 획기적인 변화를 불러일으키고 있습니다.

　미국은 5G 인프라 구축을 통해 전국적인 네트워크 커버리지를 확대하는 데 주력해 왔습니다. 버라이즌과 AT&T는 대도시뿐만 아니라 교외 지역과 농촌 지역에 이르기까지 5G 네트워크를 확대하여 미국 전역에 고속 인터넷 환경을 조성하고 있습니다. 특히 T-모바일은 2020년 스프린트Sprint와의 합병 이후 중대역 스펙트럼을 적극적으로 활용하여 전국적인 5G 네트워크를 신속히 확장했고, 이는 광범위한 커버리지와 빠른 데이터 전송 속도를 제공하는 중요한 기반이 되었습니다. 이러한 네트워크 확장은 지역 격차를 줄이고, 농촌 및 교외 지역에서도 동등한 디지털 접근성을 제공하는 데 기여하고 있습니다. 또한, 미국 정부는 5G 인프라를 국가 안보와 경제 성장의 핵심 요소로 인식하고 통신 기업들에 대한 규제 완화와 지원 정책을 통해 기업들이 더욱 효과적으로 5G 구축을 추진할 수 있도록 장려하고 있습니다.

5G 기술이 활성화되면서 IoT 응용 분야에서도 혁신이 이루어지고 있습니다. IoT는 5G의 초저지연성과 높은 데이터 처리 능력을 바탕으로 연결된 기기들이 실시간으로 데이터를 주고받는 것을 가능하게 하며, 이를 통해 다양한 산업에서 생산성 향상과 효율성을 꾀할 수 있게 되었습니다. 예를 들어, 제조업에서는 IoT 센서를 통해 생산 라인과 장비의 상태를 실시간으로 모니터링하고, 고장이 발생할 수 있는 시점을 예측하여 유지보수 비용을 절감하고 운영 효율을 높이는 스마트 공장 시스템이 구현되고 있습니다. 또한, 물류와 유통 업계에서도 IoT를 활용하여 물류 흐름을 실시간으로 추적하고 관리할 수 있게 되면서, 공급망 관리의 혁신적인 개선이 이루어지고 있습니다.

미국의 5G와 IoT 기술은 또한 자율주행차와 같은 미래 모빌리티 분야에서도 중요한 역할을 하고 있습니다. 자율주행차는 방대한 양의 데이터를 실시간으로 처리하고 주변 환경과 상호작용 해야 하는데, 5G 네트워크가 제공하는 저지연성과 고속 데이터 전송 덕분에 이러한 요구를 충족할 수 있게 되었습니다. 예를 들어 자율주행차가 주행 중에 도로 상황을 즉각적으로 파악하고 다른 차량과 데이터를 주고받을 수 있게 하여, 더욱 안전하고 효율적인 운행이 가능

딥테크 바이오 에너지 전쟁

해지고 있습니다. 이와 함께 스마트 시티 프로젝트에서도 IoT와 5G 네트워크는 중요한 기반으로 작용하고 있습니다. 도로에 설치된 IoT 센서가 교통 흐름과 공기 질 등을 모니터링하고, 이를 바탕으로 도시 교통을 효율적으로 관리하며 공공 안전을 강화하는 등 도시 거주자들의 삶의 질을 향상하는 데 기여하고 있습니다.

헬스케어 분야에서도 5G와 IoT의 결합은 의료 서비스의 혁신을 가능하게 하고 있습니다. 5G의 고속 데이터 전송 능력 덕분에 원격 진료가 실시간으로 이루어질 수 있으며, 이는 특히 농촌 지역과 의료 접근성이 낮은 지역에서 큰 이점을 제공합니다. 원격 진단과 실시간 모니터링이 가능해지면서 의료 전문가들이 환자의 상태를 지속적으로 추적하고 필요한 경우 즉각적인 처치를 할 수 있게 되었습니다. 특히 웨어러블 IoT 기기들은 환자의 심박수, 혈압, 혈당 등을 실시간으로 측정하고, 클라우드를 통해 의료진과 공유함으로써 더욱 정확하고 신속한 의료 지원이 가능하게 하고 있습니다.

중국, 통신 대국을 꿈꾸다

중국은 통신 대국으로서의 꿈을 실현하기 위해 국내 통신 시장을 철저히 장악하고 있으며, 그 중심에는 화웨이, 차이나모바일, 차이나텔레콤과 같은 주요 기업들이 자리 잡고 있습니다. 이들 기업은 각각의 독특한 전략과 기술력을 통해 중국의 통신 인프라를 구축하고, 세계 통신 시장에서 중국의 위상을 높이는 데 기여하고 있습니다.

중국 내 통신 시장 장악

화웨이는 중국의 대표적인 통신 장비 제조업체로, 글로벌 시장에

딥테크 바이오 에너지 전쟁

서 중요한 위치를 차지하고 있습니다. 화웨이는 5G 기술 개발에 있어 선도적인 역할을 하고 있으며, 국내 통신망 구축에 필수적인 장비와 솔루션을 공급하고 있습니다. 그 결과, 화웨이는 중국 내 5G 네트워크의 핵심 인프라를 제공하며, 통신 서비스의 품질과 속도를 획기적으로 향상하는 데 기여하고 있습니다. 또한, 화웨이는 자사의 연구 개발에 대한 투자를 지속적으로 확대하여, AI와 IoT 기술과의 융합을 통해 새로운 통신 서비스 모델을 창출하고 있습니다.

차이나모바일은 중국 최대의 이동통신 서비스 제공업체로, 방대한 가입자 수를 보유하고 있습니다. 이 회사는 5G 서비스의 조기 도입과 확산을 통해 시장 점유율을 더욱 확대하고 있으며, 고객들에게 다양한 데이터 요금제를 제공함으로써 사용자 경험을 개선하고 있습니다. 차이나모바일은 또한 스마트폰, 스마트 홈 기기 등 다양한 디지털 기기와의 연계를 통해 통신 서비스의 범위를 넓히고 있으며, 이를 통해 고객의 일상생활을 더욱 편리하게 만들어가고 있습니다.

차이나텔레콤은 유선 및 이동 통신 서비스 모두를 제공하는 통신업체로, 주로 중소도시와 농촌 지역에서 강력한 네트워크를 구축하고 있습니다. 차이나텔레콤은 지역 사회의 통신 환경을 개선하기 위해 저렴한 요금제와 함께 품질 높은 서비스를 제공하고 있으며, 이러한 노력을 통해 정부의 디지털 경제 발전 정책에 부응하고 있습니다. 또한, 차이나텔레콤은 클라우드 컴퓨팅 및 빅데이터 서비스 등 차세대 기술에 대한 투자를 통해 새로운 수익모델을 개발하고, 고객들에게 차별화된 가치를 제공하고 있습니다.

이러한 기업들은 중국 정부의 강력한 지원을 바탕으로 글로벌 통신 시장에서도 경쟁력을 강화하고 있습니다. 정부는 통신 인프라의 국가적 중요성을 인식하고, 이를 지원하기 위한 정책과 규제를 마련하여, 국내 기업들이 국제 시장에서 우위를 점할 수 있도록 돕고 있습니다. 중국의 통신 대국을 향한 노력은 단순한 기술력 강화에 그치지 않고, 글로벌 표준을 선도하고, 각국의 통신 정책에도 영향을 미치는 방향으로 나아가고 있습니다.

글로벌 장비 시장 진출

중국의 대형 국영 통신장비 업체인 ZTE, 그리고 화웨이는 글로벌 장비 시장에서의 입지를 강화하기 위해 다양한 전략적 수출 노력을 기울이고 있습니다. 이 두 회사는 통신 장비 분야에서의 경험과 기술력을 바탕으로 국제 시장에서 경쟁력을 확보하고 있으며, 각기 다른 전략을 통해 세계 시장에 진출하고 있습니다. ZTE는 중국 정부의 지원을 받으며, 글로벌 통신 인프라 구축을 위한 통신 장비와 솔루션을 공급하는 데 주력하고 있습니다. ZTE는 특히 중동, 아프리카, 아시아 국가들에 집중하여, 저렴한 가격과 높은 품질의 장비를 제공함으로써 시장 점유율을 높이고 있습니다. 이를 위해 ZTE는 고객 맞춤형 솔루션을 제공하고, 각 지역의 특성에 맞는 통신 인프라 구축을 지원하는 전략을 채택하고 있습니다. ZTE는 또한 연구 개발에 대한 지속적인 투자를 통해 자사의 기술력을 강화하고 있으며, 5G 및 IoT 기술의 개발에 매진하고 있습니다. 특히, 5G 장비의 글로벌 시장 진출을 위해 다양한 국가와의 파트너십을 형성하고, 현지 시장의 요구에 맞춘 제품을 제공하는 데 집중하고 있습니다. 이러한 노력은 ZTE가 단순한 제품 공급자가 아니라, 종합적인 통신 솔루션 제공자로서의 이미지를 구축하는 데 기여하고 있습니다.

ZTE는 또한 글로벌 공급망을 활용하여 효율적인 물류 시스템을 구축하고 있으며, 이를 통해 신속한 서비스 제공과 비용 절감을 동시에 달성하고 있습니다. 이를 통해 ZTE는 경쟁사보다 더 유리한 가격으로 고품질 장비를 제공할 수 있는 기반을 마련하고 있습니다. 화웨이는 세계 최대의 통신 장비 제조업체 중 하나로, 글로벌 시장에서 위치를 더욱 확고히 하기 위해 다양한 전략을 추진하고 있습니다. 화웨이는 특히 유럽과 아시아 시장을 겨냥하여 고급 통신 장비를 공급하고 있으며, 다양한 고객 맞춤형 솔루션을 제공함으로써 고객의 요구에 부합하는 제품을 개발하고 있습니다. 화웨이는 기술 혁신을 중심으로 한 전략을 통해 5G와 클라우드 컴퓨팅 등 차세대 기술에 대한 연구 개발에 막대한 투자를 하고 있습니다.

이러한 기술력은 화웨이가 국제 시장에서의 경쟁력을 높이는 데 핵심적인 역할을 하고 있습니다. 특히, 화웨이는 5G 네트워크 장비를 제공하는 데 있어 강력한 입지를 보유하고 있으며, 글로벌 통신 사업자들과의 협력을 통해 5G 네트워크 구축 프로젝트에 참여하고 있습니다. 화웨이는 또한 현지화 전략을 채택하여, 각 국가 및 지역의 요구에 맞는 제품과 서비스를 제공하고 있습니다. 이를 위해 각국에 연구 개발 센터와 생산 시설을 구축하고, 현지 인력을 채용하여 글로벌 시장에서 경쟁력을 높이고 있습니다. 이러한 현지화 노력은 화웨이가 각국 정부와의 협력 관계를 강화하고, 수출 시장에서의 신뢰도를 높이는 데 기여하고 있습니다.

IoT와 스마트폰 시장 확대

차이나유니콤과 샤오미는 IoT와 스마트폰 시장에서 혁신적인 서비스를 통해 시장 점유율을 확대하고 있으며, 이들은 각자의 기술력과 전략을 바탕으로 고객의 다양한 요구를 충족시키기 위해 노력하고 있습니다. 이 두 기업은 협력과 경쟁을 통해 서로의 성장을 촉진하고 있으며, 결과적으로 중국의 디지털 경제 발전에 기여하고 있습니다. 차이나유니콤은 중국 내에서 중요한 통신 서비스 제공업체로, IoT 기술을 활용한 혁신적인 서비스에 집중하고 있습니다. 이 회사는 IoT 플랫폼을 통해 스마트 시티, 스마트 홈, 스마트 공장 등 다양한 분야에 적용, 가능한 솔루션을 제공하고 있습니다. 예를 들어, 차이나유니콤은 스마트 시티 구축을 위해 도시 인프라와 IoT 기술을 통합하여 교통 관리, 에너지 관리, 환경 모니터링 등을 효율

딥테크 바이오 에너지 전쟁

적으로 지원하고 있습니다. 이러한 솔루션은 도시 운영의 효율성을 높이고, 시민의 삶의 질을 향상하는 데 기여하고 있습니다.

차이나유니콤은 또한 5G 네트워크를 기반으로 한 IoT 서비스에 중점을 두고 있으며, 이를 통해 대량의 데이터를 실시간으로 처리하고 분석할 수 있는 능력을 갖추고 있습니다. 이러한 기술적 우위를 바탕으로 차이나유니콤은 다양한 산업 분야와 협력하여 혁신적인 서비스 모델을 개발하고 있습니다. 예를 들어, 농업 분야에서는 IoT 센서를 통해 토양의 수분과 영양 상태를 모니터링하고, 이를 바탕으로 효율적인 자원 관리를 지원하는 서비스를 제공하고 있습니다. 이외에도 차이나유니콤은 클라우드 컴퓨팅과 빅데이터 분석 기술을 접목하여 IoT 생태계를 확장하고 있으며, 고객 맞춤형 솔루션을 제공함으로써 경쟁력을 강화하고 있습니다. 이러한 전략은 차이나유니콤이 IoT 서비스 제공업체로서의 입지를 더욱 확고히 하는 데 기여하고 있습니다.

샤오미는 스마트폰 제조업체로 시작하여 현재는 IoT 기기를 포함한 다양한 전자 제품을 제공하는 글로벌 기업으로 성장했습니다. 샤오미의 핵심 전략은 '스마트폰과 IoT의 통합'으로, 이들은 상호 보완적인 관계를 통해 시장에서의 경쟁력을 높이고 있습니다. 샤오미는 저렴한 가격대의 고성능 스마트폰을 제공함으로써 대규모 소비자 시장을 겨냥하고 있으며, 이를 통해 브랜드 충성도를 구축하고 있습니다. 샤오미의 IoT 생태계는 스마트폰을 중심으로 다양한 스마트 기기를 연결하는 플랫폼을 통해 운영됩니다. 이 회사는 스마트 홈 기기, 웨어러블 기기, 스마트 가전 제품 등 다양한 IoT 기기를 출시하여 소비자들에게 통합된 경험을 제공합니다. 샤오미의 '미오트MIOT' 플랫폼은 모든 IoT 기기를 연동하여 사용자들이 손쉽게 관리할 수 있도록 돕고 있으며, 이러한 편리함은 소비자들의 큰 호응을 얻고 있습니다. 또한, 샤오미는 AI 기술을 접목하여 IoT 기기들이 서로 소통하고 협력할 수 있는 환경을 조성하고 있습니다. 예를 들어, 사용자가 스마트폰으로 음성 명령을 통해 집안의 조명, 온도, 보안 시스템 등을 제어할 수 있도록 하는 등의 서비스를 제공하고 있습니다. 이러한 혁신은 샤오미의 IoT 기기가 시장에서 차별화된 가치를 제공하는 데 기여하고 있으며, 고객의 삶의 질을 향상하는 데 중요한 역할을 하고 있습니다.

클라우드 인프라 확장

알리바바 클라우드를 통한 클라우드 인프라 확장은 중국의 데이터 관리 역량을 강화하는 데 있어 중요한 이정표가 되고 있습니다. 알리바바 클라우드는 중국의 대규모 클라우드 서비스 제공업체로서, 국내외 고객들에게 다양한 클라우드 컴퓨팅 솔루션과 서비스를 제공합니다. 이러한 서비스는 기업들이 데이터 저장, 처리, 분석, 보안 등 다양한 데이터 관리 기능을 향상시킬 수 있도록 돕고 있습니다. 중국의 디지털 경제가 급속히 성장함에 따라, 데이터 관리의 중요성은 더욱 커지고 있습니다. 데이터는 현대 비즈니스의 핵심 자원으로 자리 잡았으며, 이를 효과적으로 관리하는 것이 경쟁력을 높이는 데 필수적입니다. 알리바바 클라우드는 뛰어난 데이터 관리 솔루션을 제공함으로써 기업들이 데이터를 안전하게 저장하고, 실시간으로 분석하며, 필요한 경우 신속하게 활용할 수 있는 기반을 마련하고 있습니다.

특히, 알리바바 클라우드는 AI와 빅데이터 기술을 결합하여 데이터 분석의 효율성을 극대화하고 있습니다. 이를 통해 기업은 고객 행동 분석, 시장 동향 예측, 제품 개발 및 개선에 필요한 인사이트를 도출할 수 있습니다. 또한, 클라우드 기반의 데이터 관리 시스템은 기업들이 온프레미스 시스템에서 클라우드 환경으로의 전환을 용이하게 만들어 줍니다. 이는 기업들이 고비용의 인프라 구축 부담을 줄이고, 필요한 만큼의 자원을 유연하게 조절할 수 있는 장점을 누릴 수 있습니다. 알리바바 클라우드의 데이터 관리 플랫폼은 강력한 보안 기능을 제공하여 기업들이 데이터를 안전하게 보호할 수 있도록 지원합니다. 클라우드 서비스는 다양한 보안 프로토콜과 암호화 기술을 활용하여 데이터 유출 및 손실을 방지하고, 규정 준수를 위한 필요 요소를 충족시킵니다. 이러한 보안은 특히 중국과 같은 데이터 규제가 엄격한 환경에서 기업들이 신뢰할 수 있는 데이터 관리 솔루션을 찾는 데 중요한 요소가 됩니다.

또한, 알리바바 클라우드는 국내외 시장에서의 경쟁력을 높이기 위한 다양한 전략적 파트너십을 체결하고 있습니다. 이는 고객들에게 더욱 다양한 서비스와 솔루션을 제공할 수 있는 기반이 되며, 중국의 데이터 관리 기술과 인프라의 글로벌 경쟁력을 높이는 데 기여하고 있습니다. 이러한 파트너십은 클라우드 서비스의 범위를 확장하고, 고객이 요구하는 다양한 맞춤형 솔루션을 제공함으로써 데이터 관리 역량을 한층 강화하는 데 도움을 주고 있습니다.

마지막으로, 알리바바 클라우드의 확장은 단순한 비즈니스 모델의 변화를 넘어서, 전체 산업 생태계에 긍정적인 영향을 미치고 있습니다. 기업들이 클라우드 인프라를 통해 데이터 관리 역량을 강화함으로써, 혁신적인 비즈니스 모델을 창출하고, 시장 변화에 빠르게 대응할 수 있는 능력을 갖추게 됩니다. 이는 궁극적으로 중국 경제의 디지털화 및 산업 현대화에 기여하며, 글로벌 데이터 관리 역량의 선두 주자로 자리매김하는 데 중요한 역할을 하고 있습니다.

유럽, 통신 표준의 중심

유럽은 통신 기술의 발전과 혁신에 있어 중요한 중심지로 자리 잡고 있으며, 특히 통신 표준화에 있어서 강력한 리더십을 보여주고 있습니다. 이러한 유럽의 통신 표준화 리더십은 에릭슨Ericsson과 노키아Nokia와 같은 세계적인 기업들의 적극적인 참여와 기여 덕분에 더욱 두드러집니다. 이들 기업은 글로벌 통신 네트워크의 표준을 설정하는 데 중요한 역할을 해왔으며, 이는 유럽이 통신 기술의 발전을 이끄는 주요 허브로 부각되고 있는 것입니다.

통신 표준화 리더십

에릭슨은 1876년에 설립된 이래로 통신 장비 및 서비스 분야에서 혁신을 이끌어온 선도적인 기업입니다. 에릭슨은 모바일 통신 표준인 GSM^{Global System for Mobile Communications}의 개발에 크게 기여했으며, 이 표준은 전 세계적으로 널리 채택되었습니다. 에릭슨의 기술력은 2G에서 5G에 이르는 모든 세대의 이동통신 기술을 포함하여, 통신 네트워크의 발전에 기여하고 있습니다. 특히, 5G 기술의 경우, 에릭슨은 다양한 실험과 상용화를 통해 글로벌 5G 생태계의 구축에 중요한 역할을 하고 있습니다.

노키아 역시 통신 기술의 선두 주자로 자리매김하고 있으며, 다양한 혁신적인 솔루션을 통해 글로벌 표준화를 주도하고 있습니다. 노키아는 LTE^{Long-Term Evolution}와 5G 네트워크 기술의 발전에 중요한 역할을 해왔으며, 이를 통해 통신 서비스의 품질과 효율성을 크게 향상하였습니다. 노키아의 이런 제품과 솔루션은 전 세계의 이동통신 사업자들에 의해 널리 사용되고 있으며, 이는 통신 표준의 글로벌 리더로 자리매김하는 계기가 되었습니다.

유럽의 통신 표준화 과정은 다양한 국제기구와 협력하여 이루어지며, 이는 기술 발전을 위한 협업과 정보 공유의 중요한 장을 제공합니다. 예를 들어, 유럽 전역의 통신 사업자들과 제조업체, 학계가 참여하는 ETSI(유럽 전기통신표준협회)는 통신 표준 개발의 중요한 플랫폼으로 자리 잡고 있습니다. 이 기관은 다양한 통신 기술의 표준화 작업을 진행하며, 유럽의 통신 산업 발전에 기여하고 있습니다.

또한, 유럽은 통신 표준화 외에도 정책적 지원을 통해 통신 기술의 발전을 촉진하고 있습니다. EU는 디지털 단일 시장 전략을 통해 통신 인프라의 개선과 통신 서비스의 품질 향상을 위한 정책을 추진하고 있으며, 이는 유럽 내 통신 기술의 글로벌 경쟁력을 높이는 데 기여하고 있습니다. 이러한 정책은 에릭슨과 노키아와 같은 기업들이 글로벌 시장에서 경쟁력을 유지하는 데 중요한 기반이 되고 있습니다.

지속가능성과 네트워크 효율성

지속가능성과 네트워크 효율성은 현대 통신 산업에서 점점 더 중요한 주제로 부각되고 있으며, 이에 따라 통신 기업들의 상당수가 친환경 전략을 수립하고 있습니다. 특히, 보다폰Vodafone과 도이치텔레콤Deutsche Telekom은 이러한 트렌드를 선도하는 대표적인 기업으로, 그들의 지속가능성과 네트워크 효율성을 위한 다양한 전략을 통해 업계에서 긍정적인 변화를 이끌어가고 있습니다.

보다폰은 지속 가능한 발전을 위해 '지속 가능한 연결Sustainable Connections'이라는 비전을 세우고, 이를 실현하기 위한 구체적인 목표를 설정하고 있습니다. 보다폰은 2025년까지 전 세계 모든 네트워크에서 탄소 중립 목표를 달성할 계획을 세우고 있으며, 이를 위해 재생 가능 에너지를 활용하는 것을 최우선 과제로 삼고 있습니다. 회사는 이미 유럽의 많은 운영 기지에서 100% 재생 가능 에너지를 사용하고 있으며, 앞으로도 이 비율을 더욱 확대할 예정입니다. 이러한 친환경 정책은 단순히 환경 보호의 차원을 넘어, 비용 절감과 네트워크의 효율성을 동시에 추구하는 방안으로 자리 잡고 있습니다.

도이치텔레콤 또한 지속 가능한 네트워크 운영을 위해 다양한 친환경 전략을 추진하고 있습니다. 이 회사는 '가장 지속 가능한 통신 회사'가 되는 것을 목표로 하여, 에너지 효율성을 높이기 위한 여러 프로그램을 시행하고 있습니다. 예를 들어, 도이치텔레콤은 최신 기술을 활용하여 데이터 센터의 에너지 사용량을 줄이는 동시에, 네트워크 장비의 에너지 효율성을 극대화하기 위해 고성능 하드웨어와 소프트웨어를 도입하고 있습니다. 이를 통해 도이치텔레콤은 네트워크 운영 비용을 절감하고, 탄소 배출량을 줄이는 동시에 고객들에게 보다 나은 서비스 품질을 제공할 수 있게 되었습니다.

보다폰과 도이치텔레콤은 또한 스마트 그리드 및 IoT 기술을 활용하여 지속가능성을 더욱 강화하고 있습니다. 이들 기업은 네트워크를 통한 데이터 수집 분석을 통해 에너지 소비를 최적화하고, 실시간으로 네트워크 효율성을 모니터링하여 자원의 낭비를 최소화하는 시스템을 구축하고 있습니다. 이러한 접근 방식은 통신 인프라의 효율성을 높이는 동시에, 환경적 영향을 줄이는 데 기여하고 있습니다.

또한, 보다폰과 도이치텔레콤은 지속 가능한 공급망 관리에도 노력을 기울이고 있습니다. 이들은 공급업체와 협력하여 친환경 소재를 사용하고, 제조 과정에서의 에너지 소비를 줄이는 방향으로 정책을 전환하고 있습니다. 보다폰은 공급업체들에 환경적 기준을 설정하고, 이 기준을 충족하는 기업들과만 협력하기로 했습니다. 도이치텔레콤도 이와 유사한 접근을 통해 자사의 공급망을 지속 가능하게 만들기 위해 노력하고 있으며, 이러한 노력은 장기적으로 기업의 사회적 책임을 다하는 데 기여하고 있습니다.

디지털 전환을 위한 통신 인프라

디지털 전환은 현대 기업과 산업의 필수적인 요소로 자리 잡았으며, 통신 산업 역시 이에 발맞추어 인프라를 혁신하고 있습니다. 프랑스텔레콤Orange과 텔레포니카Telefónica는 이러한 디지털 전환을 이끌기 위해 각기 다른 전략을 채택하며, 통신 인프라의 디지털화를 선도하고 있습니다. 이들 기업의 전략은 고속 인터넷과 모바일 통신의 확장을 통해 고객에게 향상된 서비스를 제공하고, 디지털 경제의 변화에 적응하는 데 중점을 두고 있습니다.

프랑스텔레콤은 디지털화 전략의 일환으로, '하이브리드 네트워크Hybrid Network' 모델을 채택하고 있습니다. 이 모델은 고정 및 모바일 네트워크의 통합을 통해 다양한 서비스와 솔루션을 제공합니다. 프랑스텔레콤은 클라우드 기반의 서비스와 IoT 기술을 활용하여, 고객에게 더 유연하고 효율적인 통신 솔루션을 제공하고 있습니다. 특히, 클라우드 컴퓨팅과 데이터 분석을 통해 고객의 요구에 맞춤형 서비스를 제공하며, 이는 기업의 운영 효율성을 높이는 데 기여하고 있습니다.

또한, 프랑스텔레콤은 5G 네트워크 구축에 적극적으로 투자하고 있습니다. 5G 기술은 더 빠른 데이터 전송 속도와 낮은 지연 시간, 더 많은 디바이스 연결을 가능하게 하여, 디지털 전환을 가속하는 데 중요한 역할을 하고 있습니다. 프랑스텔레콤은 5G를 활용한 스마트 시티, 스마트 홈, 자율주행차 등의 혁신적인 서비스 개발에 집중하고 있으며, 이를 통해 새로운 비즈니스 모델을 창출하고 있습니다.

텔레포니카 역시 디지털 전환을 위해 다양한 전략을 추진하고 있습니다. 이 회사는 '디지털 제너레이션Digital Generation'이라는 비전으로 고객 경험을 향상하기 위해 디지털 기술을 적극 활용하고 있습니다. 텔레포니카는 고객의 요구를 파악하기 위해 빅데이터 분석을 활용하고 있으며, 이를 통해 맞춤형 서비스와 제품을 개발하고 있습니다. 이러한 데이터 중심의 접근 방식은 고객의 요구에 더 빠르게 대응할 수 있는 능력을 강화하고, 경쟁력을 높이는 데 기여하고 있습니다.

또한, 텔레포니카는 지속 가능한 디지털화를 위한 정책을 수립하여, 환경적 영향을 최소화하고자 노력하고 있습니다. 예를 들어, 텔레포니카는 재생 가능 에너지를 활용하여 데이터 센터와 통신 기지국의 전력을 공급하고, 탄소 배출량을 줄이는 방향으로 나아가고 있습니다. 이러한 노력은 고객의 환경 의식이 높아지는 현대 사회에서 긍정적인 반응을 얻고 있으며, 기업의 사회적 책임을 다하는 데 기여하고 있습니다.

프랑스텔레콤과 텔레포니카 모두 클라우드 기반 서비스와 네트워크 기능 가상화Network Function Virtualization, NFV를 통해 통신 인프라의 유연성을 극대화하고 있습니다. NFV 기술을 활용하면, 네트워크 서비스와 기능을 소프트웨어로 전환하여 하드웨어 의존도를 줄이고, 신속하게 서비스를 배포할 수 있는 이점이 있습니다. 이는 기업이 변화하는 시장 요구에 신속하게 대응할 수 있도록 하며, 고객에게 더 나은 서비스 품질을 제공하는 데 기여하고 있습니다.

5G 기술 연구와 테스트베드

5G 기술은 단순한 이동통신의 발전을 넘어, 다양한 산업과 사회 전반에 혁신적인 변화를 기대되고 있습니다. 특히, 유럽은 5G 기술의 연구와 실험적 테스트베드 구축을 통해 글로벌 5G 생태계를 선도하기 위해 활발한 노력을 기울이고 있습니다. 이러한 파일럿 프로젝트들은 새로운 기술을 실제 환경에서 검증하고, 향후 상용화 가능성을 높이는 중요한 역할을 하고 있습니다.

유럽의 5G 혁신 프로젝트 중 하나는 독일의 '5G-커넥티드 모빌리티' 프로젝트입니다. 이 프로젝트는 자율주행차와 관련된 다양한 기술을 테스트하기 위해 설계되었습니다. 연구팀은 고속도로와 도시 환경에서 자율주행차가 어떻게 5G 네트워크와 상호작용을 할 수 있는지 연구하며, 실시간 데이터 전송의 효율성을 평가하고 있습니다. 이 테스트베드는 자율주행차의 안전성을 높이고, 교통 관리 시스템과의 통합을 촉진하는 중요한 역할을 하고 있습니다.

또한, 스페인의 바르셀로나에서는 '5G 바르셀로나' 프로젝트가 진행되고 있습니다. 이 프로젝트는 5G 네트워크를 활용한 스마트 시티 솔루션 개발에 중점을 두고 있습니다. 바르셀로나시는 IoT 기술과 5G를 통합하여 교통, 환경, 안전 등 다양한 분야에서 효율성을 극대화하고자 합니다. 예를 들어, 이 프로젝트에서는 5G를 통해 수집된 데이터를 기반으로 실시간 교통의 흐름을 분석하고, 이를 바탕으로 교통 신호를 자동으로 조정하는 시스템이 개발되고 있습니다. 이러한 혁신은 도시의 삶의 질을 향상하고, 지속 가능한 도시 발전을 이루는 데 기여하고 있습니다.

프랑스에서는 '5G 스마트 팜5G for Smart Farming'이라는 프로젝트가 추진되고 있습니다. 이 프로젝트는 농업 분야에서 5G 기술의 활용 가능성을 연구하고 있으며, IoT 센서와 드론을 통해 농작물의 상태를 실시간으로 모니터링하는 시스템을 구축하고 있습니다. 5G 네트워크를 통해 수집된 데이터는 농업 생산성을 극대화하고, 자원 낭비를 줄이는 데 도움을 줍니다. 이러한 스마트 농업 솔루션은 환경 측면에서 지속 가능하며, 농민들에게 더 나은 수익을 제공하는 데 기여하고 있습니다.

이탈리아의 '5G 헬스' 프로젝트는 헬스케어 분야에서의 5G 기술 응용을 탐구하고 있습니다. 이 프로젝트는 원격 진료와 건강 모니터링을 통해 환자와 의료진 간의 실시간 소통을 가능하게 합니다. 5G의 낮은 지연 시간과 높은 대역폭을 활용하여 의료 데이터가 신속하게 전송되며, 이는 응급 상황에서의 빠른 의사결정을 가능하게 합니다. 이러한 기술은 특히 의료 접근성이 제한된 지역에서 큰 도움이 될 수 있습니다.

EU는 이러한 다양한 5G 파일럿 프로젝트를 통해 기술 혁신을 촉진하고, 유럽 내에서의 5G 기술 상용화를 가속화하는 것을 목표로 하고 있습니다. 유럽의 여러 나라들은 5G 기술의 표준화와 상호 운용성을 확보하기 위해 긴밀히 협력하고 있으며, 이는 유럽 전역에서의 5G 네트워크 구축에 중요한 기반이 됩니다. 또한, 이러한 협력은 글로벌 5G 시장에서 유럽의 경쟁력을 강화하는 데 기여하고 있습니다.

5G 기술의 연구와 실험적 테스트베드는 단순한 기술적 진보를 넘어, 경제적, 사회적 변화의 기초를 마련하는 중요한 과정입니다. 유럽은 이러한 프로젝트들을 통해 5G 기술이 다양한 산업에 미치는 영향을 파악하고, 이를 기반으로 혁신적인 솔루션을 개발하고 있습니다. 이러한 노력은 5G 시대를 대비하는 데 중요한 역할을 하며, 향후 유럽이 기술 선도국으로 자리매김할 것으로 기대됩니다.

일본, 디지털 전환을 준비하다

일본은 디지털 전환을 준비하는 과정에서 스마트 시티 개발과 5G 네트워크 구축을 통해 도시 혁신을 이루고 있습니다. 이 과정에서 NTT 도코모와 KDDI와 같은 주요 통신사들은 각각의 전략을 통해 일본의 도시 인프라를 현대화하고, 시민의 삶의 질을 향상하기 위한 다양한 노력을 기울이고 있습니다. 이러한 두 회사의 협력은 일본의 디지털 경제를 발전시키고, 글로벌 경쟁력을 강화하는 데 중요한 역할을 하고 있습니다.

스마트 시티와 5G 구축

NTT 도코모는 일본의 대표적인 통신사로서, 5G 네트워크의 개발과 스마트 시티 프로젝트에 적극적으로 투자하고 있습니다. NTT 도코모는 '도쿄 스마트 시티 프로젝트'를 통해 5G 네트워크를 기반으로 한 다양한 스마트 시티 솔루션을 제공하고 있습니다. 이 프로젝트의 핵심은 IoT 기술을 활용하여 도시 내 다양한 데이터를 수집하고 분석하는 것입니다. 예를 들어, 도로, 교통, 환경, 에너지 등 다양한 분야에서 실시간 데이터를 수집하여 교통의 흐름을 최적화하고, 에너지 사용을 효율적으로 관리할 수 있는 시스템을 구축하고 있습니다. 이를 통해 도쿄시는 교통 혼잡을 줄이고, 에너지 소비를 감소시켜 지속 가능한 도시 발전을 이루고자 합니다.

KDDI 또한 스마트 시티 개발에 힘을 쏟고 있으며, 'KDDI 스마트 시티' 프로젝트를 통해 5G 네트워크와 IoT 기술을 접목한 혁신적인 솔루션을 제공하고 있습니다. KDDI는 특히 커뮤니티 중심의 스마트 시티 개발을 강조하며, 주민들이 편리하고 안전하게 생활할 수 있는 환경을 조성하는 데 주력하고 있습니다. 이 회사는 스마트 주택, 스마트 교통 시스템, 그리고 안전한 통신 네트워크를 통해 주민들의 생활을 더 편리하게 만들어 주는 다양한 서비스를 제공하고 있습니다. 예를 들어, KDDI는 스마트 홈 기술을 통해 가전제품의 원격 제어 및 관리 기능을 제공하며, 이는 에너지 효율성을 높이는 데 기여하고 있습니다.

5G 네트워크는 이러한 스마트 시티 개발의 핵심 인프라로 자리 잡고 있습니다. NTT 도코모와 KDDI는 모두 5G 기술을 활용하여 데이터 전송 속도와 네트워크의 안정성을 향상하고, 다양한 IoT 기기와 연결된 환경을 구축하고 있습니다. 5G는 초고속 데이터 전송과 낮은 지연 시간, 다수의 디바이스 연결을 가능하게 하여, 도시의 다양한 서비스와 기능이 원활하게 작동할 수 있도록 지원합니다. 이러한 기술적 기반은 자율주행차, 스마트 교통 시스템, 원격 진료와 같은 혁신적인 서비스의 구현을 가능하게 합니다.

일본 정부 또한 이러한 디지털 전환을 지원하기 위해 '스마트 시티 전략'을 수립하고, 다양한 정책과 재정적 지원을 통해 도시 혁신을 촉진하고 있습니다. 정부는 통신 인프라의 발전과 더불어, 데이터 공유 및 협력적인 생태계 구축을 통해 지방 정부와 기업들이 스마트 시티 프로젝트에 참여하도록 유도하고 있습니다. 이러한 정부의 지원은 NTT 도코모와 KDDI가 추진하는 다양한 프로젝트에 긍정적인 영향을 미치고 있습니다.

스마트 시티와 5G 구축을 위한 NTT 도코모와 KDDI의 전략은 단순한 기술적 발전을 넘어, 사회적 문제 해결과 시민의 삶의 질 향상에도 기여하고 있습니다. 두 회사는 디지털 기술을 통해 도시 내 교통 혼잡, 환경 문제, 그리고 안전 문제를 해결하고자 하며, 이는 지속 가능한 도시 발전을 이루는 데 중요한 역할을 하고 있습니다.

IoT와 디지털 서비스

소프트뱅크와 라쿠텐 모바일은 일본의 디지털 혁신을 선도하는 주요 기업으로, IoT 및 자율화 서비스 개발에 중점을 두고 다양한 전략을 추진하고 있습니다. 이들 기업은 기술 발전과 고객의 요구에 부응하여, IoT와 자율화 서비스의 통합을 통해 새로운 비즈니스 모델을 창출하고, 사회 전반의 효율성을 높이는 데 기여하고 있습니다.

소프트뱅크는 IoT 기술을 활용한 스마트 홈, 스마트 시티, 그리고 산업 자동화를 위한 다양한 솔루션을 개발하고 있습니다. 특히, 소프트뱅크는 '소프트뱅크 로보틱스'를 통해 로봇 기술과 IoT를 접목하여 가정과 산업에서의 자율화 서비스를 제공하고 있습니다. 대표적으로 '페퍼Pepper' 로봇은 감정 인식 기술을 바탕으로 사람과 소통하며, 고객 서비스와 마케팅 분야에서 활용되고 있습니다. 이러한 로봇들은 매장이나 공공장소에서 고객 응대를 수행하고, AI 기반의 데이터 분석을 통해 고객의 요구에 맞춘 서비스를 제공할 수 있도록 설계되었습니다.

또한, 소프트뱅크는 'IoT 플랫폼'을 구축하여 다양한 IoT 기기와 서비스의 통합 관리를 가능하게 하고 있습니다. 이 플랫폼은 IoT 기기에서 수집된 데이터를 분석하고, 이를 바탕으로 기업이 운영 효율성을 높일 수 있도록 지원합니다. 예를 들어, 기업들은 이 플랫폼을 통해 자산 관리, 물류 관리, 에너지 소비 분석 등 다양한 분야에서 실시간 데이터를 활용하여 의사결정을 내릴 수 있습니다. 이러한 IoT 플랫폼은 기업의 디지털 전환을 가속화하고, 경쟁력을 강화하는 데 기여하고 있습니다.

반면, 라쿠텐 모바일은 저렴한 통신 서비스를 제공하는 동시에, IoT와 자율화 서비스의 통합을 통해 고객의 편의성을 높이는 데 주력하고 있습니다. 라쿠텐 모바일은 '라쿠텐 에코시스템'을 통해 고객이 사용할 수 있는 다양한 IoT 서비스와 디지털 솔루션을 제공합니다. 이 회사는 특히 홈 IoT 기술을 활용하여 스마트 홈 서비스를 강화하고 있으며, 사용자들이 쉽게 사용할 수 있는 스마트 디바이스와 통합된 서비스를 개발하고 있습니다.

라쿠텐 모바일의 '스마트 모빌리티' 프로젝트는 자율주행차와 드론을 포함한 혁신적인 이동 수단 개발을 목표로 하고 있습니다. 이 프로젝트는 라쿠텐의 IoT 기술과 5G 네트워크를 활용하여, 자율주행차의 실시간 데이터 처리와 통신을 가능하게 합니다. 이를 통해 안전하고 효율적인 이동 수단을 제공하며, 궁극적으로는 스마트 시티와의 통합을 통해 도시 교통의 혁신을 이루는 데 기여하고자 합니다.

두 회사는 IoT와 자율화 서비스의 발전을 위해 협력적인 생태계를 구축하는 데도 힘쓰고 있습니다. 소프트뱅크는 파트너십을 통해 다양한 스타트업과 협력하여 혁신적인 IoT 솔루션을 개발하고 있으며, 이를 통해 시장의 변화를 선도하고 있습니다. 라쿠텐 모바일도 다양한 기업들과 협력하여 자율화 서비스의 개발 및 상용화를 위한

딥테크 바이오 에너지 전쟁

네트워크를 구축하고 있습니다. 이러한 협력은 IoT 생태계의 발전을 가속화하고, 새로운 비즈니스 기회를 창출하는 데 기여하고 있습니다.

디지털 혁신은 또한 고객 경험을 향상하는 중요한 역할을 하고 있습니다. 소프트뱅크와 라쿠텐 모바일은 고객 데이터 분석을 통해 개인 맞춤형 서비스를 제공하고 있으며, 이는 고객의 요구에 더 잘 부응하는 서비스를 가능하게 합니다. 예를 들어, 고객의 행동 데이터를 분석하여 적절한 상품이나 서비스를 추천하고, 이에 대한 피드백을 반영하여 서비스를 개선하는 방식입니다.

클라우드와 데이터 센터

NTT 커뮤니케이션즈는 일본의 대표적인 통신 및 IT 서비스 기업으로, 데이터 센터와 클라우드 서비스의 발전을 통해 일본의 데이터 인프라를 강화하는 데 중요한 역할을 하고 있습니다. 디지털 경제의 급속한 발전과 함께 데이터의 중요성이 증가함에 따라, NTT 커뮤니케이션즈는 고객의 다양한 요구를 충족하기 위해 세계적 수준의 데이터 센터와 클라우드 솔루션을 제공하고 있습니다.

먼저, NTT 커뮤니케이션즈의 데이터 센터는 고성능, 안정성, 그리고 보안성을 중심으로 설계되어 있습니다. 이 회사는 일본 내 여러 지역에 데이터 센터를 운영하며, 각 센터는 최첨단 기술을 적용하여 고가용성과 무중단 서비스를 보장합니다. 예를 들어, NTT 커뮤니케이션즈의 데이터 센터는 지진과 같은 자연재해에 대비한 설계를 갖추고 있으며, 이중 전원 공급 시스템 및 재해 복구 솔루션을 통해 안전성을 극대화하고 있습니다. 이러한 특성은 일본의 자연재해에 대한 높은 대비와 함께 고객들에게 안정적인 서비스를 제공하는 데 기여하고 있습니다.

또한, NTT 커뮤니케이션즈는 클라우드 서비스의 발전에도 힘쓰고 있습니다. 이 회사의 클라우드 플랫폼은 고객이 데이터와 애플리케이션을 유연하게 관리할 수 있도록 지원하며, 다양한 산업 분야에 적합한 솔루션을 제공합니다. NTT 커뮤니케이션즈는 퍼블릭 클라우드와 프라이빗 클라우드를 통합한 하이브리드 클라우드 환경을 구축하여, 고객이 필요에 따라 자원을 조정할 수 있는 유연성을 제공합니다. 이러한 접근 방식은 기업들이 빠르게 변화하는 시장 환경에 적응하고, 운영 효율성을 높이는 데 중요한 역할을 합니다.

특히, NTT 커뮤니케이션즈는 AI와 IoT 기술을 클라우드 서비스와 통합하여 고객의 데이터 활용을 극대화하고 있습니다. AI 기반의 데이터 분석 서비스를 통해 고객은 대량의 데이터를 실시간으로 분석하고, 이를 바탕으로 인사이트를 도출하여 비즈니스 의사결정을 지원할 수 있습니다. IoT 플랫폼과의 연계를 통해서는 다양한 IoT 기기에서 수집된 데이터를 클라우드에서 관리하고 분석함으로써, 기업의 디지털 전환을 가속하는 데 기여하고 있습니다.

NTT 커뮤니케이션즈는 글로벌 데이터 센터 네트워크를 통해 해

딥테크 바이오 에너지 전쟁

외 시장에서도 경쟁력을 강화하고 있습니다. 일본뿐만 아니라 아시아, 유럽, 북미 등에 위치한 데이터 센터를 통해 고객은 전 세계 어디서나 안정적이고 빠른 서비스에 접근할 수 있습니다. 이러한 글로벌 네트워크는 특히 다국적 기업들이 데이터를 효율적으로 관리하고, 각 지역의 법적 요구사항을 준수하는 데 중요한 기반이 됩니다.

또한, NTT 커뮤니케이션즈는 지속 가능한 데이터 센터 운영을 위한 노력에도 적극적입니다. 이 회사는 에너지 효율성을 높이기 위해 재생 가능한 에너지를 활용하고, 데이터 센터의 냉각 시스템을 최적화하는 등 친환경 정책을 추진하고 있습니다. 이러한 지속 가능한 접근은 고객의 ESG(환경, 사회, 지배구조) 목표 달성에 기여하고, 기업의 사회적 책임을 다하는 데 중요한 역할을 합니다.

디지털 전환을 위한 솔루션

후지쯔와 파나소닉Panasonic은 일본의 대표적인 기술 기업으로, 디지털 전환을 위한 다양한 산업 솔루션을 개발하기 위해 전략적으로 협력하고 있습니다. 이 두 회사는 각자의 강점을 살려 협업함으로써, 혁신적인 기술 솔루션을 시장에 제공하고, 고객의 요구에 부응하는 디지털 전환을 가속화하고 있습니다.

후지쯔는 IT 서비스 및 시스템 통합 분야에서 오랜 경험을 가진 기업으로, 데이터 분석, 클라우드 컴퓨팅, AI 등 다양한 기술을 활용하여 고객의 비즈니스 환경을 개선하는 데 집중하고 있습니다. 특히, 후지쯔는 다양한 산업 분야에 적합한 IT 솔루션을 제공하며, 디지털 혁신을 통해 고객의 경쟁력을 강화하는 데 중점을 두고 있습니다. 파나소닉은 전자 제품 및 자동화 솔루션에 강점인 기업으로, IoT 기술과 스마트 디바이스를 통해 다양한 산업의 디지털화를 지원하고 있습니다. 두 회사의 협력은 이러한 강점을 기반으로 하여, 보다 포괄적이고 효율적인 솔루션을 제공하는 데 기여하고 있습니다.

후지쯔와 파나소닉의 협력은 여러 산업 분야에서 실질적인 변화가 있습니다. 예를 들어, 스마트 제조 분야에서는 두 회사의 기술이 결합하여, 생산 효율성을 높이고 품질 관리를 개선하는 데 기여하고 있습니다. 후지쯔의 데이터 분석 기술과 파나소닉의 IoT 센서를 결합함으로써, 실시간으로 생산 데이터를 수집하고 분석하여, 문제를 조기에 발견하고 신속한 의사결정을 지원하는 시스템이 구축되었습니다. 이러한 시스템은 제조업체가 생산 과정에서 비효율성을 줄이고, 비용을 절감하며, 전반적인 생산성을 향상하는 데 도움을 줍니다.

또한, 후지쯔와 파나소닉은 스마트 빌딩 솔루션 개발에도 협력하고 있습니다. 이들 솔루션은 에너지 관리, 보안 시스템, 환경 모니터링 등 다양한 기능을 통합하여, 건물의 운영 효율성을 높이고 에너지 소비를 최소화하는 데 기여합니다. 파나소닉의 스마트 기기와 후지쯔의 클라우드 기반 관리 시스템을 통해, 사용자는 빌딩의 상태를 실시간으로 모니터링하고 관리할 수 있으며, 이는 궁극적으로 운영 비용을 절감하고 지속 가능한 환경을 조성하는 데 기여합니다.

의료 분야에서도 후지쯔와 파나소닉의 협력은 중요한 역할을 하고 있습니다. 이들 회사는 헬스케어 데이터 관리 시스템을 통해 환자의 건강 정보를 효과적으로 관리하고, 의료진이 보다 나은 치료 결정을 내릴 수 있도록 지원하고 있습니다. 후지쯔의 데이터 분석 기술과 파나소닉의 의료 기기를 통합하여, 의료 현장에서 실시간 데이터 수집과 분석을 가능하게 하여, 환자 맞춤형 치료와 신속한 응급 대응을 실현하고 있습니다.

이 외에도 두 회사는 스마트 교통 시스템 개발을 위한 협력도 추진하고 있습니다. 후지쯔의 AI 기술과 파나소닉의 차량 내 장비를 결합하여, 교통의 흐름을 최적화하고 사고를 예방하는 솔루션을 개발하고 있습니다. 이 시스템은 실시간으로 교통 데이터를 분석하여, 최적의 경로를 제시하고, 교통 혼잡을 줄이는 데 기여하고 있습니다.

후지쯔와 파나소닉의 기술 협력은 또한 디지털 전환을 위한 인력 양성에도 중점을 두고 있습니다. 두 회사는 협력하여 전문 인력을 양성하기 위한 교육 프로그램을 운영하며, 최신 기술과 트렌드를 반영한 커리큘럼을 통해 직원들의 역량을 강화하고 있습니다. 이러한 노력은 기업의 디지털 혁신을 촉진하고, 경쟁력을 유지하는 데 중요한 역할을 합니다.

AI 인프라와 6G 표준화 경쟁

AI 인프라와 6G 표준화 경쟁은 통신 산업의 경쟁 구도를 네트워크에서 컴퓨팅과 데이터, 전력이 결합한 복합 인프라 경쟁으로 전환되고 있습니다. 특히 미국과 중국, 유럽, 일본은 각각 AI 연산 역량과 차세대 통신 표준을 결합하여 기술 패권을 선점하려는 전략을 강화하고 있습니다. 이러한 흐름 속에서 6G는 단순한 통신 기술을 넘어 AI 네이티브 네트워크의 핵심 기반으로 자리 잡으며, 국가 경쟁력의 새로운 축으로 부상하고 있습니다.

딥테크 바이오 에너지 전쟁

미국, 국가 안보와 경쟁력 향상

미국의 통신 산업 육성 정책은 국가 안보와 경제적 경쟁력 향상이라는 이중 목표를 중심으로 구성되어 있습니다. 미국은 통신 산업을 경제 성장과 첨단 기술 혁신의 근간으로 보고, 이를 뒷받침하는 정책들을 통해 통신 산업을 강화하고 있습니다. 이러한 정책들은 주로 정부의 직접적 투자와 규제 완화를 통해 민간 부문이 혁신을 이끌 수 있도록 장려하는 방향으로 이루어지고 있습니다.

첫째, 미국은 5G 기술의 글로벌 선도를 위해 대규모 인프라 구축을 지원하고 있습니다. 5G는 통신 산업뿐만 아니라 자율주행, 스마트 시티, 헬스케어 등의 다양한 산업에 영향을 미치는 중요한 기술로, 정부는 이를 위한 주파수 대역 확보와 기술 개발을 촉진하기 위해 연방통신위원회Federal Communications Commission, FCC를 통해 주파수 할당과 면허 발급을 가속화하고 있습니다. 특히 FCC는 주파수 경매를 통해 통신사들이 5G 주파수를 확보할 수 있도록 지원하며, 이를 통해 통신사들이 네트워크 인프라를 효율적으로 확장할 수 있게 합니다.

아울러 인프라 구축의 연장선상에서 FCC 의장 브렌던 카가 발표한 '미국 재건 어젠다Build America Agenda'는 인프라 승인 절차 간소화, 주파수 확보 확대, 위성·우주 통신 촉진, 규제 절차의 현대화 등을 핵심으로 삼고 있습니다. 특히, 무선 인프라 구축과 관련해 환경·역사보존 규제인 국가환경정책법NEPA과 국가역사보존법NHPA 재검토를 통해 사업 속도를 높이려는 움직임이 있습니다. 이러한 흐름은 통신 사업자에게는 투자·확장의 기회를, 일반 이용자에게는 더 빠르고 넓은 서비스 접근 기회를 시사합니다. 한편, 최근 일론 머스크가 이끄는 스페이스엑스의 우주 인터넷 서비스인 스타링크 팀에서는 '아이폰 18'에 위성 통화 기능을 넣기 위한 기술 협의 중이라는 소식도 전해지고 있어, 시장의 기대감이 커지고 있습니다.

둘째, 정부는 통신 인프라의 보안을 강화하는 데 집중하고 있습니다. 통신 인프라는 국가 안보와 밀접한 관련이 있기 때문에 미국은 특히 5G 네트워크에서 중국산 장비 사용을 제한하고, 통신 장비의 보안 표준을 엄격히 규제하는 정책을 채택하고 있습니다. 2019년부터 시행된 '안전하고 신뢰할 수 있는 통신 네트워크법Secure and Trusted Communications Networks Act'을 통해, 국가 보안에 위협이 될 수 있는 장비를 사용한 통신 네트워크의 제거를 요구하며, 이를 위해 19억 달러의 '장비 교체 지원 프로그램Replacement Program'을 통해 안전한 장비로 교체를 지원하고 있습니다.

이는 안보·공급망 리스크 대응이라는 관점에서 볼 때, 통신망의 안전성과 회복력을 강화하기 위한 정책 일환으로 볼 수 있으며, 예컨대 불법 스팸 전화(로보콜) 차단 규정 강화, 통신 장비 인증실험실bad labs 규제 도입 등이 이에 해당합니다. 또한 중·고유화 주파수(중간 대역mid-band과 고주파high-band 영역의 전파를 의미. 통상 이 대역은 5G와 6G 서비스에서 핵심적인 역할을 담당하는 황금 대역임) 및 핵심 설비에 대한 외국 의존 리스크를 줄이기 위한 움직임이 커지고 있으며, 이는 통신업체의 공급망 전략과도 직결됩니다.

아울러 이러한 연장선상에서, 차세대 통신(6G 포함)과 우주·위성 네트워크 전략을 추진하고 있습니다. FCC는 6G 기술 및 표준화 작업을 위해 특별 작업그룹 보고서를 발간했고, 미국의 글로벌 리더십 유지를 위한 전략적 방향을 제시했습니다. 또한 위성·우주 통신 관련 인허가 절차를 간소화하고 관련 산업을 촉진하려는 움직임이 2025년 통신 정책의 뚜렷한 특징입니다. 즉, 통신 영역이 전통적인 유선·무선망을 넘어 '우주+지상' 융합 네트워크로 확대되는 흐름이 분명해졌습니다.

셋째, 미국은 지방 및 농촌 지역의 통신 접근성을 확대하는 데도 힘쓰고 있습니다. 미국은 지리적 특성상 광대한 농촌 지역이 많아, 이곳의 통신 서비스 수준을 개선하기 위한 정책이 중요합니다. 이를 위해 정부는 '농촌 디지털 기회 기금Rural Digital Opportunity Fund, RDOF'을 통해 200억 달러를 투입하여 광대역 인터넷 네트워크 구축을 지원하고 있습니다. 이 정책은 지방에 거주하는 미국인들에게 고속 인터넷을 제공하여 교육, 경제 활동, 헬스케어 등의 혜택을 확대하고, 궁극적으로 국가적 디지털 격차를 해소하는 것을 목표로 하고 있습니다.

넷째, R&D 및 혁신 지원을 통해 통신 산업의 경쟁력을 강화하고 있습니다. 미국 정부는 통신 기술에 대한 연구 개발을 위해 매년 많은 예산을 할당하며, 대학, 연구소, 민간 기업과 협력하여 통신 기술의 혁신을 촉진하고 있습니다. '5G+ 이니셔티브'와 같은 프로그램을 통해 정부는 5G를 넘어서는 차세대 통신 기술 개발에 자원을 투자하며, 미국이 글로벌 기술 경쟁에서 선두를 유지할 수 있도록 노력하고 있습니다.

다섯째, 정책의 민관 협력 기반을 강화하여 기업과 정부 간의 협력을 증진하고 있습니다. 통신 산업은 빠르게 변화하는 특성을 가지기 때문에 정부의 규제는 이를 촉진하는 역할을 할 필요가 있습니다. 따라서 FCC와 같은 규제 기관은 민간 기업과 정기적인 협의를 통해 현장 의견을 정책에 반영하고 있으며, 산업 표준화 및 상호 운용성 증대를 위해 통신사와 장비 제조사 간의 협력 체계를 구축하고 있습니다.

마지막으로, 통신 산업의 기술 인력 양성을 위한 교육 및 훈련 프로그램을 강화하고 있습니다. 통신 산업의 발전은 숙련된 인력의 뒷받침이 필수적이므로, 미국은 STEM(과학, 기술, 공학, 수학) 교육을 활성화하고 통신 기술과 관련된 전문 인력을 양성하기 위한 다양한 프로그램을 운영 중입니다. 이를 통해 미국은 통신 산업의 지속적인 발전을 위한 인적 자원을 확보하고, 향후 통신 기술 혁신에서 우위를 점할 수 있도록 장기적인 계획을 세우고 있습니다.

중국, 글로벌 통신 시장에서의 영향력 강화

중국의 통신 산업 육성 정책은 국가 주도의 전략적 산업 육성을 통해 글로벌 통신 기술 경쟁에서 우위를 점하고자 하는 방향으로 설계되었습니다. 통신 산업을 국가 경제와 안보의 핵심 요소로 여기는 중국 정부는 5G, 6G 등 차세대 통신 기술 개발과 인프라 구축을 국가 주도하에 추진하고 있으며, 이를 통해 전 세계 통신 시장에서 중국의 영향력을 강화하려고 노력하고 있습니다.

중국의 2025년 통신 정책은 '초연결 인프라의 양적 확대'에서 '질적 고도화와 산업융합'으로의 큰 전환을 특징으로 합니다. 산업정보화부는 연초 업무 회의에서 5G 기지국을 4.5백만 대 수준으로 확대하겠다는 목표를 공식화했고, 실제로 2024년 말 기준 약 419만 대에서 2025년 말 450만 대를 넘기는 로드맵을 내걸었습니다. 이 확대 전략의 핵심은 5G-어드밴스드5G-A 상용화의 전면 전개로, 중국 3대 통신사와 장비 생태계가 2025년 한 해에만 300개 이상의 도시로 5G-A 커버리지를 확장하며, 네트워크-센싱 융합, 저지연 대용량 업링크, 대규모 IoT 연결 등의 특성을 산업 현장에 본격 투입하는 것입니다. 업계·정부 자료에 따르면 2025년 중반 이미 5G-A 시범·상용망이 수백 개 도시로 퍼졌고, 중국은 이를 6G로 가는 교두보이자 '저공 경제Low-Altitude Economy'와 같은 신산업의 필수 인프라로 규정하고 있습니다. 이러한 정책 기조는 2030년 6G 상용화를 겨냥해 2025년 전후 표준 개념을 확정한다는 IMT-2030(6G) 추진그룹의 시간표와도 정합적으로 맞물립니다.

유·무선의 병행 고도화도 뚜렷합니다. 산업정보화부는 2025년 '10기가급 광네트워크(10G PON)' 도시·단지 시범 사업을 공표하며 듀얼 기가비트(유선 기가 광+무선 5G) 정책의 다음 단계로 속도를 높이고 있습니다. 이 계획은 기가급 광커버리지의 질을 끌어올려 클라우드·산업 제어·실감형 서비스의 백홀을 강화하려는 것으로, 정부 영문 포털 공지와 후속 보도자료에서 2025년 시범 추진이 명시되었습니다. 결과적으로 5G-A의 무선 정점과 10G-PON의 유선 정점이 결합해, 공장·항만·광산·전력 등 실물 부문에 고품질 상시 연결을 제공한다는 구상입니다.

2025년 정책의 또 하나의 축은 '국가 통합 산력망(컴퓨팅 파워 네트워크)' 구축과 '동수서산東数西算'의 재정렬입니다. 2022년 이후 서부 거점의 대형 데이터 센터를 동부 수요와 전력망 효율에 맞춰 묶어온 국가 프로젝트가 2025년에 들어 과잉 설비·저이용률 문제를 직면하자, 정부는 잉여 연산을 전국 규모로 중개·판매하는 통합 네트워크 구상을 내놓고, 데이터 센터 입지·전력·효율 기준을 강화하며 허가 절차를 조였다는 점을 공개적으로 시사했습니다. 국가발전개혁위원회와 산업정보화부는 2028년까지 표준화된 상호연결과 오케스트레이션을 달성한다는 청사진을 제시했고, 2025년에는 '산력 강기반' 기술 리스트를 발표해 2026년까지 핵심 기술을 추격하겠다는 세부 과제도 제시했습니다. 이는 AI 훈련·추론 수요의 급증을 통신 인프라 – 전력 – 데이터 센터 – 클라우드까지 하나의 정책 도메인으로 통합해 최적화하려는 시도이며, 네트워크 설계 관점에서도 백홀·트랜스포트·동서 간 레이턴시 억제를 위한 광전 혼합 아키텍처가 전제됩니다.

산업 인터넷과 사설 5G의 제도 정비도 2025년의 핵심입니다. 정부는 '5G+ 산업 인터넷' 업그레이드 행동계획을 통해 대기업·특수 업종의 독립형 사설망을 시범 지원하고, 가상·하이브리드 사설망을 광범위 산업군으로 확대하겠다는 방침을 공개했습니다. 통신사는 5G-A의 센싱·정밀 측위 기능을 드론 물류·응급 대응 등 저공 경제 시범과 결합해, 도시권에서 항로 관리·충돌 회피·지능형 관제 등 새로운 공중 데이터 트래픽을 네트워크에 통합하고 있습니다. 이는 전통적 '소비자 중심' 이동통신에서 '산업 수직 영역 중심' 네트워크로 정책의 무게중심을 옮기는 변화이며, 정부 브리핑과 관영 매체 보도에서도 대규모 5G 응용과 3개년 행동계획의 연속 추진이 확인됩니다.

스펙트럼과 표준·생태 측면에서 정부는 저주파 커버리지(700MHz)와 중대역(2.6GHz·4.9GHz 등)·밀리미터파까지 다층 구조를 유지하면서, 방송망 사업자와의 협력(차이나브로드캐스트 – 차이나모바일 공유)으로 광역 커버리지와 비용 효율을 동시에 노립니다. 동시에 6G는 2025년 전후 표준 요구사항 정립과 후보 기술 정리, 2030년 상용화라는 로드맵이 반복 확인되었습니다. 이는 5G-A의 대규모 상용을 통해 6G에서 예견되는 통신 – 센싱 – 위성 융합, 테라헤르츠 밴드 연구, 지능형 RAN을 선행 검증하겠다는 정책적 신호입니다.

데이터 거버넌스도 2025년에 진전이 있었습니다. 개인정보보호법PIPL에 근거한 역외 데이터 이전 3트랙 체계(보안 평가·표준 계약·인증) 중 '인증' 경로의 세부 시행규칙이 2025년 하반기 확정되어 2026년 1월 1일 발효를 예고했습니다. 통신·클라우드·플랫폼 기업은 개인·중요 데이터 분류, 개인정보보호[PIP] 영향 평가, 동의·통지·감사 체계를 보강해야 하며, 이는 통신망 – 클라우드 – 산력망을 관통하는 데이터 수지 관리의 '최종 퍼즐'로 평가됩니다. 이러한 변화는 5G–A의 산업 데이터 확산과 맞물려, 역내·역외 데이터 흐름의 합법성·안전성을 제도적으로 뒷받침하는 역할을 합니다.

유럽, 디지털 주권 확보와 공정 경쟁

유럽의 통신 산업 육성 정책은 디지털 주권 확보와 지속가능성, 공정 경쟁 촉진을 핵심 목표로 하여 전개되고 있습니다. EU는 통신 산업을 미래 경제 성장과 사회적 포용성 확대의 핵심으로 보고, 통신 인프라와 디지털 서비스의 발전을 적극적으로 추진하고 있습니다. 특히 유럽은 5G와 6G 같은 차세대 통신 기술 개발과 통신 인프라 확충을 통해 디지털 전환을 가속화하고 있으며, 데이터 보안과 네트워크 안정성, 그리고 공정한 경쟁 환경 조성을 위한 정책을 다각도로 펼치고 있습니다.

유럽의 2025년 통신 정책은 '디지털 디케이드 2030'의 연결성 목표를 현실화하는 집행 수단을 본격적으로 가동하는 해로 요약될 수 있으며, 핵심은 기가비트 인프라 확충, 보안·회복탄력성 강화, 6G

로의 기술 이행 준비, 데이터·AI 규범의 통신 생태계 편입으로 구성되어 있습니다. 먼저 인프라 측면에서 2024년 발효된 '기가비트 인프라법GIA'이 2025년 11월부터 전면 적용되면서 초고속 고정망과 5G 기지국 구축의 인허가 간소화, 공사비 절감, 지중관로·건물 내 배선 등 물리 인프라의 공동이용과 정보 포털 일원화가 의무화되고 있습니다. 이는 2030년까지 전 가구 기가비트망 보급과 모든 거주 지역 5G 커버리지라는 EU의 연결성 목표 달성을 위한 핵심 도구이며, 각 회원국은 기존의 복잡한 허가 절차를 단일 정보 창구와 시간 제한 있는 온라인 절차로 대체해야 합니다. 업계 분석과 각국 법률 자문 자료가 공통으로 지적하듯 이 제도는 2025년 말부터 단계적으로 효력이 생기고 2026년 초 건물 내 설비 규정까지 파급될 전망입니다.

스펙트럼과 시장 구조와 관련해서는 집행위가 2024년 '연결성 패키지'와 함께 제시한 디지털 인프라 백서에서 단편적 규제와 분절된 시장을 통합하려는 방향을 분명히 했고, 2025년에도 이에 근거한 제도 정비 논의가 이어지고 있습니다. 구체적으로는 국가별로 제각각인 주파수 할당의 일정을 조율하고, 인허가·도매접속 규칙을 조화하는 방안, 그리고 AI·클라우드 시대의 네트워크 투자 부족을 메우기 위한 규제 업데이트가 검토 대상으로 유지됩니다. 2024년 보도에서도 드러났듯이 집행위는 스펙트럼 거버넌스의 EU 차원 일원화 가능성까지 열어두었고, 통신·빅테크 간 부담 배분을 둘러싼 논쟁이 정책 논의의 배경으로 남아 있습니다.

보안·회복탄력성은 2025년에 사실상 '이행의 해'로 접어들었습니다. 2024년 10월까지 회원국 이행을 완료하도록 한 'NIS2 지침'은 통신 사업자와 중요 인프라 사업자에게 위험관리, 사고 보고, 공급망 보안 강화 의무를 부과했고, 2025년 현재 회원국별 국내법 제정·적용 속도 차가 존재하나, 통신망 운영·유지보수 전반에 강화된 보안 기준이 실제 규제 환경으로 정착하고 있습니다. 더불어 EU 5G 보안 툴박스와 오픈 RAN 보안 평가 보고서는 개방형 RAN이 잠재적 공급망 다변화 기회를 제공하는 한편 공격면 확대, 구성 오류 위험 등 보안 과제를 키울 수 있음을 경고하며, 국가 차원의 고위험 공급업체 관리와 기술 통제 강화를 권고합니다. 이는 5G에서 5G-어드밴스드, 6G로 넘어가는 과도기에 RAN 아키텍처 선택과 벤더 전략에 실질적 제약·유인을 동시에 제공하는 정책 신호로 작동합니다.

다음으로 데이터와 AI 규범의 편입이 통신 정책에 미치는 영향이 본격화되었습니다. 2025년 9월 12일부터 적용된 '데이터법(Data Act)'은 사물인터넷 단말과 관련 서비스가 생성하는 데이터의 접근·이동성 권리를 대폭 확대하고, 멀티 클라우드·스위칭 촉진, 장기계약의 불공정 조항 제한 등 데이터 경제의 공정 경쟁을 위한 강제력을 부여했습니다. 통신사는 네트워크 기반 IoT·엣지 서비스, B2B 데이터 중개, 클라우드 연결 사업에서 계약·시스템을 재정비해야 하고, 2026~2027년으로 이어지는 단계적 추가 의무도 대비해야 합니다. 아울러 2024년 8월 발효한 'EU AI법'은 2025년 2월 금지

행위와 AI 리터러시, 2025년 8월 범용 AI 거버넌스, 2026~2027년 고위험 시스템 규제의 단계적 적용을 예고하며, 네트워크 운영 자동화, 고객 인증·사기 탐지, 지능형 망 관리 등 통신사가 사용하는 AI의 위험평가·데이터 거버넌스·적합성 평가 체계를 요구합니다. 집행위는 2025년 여름에도 일정 연기 없이 적용해 사업자들의 컴플라이언스 투자와 표준 준수 준비가 가속화되고 있습니다.

기술 로드맵 차원에서는 6G 준비가 산업·연구 연합을 통해 계속 심화하고 있습니다. EU는 2021년 출범한 스마트 네트워크·서비스 공동기구SNS JU 아래에서 〈Hexa-X-II〉 등 플래그십 프로젝트를 통해 신뢰·지속 가능·포용의 6G 시스템 청사진과 E2E 아키텍처를 설계하고, 2025년 각종 국제 워크숍과 학술 행사를 통해 결과를 공개하며 생태계 확장에 나서고 있습니다. 이는 5G 성능 고도화와 병행해 6G 주파수 식별, 테라헤르츠 대역 연구, 분산·지능형 네트워크, 네트워크-클라우드-컴퓨팅이 결합된 3C 네트워크 구상을 뒷받침하는 정책적 근거가 됩니다.

내 집처럼 로밍Roam Like At Home, RLAH은 EU 회원국을 포함한 유럽경제지역European Economic Area, EEA(아이슬란드, 리히텐슈타인, 노르웨이 등 EFTA(유럽 자유무역협정) 국가와 EU 회원국 27개국까지 30개국으로 구성) 국가 간 이동 시 추가 로밍 요금 없이 자국 요금제 그대로 통화와 문자, 데이터를 사용하는 제도입니다. 소비자 권익과 단일 시장 완성 측면에서는 RLAH 규제가 2032년까지 연장되어, EU·EEA(유럽경제지역) 역내 통화·문자·데이터 추가 요금 없는 이용이 계속 보장되고,

역내 품질 동등성 확보 등 서비스 경험 개선 조항도 강화되어 5G 로밍 확산을 견인하고 있습니다. 집행위의 2030 연결성 나침반에 따르면 목표는 여전히 야심 차지만, 일부 국가는 고품질 5G 커버리지와 FTTH^Fiber To The Home(가정용 광케이블 인터넷망)보급에서 목표 대비 지연이 감지되어 GIA의 집행력과 공공·민간 합작투자의 결합이 성패를 좌우할 전망입니다.

일본, 국가 발전 핵심 축으로 통신 산업 육성

일본의 통신 산업 육성 정책은 디지털 사회로의 전환과 경제 경쟁력 강화를 목표로 국가적 차원에서 추진되고 있으며, 5G 및 차세대 통신 기술 개발, 인프라 구축, 데이터 보안 강화, 그리고 통신 산업의 국제적 경쟁력 제고를 위해 다양한 정책을 시행하고 있습니다. 일본은 통신 산업을 국가 발전의 핵심 축으로 삼고 있으며, 국가의 경제적 안보와 디지털 주권을 보장하기 위해 통신 기술의 혁신을 촉진하고 있습니다.

2025년은 일본이 '디지털 국정 운용'을 본격화하며 통신 인프라의 기가비트급 고도화, 재난·안보 차원의 회복탄력성 강화, 6G 이행 준비, 데이터·AI 규범 체계의 통신 생태계 편입을 동시에 추진하는 전환점의 해입니다. 인프라 측면에서는 총무성 주도로 5G 전국 커버리지와 광섬유 고도화를 지속하면서, 밀리미터파 확충과 기지국

딥테크 바이오 에너지 전쟁

스탠드얼론^{SA} 전환을 가속하고 있습니다. 2024년 말~2025년에는 주파수 할당·기술 요건 개정에 대한 잇단 퍼블릭 코멘트가 개시되었고, 특히 26GHz·40GHz 대역 5G 기술 요건과 주파수 재배치가 논의되며 2027년까지 5만 기 이상의 밀리미터파 기지국 목표 및 고트래픽 지역 80% 이상을 서브식스 대역으로 커버하겠다는 계획이 재확인됐습니다. 이는 인허가·표준 요건을 정비하여 설치비와 시간을 줄이고, 민간투자를 유도하려는 실행 장치로 작동하고 있습니다.

보안·회복탄력성은 2025년에 사실상 '이행과 확장의 해'로 자리잡았습니다. 일본은 2025년 5월 국회에서 이른바 능동적 사이버 방어Active Cyber Defence를 허용하는 법률을 통과시켜 해외와의 통신 경로상 IP 트래픽 추적·적대 서버 무력화 등 공세적 대응 수단을 도입했고, 중요 인프라 사업자보고 의무를 강화하여 사건 은폐 유인을 줄였습니다. 동시에 내각 사이버보안센터(NISC)가 관장하는 중요 인프라 보호 정책과 부문별 가이드라인을 통신망 운영·유지보수 전반에 확산시키고 있으며, 업계·정부 합동으로 보안 프레임워크를 NIST(미 국립표준기술연구소)·ISO(국제표준화기구) 계열과 정합하는 흐름이 강화되고 있습니다. 이러한 조치들은 5G에서 5G-어드밴스드, 6G로 넘어가는 과도기에 공급망 다변화와 개방형 RAN 도입을 검토하는 사업자들에게 보안 거버넌스와 구성 관리의 필수 의무를 부과하는 정책 신호로 기능하고 있습니다.

시장 구조와 규제 체계 개편에서는 NTT법(전신전화법) 개정이 2024년에 성립·2025년 시행 국면으로 진입하며 큰 변화를 낳고 있습니다. 개정으로 NTT의 균일한 고정 전화 제공 의무와 연구 성과 공개 의무 등 일부 역사적 규제가 완화되어 글로벌 경쟁 환경에 맞춘 경영 자율성이 확대되었고, 동시에 경쟁사·지방 사업자들은 보편적 서비스와 도매접속의 공정성 확보를 주문하며 법체계의 기본 골격 유지를 요구하고 있습니다. 정부·여당 내에서는 장기적으로 법의 단계적 폐지나 추가 개편론까지 열어둔 가운데, 2025년 현재는 개정법의 시행세칙과 도매·접속 규정 정비가 병행되고 있습니다.

데이터와 AI 규범의 편입도 2025년에 본격화되었습니다. 일본은 개인정보보호법APPI 체계 아래에서 국경 간 이전 규칙과 적정성 인정 국가 확대를 운영하면서 통신·클라우드·IoT 서비스의 데이터 거버넌스를 정비하고 있습니다. 2025년 5월에는 "AI 관련 기술의 연구 개발·이용 촉진법(AI 프로모션법)"이 국회를 통과하여 범정부 AI 전략본부 설치와 기본계획 수립 근거를 마련했고, 2024년 출범한 일본 AI 안전연구소J-AISI가 2025년까지 평가 관점 가이드를 잇달아 개정하면서 통신망 운용 자동화, 가입자 인증·사기 탐지, 고객 지원 등 통신 영역의 AI 활용에 대한 위험평가와 적합성 확보 체계를 구체화하고 있습니다. 이는 EU식 포괄 규제와 달리 '혁신 촉진+리스크관리'를 결합한 일본형 경로를 통신 생태계에 이식하는 과정으로 평가됩니다.

기술 로드맵 차원에서는 6G 준비가 산업·학계 연합XGMF, Beyond 5G Promotion Consortium을 축으로 심화하고 있습니다. 2025년 발간된 일련의 '비욘드 5G' 백서와 전파전파(라디오 프로퍼게이션) 보고서는 테

딥테크 바이오 에너지 전쟁

라헤르츠 대역 연구, 초공간 주파수 활용, 지능형·분산형 네트워크, 네트워크-클라우드-컴퓨팅 융합 구조 등을 제시하고, 2025년 오사카·간사이 엑스포를 기점으로 실증·표준화 활동을 국제무대에서 확산하는 구상을 담고 있습니다. 총무성은 서브식스·밀리미터파의 추가 확보, RAN 업그레이드, HAPS(성층권 통신 플랫폼)와 LEO(저궤도 위성통신)와의 연계를 병행 추진하며, 2026년 국내 HAPS 도입을 위한 시스템 개발 지원 로드맵도 확인되고 있습니다.

국가 안보와 국제연결성 측면에서 2025년 일본은 해저케이블을 전략 인프라로 격상시키고 복수의 상륙 국가·상륙 지점 다변화를 추진하고 있습니다. 정부는 NEC(일본의 글로벌 IT 및 통신 장비 기업-편집자)의 해저포설선 보유를 보조금으로 지원하는 방안을 검토·공표하며, 소프트뱅크는 일본 총무성[MIC] 선정 사업자로서 홋카이도 도마코마이·규슈 이토시마 등 신규 상륙국 구축과 동아시아-북미[E2A] 노선 다변화를 진행 중입니다. 아울러 미국·일본의 빅테크·통신사 컨소시엄이 미·일을 잇는 신규 케이블 프로젝트 프로아[Proa]와 타이헤이[Taihei]에 대규모 투자를 집행하면서, 악화하는 지정학 환경 속에서 복원력·보안·수리 역량을 강화하는 민관 공조가 확대되고 있습니다. 이는 AI·클라우드 트래픽 급증에 대응해 단선·의도적 훼손 리스크를 낮추고, 대체 경로·수리 선단 확보로 '시간=손실'을 줄이려는 전략입니다.

한국, 5G를 넘어
6G 기술의 미래

한국의 통신 산업은 세계적으로 우수한 기술력과 인프라 수준을 보유한 국가 중 하나입니다. 특히 5G 기술과 서비스 분야에서 선제적인 상용화와 품질 경쟁력을 확보하며 글로벌 통신 산업의 방향을 이끌고 있습니다.

5G 상용화와 핵심 인프라 구축

한국은 세계 최초로 5G 상용화를 달성한 국가로서, 차세대 통신 기술 개발과 인프라 구축에 있어서 매우 앞서 나가고 있습니다. 주요 통신 사업자들은 5G 네트워크를 기반으로 다양한 서비스와 솔루션을 제공하고 있으며, 통신 장비 제조사인 삼성전자는 글로벌 시장에서 중요한 역할을 하고 있습니다. 한국 통신 산업의 주요 특징과 혁신 분야를 세부적으로 살펴보면 다음과 같습니다.

한국의 통신 산업을 이끄는 주요 사업자로는 SK텔레콤, KT, LG 유플러스가 있습니다. 먼저, SK텔레콤은 국내 최대 통신 사업자로, 5G 네트워크 구축뿐만 아니라 다양한 디지털 플랫폼 사업 확장을 통해 시장에서 입지를 공고히 하고 있습니다. 특히, AI와 메타버스 등의 차세대 기술을 도입하여 디지털 전환(DX)을 주도하고 있으며, 양자암호통신 기술 개발에도 선도적인 역할을 하고 있습니다. SK 텔레콤의 양자암호통신 기술은 보안성과 안정성을 크게 향상하는 혁신적인 기술로, 금융, 의료 등 민감한 데이터 보호가 중요한 분야에서 큰 주목을 받고 있습니다.

KT는 5G 기반 엔터프라이즈 솔루션을 통해 제조, 의료, 물류, 교육 등 주요 산업의 디지털 전환을 가속화하고 있습니다. 특히 스마트 팩토리, 원격 의료, 스마트캠퍼스 분야에서는 민관 협력 프로젝트를 통해 상용화 모델을 확립하고 있습니다. KT는 스마트 팩토리, 스마트 시티, 원격 의료 등 B2B 솔루션을 통해 기업의 효율성을 높이고 있으며, 5G 네트워크의 높은 속도와 안정성을 바탕으로 다양한 산업에 혁신적인 변화가 있습니다. 또한, KT는 로봇과 AI 분야로도 진출하여 새로운 성장 동력을 확보하고 있으며, 자율주행 로봇과 AI 기반의 서비스 개발에 집중하고 있습니다.

LG 유플러스는 콘텐츠 플랫폼 강화와 AR/VR 서비스 확대를 통해 차별화된 고객 경험을 제공하고 있습니다. LG 유플러스는 5G의 높은 데이터 전송 속도를 활용하여 AR/VR 콘텐츠의 품질을 크게 개선하였으며, 이를 통해 교육, 엔터테인먼트, 게임 등 다양한 분야에서 몰입감 있는 서비스를 제공하고 있습니다. 또한, LG 유플러스는 스마트 홈 솔루션 개발에도 적극적으로 나서고 있으며, IoT 기술을 활용한 가정 내 스마트 기기 제어 및 자동화 서비스 제공을 통해 소비자 편의성을 높이고 있습니다.

한국의 통신 장비 제조사인 삼성전자는 5G 통신 장비 분야에서 글로벌 시장 점유율을 빠르게 확대하고 있습니다. 삼성전자는 버라이즌, AT&T 등 해외 주요 통신사들과 협력하여 미국, 유럽 등에서 5G 네트워크 구축에 참여하고 있으며, 이를 통해 글로벌 통신 시장에서의 입지를 강화하고 있습니다. 아울러 삼성전자는 차세대 통신 기술인 6G 개발에도 집중적으로 투자하고 있으며, 2028년~2030년 사이 상용화를 목표로 연구 개발을 본격화하고 있습니다. 6G 기술은 초고속·초저지연·초연결성을 구현하여 자율주행차, 실감형 미디어, 디지털 트윈과 같은 신산업 생태계를 뒷받침할 핵심 인프라가 될 것입니다. 6G는 기존의 5G보다 훨씬 높은 속도와 낮은 지연 시간을 제공할 것으로 예상되며, 이를 통해 자율주행차, 스마트 시티, 실감형 미디어 등 새로운 서비스들이 가능해질 것입니다.

한국의 통신 산업은 다양한 혁신 분야에서도 활발한 연구 개발을 진행하고 있습니다. 6G 기술 개발은 차세대 통신 기술을 선점하기 위한 중요한 분야로, 한국의 주요 기업들은 이미 다양한 연구 프로

딥테크 바이오 에너지 전쟁

젝트를 통해 6G 기술의 표준화와 상용화에 대비하고 있습니다. 또한, 네트워크 가상화 기술 개발에도 노력을 기울이고 있으며, Open RAN(개방형 무선 접속 네트워크) 기술을 통해 통신 인프라의 유연성과 효율성을 높이고 있습니다. Open RAN 기술은 통신 장비 간의 상호운용성을 강화하여 특정 제조사 종속성을 완화하고, 네트워크 구축 비용을 절감하며, 신속한 서비스 확산을 가능하게 하는 개방형 구조입니다. 여기에 클라우드 네이티브 기반의 네트워크 자동화 기술이 결합하면서 운영 효율성이 한층 높아지고 있습니다. 이와 함께, 클라우드 네이티브 기술 도입을 통해 네트워크 운영의 자동화와 최적화를 추진하고 있습니다.

한국의 통신 산업은 B2B 솔루션과 미디어/콘텐츠 분야에서도 강점이 있습니다. 스마트 팩토리 솔루션은 제조업의 디지털 전환을 가속하며, 실시간 데이터 분석과 자동화된 공정 관리를 통해 생산 효율성을 크게 향상합니다. 스마트 시티 솔루션은 교통 관리, 환경 모니터링, 공공 안전 등 다양한 분야에서 5G 네트워크를 활용한 스마트 서비스를 제공합니다. 또한, 원격 의료 솔루션은 고속, 저지연의 5G 네트워크를 활용하여 의료진과 환자 간의 실시간 진단과 치료를 가능하게 합니다. 미디어 및 콘텐츠 분야에서는 OTT[Over-The-Top] 서비스와 실감형 콘텐츠의 인기가 높아지고 있으며, 메타버스 플랫폼의 도입으로 사용자들에게 몰입감 높은 경험을 제공하고 있습니다.

한국의 통신 산업이 직면한 주요 도전 과제는 수익성 개선을 위한 신규 비즈니스 모델 발굴과 통신 인프라에 대한 높은 투자 부담입니다. 5G 네트워크 구축에는 막대한 비용이 소요되며, 이를 통한 수익 창출이 빠르게 이루어지지 않으면 기업의 재정적 부담이 커질 수 있습니다. 또한, 글로벌 빅테크 기업과의 경쟁도 중요한 과제 중 하나입니다. 구글, 애플, 아마존 등과 같은 글로벌 기업들은 클라우드 서비스, OTT 플랫폼, AI 기술 등 다양한 분야에서 통신사들과 직접적인 경쟁을 벌이고 있으며, 이로 인해 통신사들은 차별화된 서비스와 새로운 비즈니스 모델 개발이 필요합니다.

미래 전략 측면에서, 한국의 통신 산업은 AI와 빅데이터 기반의 서비스 확대에 집중하고 있습니다. AI 기술을 활용한 네트워크 운영 자동화, 고객 맞춤형 서비스 제공, 데이터 분석 등을 통해 통신 서비스의 품질과 효율성을 높이고 있습니다. 또한, 디지털 전환DX 사업 강화와 함께 다양한 산업군에서의 디지털 혁신을 지원하고 있으며, ESG 경영 확대를 통해 지속 가능한 성장 전략을 추구하고 있습니다. 한국의 통신 산업은 이러한 노력을 바탕으로 기술력과 인프라 측면에서 세계 최고 수준을 유지하고 있으며, 특히 5G 상용화를 통해 4차 산업혁명 시대의 핵심 인프라를 선제적으로 구축했다는 평가를 받고 있습니다.

5G 시대 어떤 서비스들을 준비하고 있는가?

한국의 통신 산업에서 생존 전략은 빠르게 변화하는 글로벌 기술 경쟁 환경 속에서 국가 경쟁력을 유지하고 강화하는 데 중점을 두고 있으며, 특히 5G와 6G 같은 차세대 통신 기술의 개발, 인프라 확충, 통신 보안 강화, 산업 생태계 발전에 집중하고 있습니다. 한국은 정부와 기업들이 긴밀하게 협력하여 글로벌 선도 국가와 경쟁하며, 특히 미국, 중국, 일본 등 주요 경쟁국들과 비교해 효율적이고 신속한 대응을 통해 자국 산업의 경쟁력을 확보하려 하고 있습니다. 이를 위해 다양한 정책적, 산업적 전략을 펼치고 있으며, 5G 시대에 새로운 서비스를 준비하는 데 주력하고 있습니다.

한국 정부는 5G 시대에서의 경쟁력 강화를 위해 주파수 할당, 네트워크 구축 지원, 신기술 개발 등을 적극적으로 추진하고 있습니다. 한국은 전 세계에서 가장 빠른 5G 네트워크 상용화를 달성한 국가 중 하나로, 정부 주도로 통신사와 협력하여 전국적인 5G 네트워크 인프라 구축을 빠르게 확산시켰습니다. 이를 통해 한국은 5G 기지국 수와 커버리지에서 세계 최상위 수준을 자랑하며, 이러한 초기 인프라 구축을 바탕으로 스마트 시티, 자율주행차, 원격 의료, 스마트 팩토리 등 다양한 산업 분야에서 5G 기반의 서비스 혁신을 이루고 있습니다. 이를 뒷받침하기 위해 정부는 '디지털 뉴딜 2.0' 정책을 통해 5G 인프라 확충과 핵심 기술 R&D를 지원하고 있으며, 이를 통해 스마트 모빌리티, 에너지 관리, 의료·교육 분야의 디지털 서비스가 빠르게 확산하고 있습니다. 이러한 정책적 지원은 통신사가 민간 중심의 신산업 생태계를 조성할 수 있는 발판이 되고 있습니다.

삼성전자, LG유플러스, SK텔레콤, KT 등 한국의 주요 통신사와 기술 기업들은 5G 인프라를 기반으로 혁신적인 서비스를 개발하고 있습니다. 예를 들어, SK텔레콤은 'AI 기반 자율주행 서비스'와 '스마트 팩토리' 솔루션을 개발하여 제조업의 생산성과 효율성을 높이는 데 기여하고 있으며, KT는 '원격 의료'와 '스마트 교통' 솔루션을 통해 의료와 교통 분야에서의 디지털 전환을 추진하고 있습니다. 특히 삼성전자는 5G 장비 제조에서 글로벌 시장 점유율을 확대하며, 자체적인 5G 장비와 기술력으로 글로벌 통신 장비 시장에서 경쟁력을 확보하고 있습니다. 이는 미국과 중국 통신 장비 시장의 경쟁이 심화되는 가운데 한국 기업들이 독자적인 기술력으로 글로벌 시장에서 입지를 강화하고 있음을 의미합니다.

5G 시대에 데이터 보안과 네트워크 안정성이 국가 안보와 직결된다는 점을 인식하여, 한국 정부는 통신 보안 강화를 위한 정책을 시행하고 있습니다. 한국은 '정보통신망법', '개인정보 보호법', '국가 사이버안보 기본계획' 등을 통해 통신 인프라 전반의 보안성을 체계적으로 관리하고 있습니다. 특히 양자암호통신, 보안 인증 칩 등 첨단 기술을 도입하여 데이터의 무결성과 전송 안전성을 확보하고 있습니다. 또한, 외국산 장비 의존도를 줄이기 위해 국내 기술력을 높이는 데도 집중하고 있으며, 보안 인증을 강화하여 통신 장비

의 안전성을 철저히 관리하고 있습니다. 이와 함께, 사이버 보안 위협에 대비해 정부 차원에서 보안 대응 조직을 운영하고 있으며, 주요 통신 기업들도 보안 강화를 위해 자체적인 시스템을 개발하고 있습니다.

한국은 5G 기반의 스마트 시티와 IoT 인프라 구축에 중점을 두고 있습니다. 서울, 부산, 대구 등 주요 도시에서는 5G·AI·IoT를 결합한 스마트 시티 구축이 본격화되고 있습니다. 5G 네트워크는 초저지연 데이터 전송을 통해 교통·에너지·환경 데이터를 실시간으로 분석하며, 이를 기반으로 도시 운영의 효율성과 시민 안전성을 동시에 높이고 있습니다. 예를 들어, 교통 혼잡도를 줄이기 위해 5G와 AI 기반 교통관제 시스템을 도입하여 실시간으로 교통 상황을 분석하고 교통의 흐름을 조절하는 시스템이 마련되고 있습니다. 이와 함께 IoT 센서와 연결된 가전제품들이 실시간으로 데이터 수집 및 관리되어 가정에서도 생활 편의성이 크게 향상되고 있습니다.

한국은 주요 국가들과의 협력과 국제 기술 표준화 활동에도 적극 참여하고 있습니다. 한국 정부는 미국, 일본, 유럽 등과의 기술 협력을 통해 차세대 통신 기술 표준화에 기여하고 있으며, ITU(국제전기통신연합)와 3GPP(제3세대 파트너십 프로젝트)와 같은 국제 표준화 기구에 적극 참여하고 있습니다. 이러한 국제적 협력은 글로벌 기술 경쟁에서 한국의 경쟁력을 강화할 뿐만 아니라, 한국의 통신 기업들이 세계 시장에 진출할 기회를 넓히고 있습니다. 또한, 삼성전자와 LG유플러스는 통신 장비 수출을 확대하여 해외 시장에서도 경쟁력을 높이고 있습니다.

한국 정부는 5G를 기반으로 공공 서비스 혁신을 추진하고 있습니다. 원격 교육, 원격 근무, 공공 안전 관리 등에서 5G 기술이 활용되며, 특히 코로나19 팬데믹 상황에서 이러한 5G 기반 서비스의 중요성이 더욱 부각되었습니다. 이를 위해 정부는 공공 서비스에서의 5G 도입을 장려하고 있으며, 다양한 산업 분야와의 협력을 통해 5G 생태계를 확장하고 있습니다. 이와 함께 정부는 중소기업과 스타트업이 5G 기술을 활용한 혁신적인 서비스를 개발할 수 있도록 지원 프로그램을 운영하며, 이를 통해 기술력 있는 기업들이 새로운 비즈니스 모델을 창출할 수 있는 생태계를 조성하고 있습니다.

6G의 미래는?

6G는 초고속(최대 1Tbps), 초저지연(0.1ms 이하), 초연결(1km2당 1,000만 기기 이상)을 실현하는 차세대 통신 기술입니다. 이는 5G보다 50배 빠른 속도와 10배 낮은 지연 시간을 제공하여, 실시간 홀로그램 통신, 산업용 메타버스, 우주 통신 등 새로운 패러다임을 열 것입니다. 한국은 6G 기술의 미래를 준비하기 위해 정부와 기업이 협력하여 전략적 정책을 추진하고 있습니다. 한국 정부는 6G 기술의 선두 주자로 자리매김하기 위해 2020년대 초반부터 다양한 R&D 프로그램과 정책을 마련해 왔습니다. 예를 들어, 'K-네트워

딥테크 바이오 에너지 전쟁

크 2030' 계획을 통해 6G의 핵심 기술 개발과 상용화를 목표로 하고 있으며, 특히 6G 주파수 확보와 관련된 연구를 강화하고 있습니다.

한국은 6G 기술 경쟁력을 확보하기 위해 대규모 투자를 지속하고 있으며, 주요 ICT 기업들과 협력하여 국제 표준화 작업에도 참여하고 있습니다. 삼성전자, LG전자, SK텔레콤 등 주요 기업들은 6G 네트워크 기술을 선도하기 위해 각각의 연구소와 글로벌 협력체를 통해 연구 개발을 추진 중입니다. 특히 삼성전자는 6G 비전을 제시하며 2030년 상용화를 목표로 하고 있습니다. LG전자는 6G 전파 기술 실험을 성공적으로 진행한 바 있으며, 다양한 주파수 대역에서의 효율적 통신 가능성을 검토하고 있습니다.

또한, 한국 정부는 6G 생태계 조성을 위한 지원 정책을 마련하고 있습니다. 국가 차원의 6G R&D 투자 외에도 중소기업 및 스타트업들이 6G 기술 개발에 참여할 수 있도록 다양한 인프라와 자금을 지원하고 있습니다. 이와 함께 정부는 6G 기술이 전 산업에 적용될 수 있도록 IoT, AI, 자율주행차, 스마트 시티 등 다양한 산업 분야와의 융합을 추진하고 있습니다. 이는 향후 글로벌 6G 시장에서 한국의 산업 경쟁력을 높이는 데 중요한 역할을 할 것입니다.

또한, 한국은 6G의 핵심 기술 확보와 표준화 선점을 위해 국제적 협력을 강화하고 있습니다. 미국, 일본, 유럽 등 주요 국가들과의 기술 교류 및 연구 협력을 통해 6G 표준을 공동 개발하고, 한국 기술이 국제 표준으로 채택될 수 있도록 다각적인 노력을 기울이고 있습니다. 한국은 미국·유럽·일본 등과의 기술 협력을 통해 6G 국제 표준 선점을 목표로 하고 있으며, ITU−R(국제전기통신연합 무선통신 부문) 및 3GPP(제3세대 파트너십 프로젝트) 표준화 회의에서 주도적인 역할을 하고 있습니다. 이러한 외교적·기술적 리더십은 향후 글로벌 6G 산업 생태계에서 한국의 영향력을 확고히 하는 기반이 될 것입니다.

4장

에너지,
지속 가능한 에너지원으로의 전환

DEEP

TECH

WAR

III

석탄에서 석유로

에너지는 인류 문명의 성장과 발전에 있어서 매우 중요한 역할을 해왔습니다. 초기 인류는 열과 빛을 제공하는 나무와 같은 자연 자원을 주된 에너지원으로 사용하였고, 물의 힘을 이용해 곡물을 가는 물레방아를 돌리거나 동력으로 사용하며 생활을 영위했습니다. 나무와 물을 활용하는 방식은 기술적으로 단순했지만, 인류가 자연을 이용해 생활과 생산을 하는 기초를 마련하였습니다. 그러나 이러한 에너지원은 한계가 있었고, 인류의 삶과 산업을 근본적으로 혁신하기에는 부족했습니다.

18세기 후반에 시작된 산업혁명은 에너지 사용에 있어서 획기적인 전환점이 되었습니다. 이 시기에 등장한 석탄은 기존의 나무보다 훨씬 높은 열량을 가지고 있어, 더 많은 에너지를 안정적으로 공급할 수 있었습니다. 특히 증기기관의 발명은 석탄의 대규모 사용을 가능하게 했으며, 증기기관을 통해 만들어진 동력은 공장 기계와 철도, 증기선 등에 사용되어 산업을 급속히 발전시켰습니다. 영국에서 시작된 석탄을 활용한 대량 생산 시스템은 유럽 전역과 미국으로 확산하였고, 이는 전 세계에 걸쳐 경제적, 산업적 변혁을 끌어내는 원동력이 되었습니다. 석탄은 곧 산업화 시대의 주요 에너지원으로 자리 잡으며 세계 경제 구조를 변화시켰습니다.

20세기에 들어서면서 석유와 천연가스가 새로운 주 에너지원으로 자리 잡기 시작했습니다. 석유는 기존의 석탄보다 연소 효율이 높고, 가솔린과 디젤 등으로 정제할 수 있어 자동차와 같은 새로운 이동 수단의 연료로 적합했습니다. 특히 석유는 항공기, 선박 등 교통수단의 연료로 사용되면서 운송 혁명을 이끌었고, 이는 도시화와 경제 성장, 글로벌화를 가속하는 데 중요한 역할을 했습니다. 중동 지역의 막대한 석유 매장량은 세계 에너지 공급의 주요 원천으로 떠오르며 국제 정치에서도 중요한 요인이 되었습니다. 이로 인해 석유는 경제와 외교의 중요한 변수로 자리 잡았고, 국가 간 협력과 경쟁을 촉발하며 에너지 지정학이라는 새로운 분야를 형성하게 되었습니다. 천연가스 역시 석유와 함께 청정 연료로 주목받으며 가정 난방과 산업 에너지로 폭넓게 사용되기 시작했습니다.

이후 1950년대에 들어서며 원자력 에너지가 새롭게 부상하게 됩니다. 원자력은 소량의 연료로도 엄청난 에너지를 생산할 수 있어 고효율의 에너지원으로 평가받았습니다. 국가들이 석유 의존도를 줄이고 안정적인 에너지원 확보를 위해 원자력 발전소를 건설하였고, 이는 전력 수요가 급격히 증가하던 시기에 안정적 공급원으로 자리 잡았습니다. 그러나 원자력 에너지는 체르노빌 사고(1986년)와 후쿠시마 원전 사고(2011년)와 같은 치명적인 사고로 인해 안전성에 대한 우려가 제기되었고, 환경과 안전 문제에 대한 지속적인 논쟁의 대상이 되었습니다. 원자력 에너지는 여전히 주요 에너지원 중 하나로 활용되고 있으나, 높은 건설 비용과 방사성 폐기물 처리 문제 등으로 인해 각국의 에너지 정책에서 신중한 접근이 요구되고 있습니다.

현대 사회는 이와 같은 에너지 전환의 역사를 바탕으로 지속 가능한 에너지원으로의 전환을 모색하고 있습니다. 기후 변화와 탄소 배출 문제에 대한 우려가 점차 커지면서 재생 가능한 에너지원, 특히 태양광과 풍력 등 청정에너지에 관한 관심이 높아지고 있으며, 이를 중심으로 에너지 시스템을 개편하려는 움직임이 나타나고 있습니다. 이러한 재생 가능 에너지 전환은 향후 인류의 지속 가능한 발전을 위한 중요한 과제로, 미래 세대를 위해 필수적인 방향성으로 자리 잡고 있습니다.

신재생 에너지의 등장

신재생 에너지는 지구 온난화와 환경 오염에 대한 대책으로 떠오르며, 기존의 화석 연료를 대체할 중요한 자원으로 평가받고 있습니다. 여기에는 태양광, 풍력, 수력, 지열과 같은 전통적인 신재생 에너지뿐만 아니라 스마트 그리드, 수소, ESS(에너지 저장 시스템), 그리고 차세대 원자로까지 다양한 기술들이 포함됩니다. 각각의 에너지원은 독특한 발전 방식이 있으며, 이를 통해 더 깨끗하고 효율적인 에너지 생산을 목표로 하고 있습니다.

태양광 발전은 태양의 빛 에너지를 직접 전기로 변환하는 기술로, 가장 널리 알려진 신재생 에너지원 중 하나입니다. 태양광 패널을 설치하여 태양의 빛을 흡수하고, 이를 통해 전력을 생산하는 방식은 환경에 미치는 영향이 거의 없고 소음이 없어 도심에서도 적용이 가능합니다. 최근에는 효율성을 높이기 위한 다양한 연구가 진행되고 있으며, 지붕이나 벽에 태양광 패널을 설치하는 방식부터 대규모 태양광 발전 단지에 이르기까지 다양한 형태로 발전하고 있습니다.

풍력 에너지는 바람의 운동 에너지를 이용하여 전력을 생성하는 방식으로, 바람이 강하게 부는 지역에서 높은 효율을 자랑합니다. 대형 풍력 터빈은 해상이나 산악지대에 설치되며, 이는 국가 단위의 대규모 에너지원으로 활용되고 있습니다. 또한, 소형 풍력 터빈을 가정이나 소규모 사업체에서 사용할 수 있도록 개발하는 노력도 병행되고 있습니다. 풍력 에너지는 대규모 에너지 생산이 가능하지만, 설치 비용과 터빈의 유지 관리 비용이 많아 경제성을 개선하는 것이 과제로 남아 있습니다.

수력 에너지는 물의 흐름이나 낙차를 이용하여 전기를 생산하는 방식으로, 댐을 건설하여 강의 흐름을 조절하고 이를 이용해 발전기를 돌려 전기를 생산합니다. 이는 일정하고 지속적인 전력 공급이 가능해 안정적인 에너지원으로 평가받고 있으며, 세계 여러 국가에서 중요한 에너지원으로 자리 잡고 있습니다. 다만, 대형 댐을 건설할 경우, 생태계에 미치는 영향이 크기 때문에 환경적 고려가 필수적입니다. 최근에는 소형 수력 발전 시스템도 개발되어, 강이나 개천 등에서 소규모 전력 생산이 가능한 솔루션이 주목받고 있습니다.

지열 에너지는 지구 내부에서 발생하는 열에너지를 이용하여 전기를 생산하거나 난방에 활용하는 방식입니다. 이 기술은 지열 발전소를 통해 지하 깊은 곳의 열을 끌어올려 에너지를 생성하며, 에너지원이 고갈되지 않고 지속 가능하다는 점에서 장점을 가지고 있습니다. 지열 에너지는 특히 화산 활동이 활발한 지역에서 활용도가 높으며, 우리나라의 경우 난방 시스템에 지열 에너지를 활용하는 사례가 점차 늘어나고 있습니다. 지열 에너지는 탄소 배출이 적고 효율적이지만, 초기 설치 비용이 많아 상용화에 어려움이 있습니다.

스마트 그리드는 기존의 전력망을 IT 기술과 결합하여 에너지의 효율적인 생산, 배분, 소비를 가능하게 하는 시스템입니다. 이를 통해 전력 사용 패턴을 실시간으로 분석하고, 수요와 공급을 유연하게 조절하여 에너지 낭비를 최소화할 수 있습니다. 예를 들어, 신재생 에너지원에서 생산된 전기를 가장 필요한 곳으로 신속하게 보내거나, 전력 수요가 낮은 시간대에 ESS를 통해 전력을 저장하여 필요할 때 사용할 수 있게 합니다. 스마트 그리드는 전력망의 효율성을 극대화하여 전력 사용량을 최적화하는 동시에 신재생 에너지의 수급 문제를 해결하는 핵심 기술로 주목받고 있습니다.

수소는 미래 에너지의 핵심 자원으로 평가받고 있으며, 연료전지를 통해 전기를 생성하거나 산업용 에너지로도 활용될 수 있습니다. 수소는 연소 시 오직 물만 배출하여 환경에 미치는 영향이 거의 없습니다. 수소 에너지는 특히 자동차, 선박, 항공기 등 다양한 운송 수단에 적용 가능성이 높아 차세대 친환경 연료로 주목받고 있습니다. 그러나, 수소를 생산하고 저장하는 과정에서 높은 비용이 발생하며, 저장과 운송의 안전성 문제를 해결하기 위한 기술 개발이 필요합니다. 최근에는 '그린 수소'라 불리는 친환경 수소 생산 기술이 개발되면서 수소 에너지의 활용 가능성은 더욱 넓어지고 있습니다.

ESS는 전력을 저장하여 필요할 때 공급할 수 있는 기술로, 태양광 및 풍력과 같은 간헐적인 신재생 에너지의 문제를 해결하는 데 중요한 역할을 합니다. ESS는 리튬 이온 배터리, 플로우 배터리, 슈퍼 커패시터 등 다양한 형태가 있으며, 이들 중 배터리는 전력망 안정성 유지와 에너지 비용 절감에 효과적입니다. 특히, 스마트 그리드와 연계되어 전력 수요가 낮은 시간대에 전기를 저장하고, 수요가 높아질 때 공급함으로써 에너지 효율성을 극대화할 수 있습니다. 현재 ESS 기술은 대규모로 확장 가능성이 높아져 국가 전력 시스템에서 중요한 역할을 담당하게 될 전망입니다.

차세대 원자로는 기존 원자로와 비교하여 더 안전하고 효율적인 발전을 목표로 설계되었습니다. 이는 소형 모듈형 원자로SMR, 고온가스로 냉각되는 고온가스냉각원자로HTGR, 용융염 원자로MSR 등 다양한 형태로 개발되고 있으며, 안전성, 경제성, 그리고 폐기물 처리 문제에 대한 해결책을 제시하고 있습니다. 특히 SMR은 기존 원자력 발전소보다 훨씬 작은 규모로, 지진과 같은 재난 상황에서도 상대적으로 안전하게 운영될 수 있다는 장점이 있습니다. 차세대 원자로는 안정적인 전력 공급을 위해 화석 연료를 대체할 중요한 신

재생 에너지원으로 여겨지며, 전력 공급의 안정성과 지속가능성을
보장할 수 있는 잠재력을 가지고 있습니다.

신재생 에너지는 지속가능성과 환경 보호라는 두 가지 목표를 달
성하기 위해 필수적인 요소로 자리 잡고 있습니다. 각 기술은 상호
보완적인 관계가 있으며, 앞으로의 에너지 패러다임 전환에 중요한
역할을 할 것으로 기대됩니다.

미국, 에너지 자원 강국

미국은 세계 최대의 에너지 생산국 중 하나로, 석유와 가스 같은 화석 연료뿐만 아니라 원자력까지 다양한 에너지 자원을 활용하여 에너지 자립을 달성하고 있습니다.

화석 연료와 차세대 원자력

화석 연료 부문에서는 엑손모빌ExxonMobil과 셰브론Chevron이 중요한 역할을 맡고 있습니다. 이들 기업은 미국뿐만 아니라 전 세계에서 석유와 가스 탐사 및 생산 활동을 활발히 펼치고 있으며, 첨단 기술을 도입해 자원 개발과 생산의 효율성을 극대화하고 있습니다. 엑손모빌과 셰브론은 전통적인 석유 및 가스 자원의 개발을 넘어 탄소 포집 및 저장^{CCS} 기술, 탈탄소화 기술, 재생 가능 연료 개발 등 친환경적인 에너지 솔루션을 지속적으로 연구하고 있습니다. 이를 통해 화석 연료의 사용이 환경에 미치는 영향을 최소화하고, 탄소 배출을 줄여나가면서도 안정적인 에너지 공급을 목표로 하고 있습니다. 특히 엑손모빌은 저탄소 연료와 배출 절감 기술 개발에 수십억 달러를 투자하고 있으며, 셰브론 역시 기후 변화에 대응하는 기술 연구와 재생 가능 에너지 투자를 확대하고 있습니다.

미국의 원자력 부문에서는 웨스팅하우스^{Westinghouse}와 엑셀론^{Exelon}이 핵심 기업으로 꼽힙니다. 원자력은 탄소 배출이 거의 없는 청정 에너지 자원으로, 장기간 안정적인 전력 공급이 가능하다는 장점이 있습니다. 웨스팅하우스는 오랫동안 원자로 설계 및 건설을 주도해 온 글로벌 선도 기업으로, 원자로 설계와 관련된 기술력에서 큰 경쟁력을 보유하고 있습니다. 이 기업은 최근 소형 모듈형 원자로^{SMR}와 같은 차세대 원자로 기술 개발에 주력하고 있으며, 이는 기존의 대형 원자력 발전소보다 경제적이고 안전성이 높아 주목받고 있습니다. 소형 모듈형 원자로는 지진이나 테러와 같은 상황에서도 높은 안전성을 유지할 수 있어, 특히 신흥 시장에서 관심을 받고 있으며, 웨스팅하우스는 이 기술을 바탕으로 전 세계 원자력 시장에서 입지를 확대해 가고 있습니다.

엑셀론은 미국에서 가장 큰 원자력 발전소 운영사로, 다수의 원자력 발전소를 운영하며 안정적인 전력 공급을 책임지고 있습니다.

딥테크 바이오 에너지 전쟁

원자력 발전은 석탄이나 천연가스와 같은 화석 연료에 비해 온실가스 배출이 거의 없기에 환경친화적인 에너지원으로 평가받습니다. 엑셀론은 이 같은 특성을 바탕으로 미국 전력망의 안정성을 높이는 역할을 하고 있으며, 원자력을 통해 전력 수요를 충족시키면서 동시에 청정에너지 확대를 위한 노력을 지속하고 있습니다.

미국의 화석 연료와 원자력 산업은 서로 보완적인 관계가 있으며, 두 분야의 주요 기업들은 각기 다른 에너지원의 특성을 활용하여 에너지 자립을 강화하고 있습니다. 화석 연료는 여전히 주요 에너지원으로 기능하며, 대규모 전력 공급과 산업 활동에 중요한 자원으로 쓰이고 있지만, 탄소 배출과 환경 영향 문제로 인해 청정에너지 전환이 가속화되고 있습니다. 한편, 원자력은 탄소 배출 없이 안정적인 전력 공급이 가능해 미국의 전력망 안정성과 지속가능성을 높이는 데 기여하고 있습니다. 웨스팅하우스와 엑셀론과 같은 기업들이 연구 개발을 통해 원자력 안전성을 강화하고, 발전소의 효율성을 높이는 노력을 기울이면서 미국의 원자력 산업은 점점 더 중요한 역할을 담당하게 되었습니다.

태양광, 지속 가능한 에너지

미국의 태양광 산업은 지속 가능한 에너지원 확보와 환경 보호를 위한 중요한 분야로 자리 잡고 있으며, 다양한 기업들이 이 산업을 이끌고 있습니다. 특히, 넥스트에라 에너지NextEra Energy, 퍼스트솔라First Solar, 그리고 엔페이즈 에너지Enphase Energy, 선파워SunPower, 테슬라 에너지와 같은 기업들은 미국의 태양광 발전을 선도하며 혁신적 기술과 대규모 투자를 통해 태양광 에너지의 발전 가능성을 높이고 있습니다. 이들 기업은 태양광 패널 생산, 시스템 설치, 인프라 관리 등 다양한 측면에서 태양광 산업의 성장을 이끌고 있으며, 미국이 친환경 에너지 강국으로 도약하는 데 크게 기여하고 있습니다.

넥스트에라 에너지는 세계 최대의 신재생 에너지 회사 중 하나로, 특히 태양광 및 풍력 발전에서 큰 두각을 나타내고 있습니다. 넥스트에라 에너지는 미국 내 신재생 에너지 프로젝트의 다수에 참여하며, 태양광 발전 단지 구축 및 운영을 통해 미국의 에너지 전환을 가속화하고 있습니다. 이 기업은 플로리다를 기반으로 하고 있으며, 플로리다 파워 앤 라이트Florida Power & Light, FPL를 자회사로 두어 플로리다 지역의 대규모 태양광 발전 시설을 운영하고 있습니다. 넥스트에라 에너지는 '30 by 30'이라는 목표를 세우고, 2030년까지 플로리다에 약 3천만 개의 태양광 패널을 설치해 총 10,000메가와트 이상의 태양광 전력을 생산할 계획입니다. 이를 통해 플로리다는 대규모 청정에너지 공급지로 성장하게 될 전망이며, 넥스트에라 에너지는 태양광 발전에서의 선도적 입지를 더욱 확고히 하고 있습니다. 이 외에도 넥스트에라 에너지는 태양광 발전에 ESS를 결합하여, 간헐적인 태양광 발전의 단점을 보완하는 방안을 적극적으로 모색하고 있습니다. 이러한 방식으로 넥스트에라 에너지는 신재생 에너지의 효율성을 높이고, 안정적인 전력 공급을 가능하게 하고 있습니다.

퍼스트솔라는 미국을 대표하는 태양광 패널 제조업체로, 특히 고효율 태양광 패널 생산에서 세계적인 경쟁력을 보유하고 있습니다. 퍼스트솔라는 전통적인 실리콘 패널 대신 카드뮴 텔루라이드(CdTe)를 사용하는 박막 태양광 패널을 개발하였으며, 이를 통해 제조 비용을 절감하고 패널의 에너지 변환 효율을 높이는 데 성공했습니다. 이 박막 패널 기술은 특히 강한 햇볕이 내리쬐는 사막 지대에 적합하여, 퍼스트솔라는 미국 남서부 지역을 중심으로 대규모 태양광 발전 프로젝트를 추진하고 있습니다. 퍼스트솔라는 미국뿐만 아니라 전 세계 여러 나라에 고효율 태양광 패널을 공급하며, 국제적인 태양광 시장에서도 중요한 역할을 하고 있습니다. 최근 퍼스트솔라는 미국 내에 새로운 생산 공장을 설립하며 생산 능력을 더욱 확대하고 있으며, 이는 미국의 태양광 산업 경쟁력을 높이는 데 큰 도움이 되고 있습니다. 또한, 이 회사는 친환경적인 생산 방식을 채택하여 태양광 패널 제조 과정에서의 탄소 배출을 최소화하고, 패널의 수명이 다한 후에도 재활용이 가능한 방안을 마련하고 있습니다.

엔페이즈 에너지는 태양광 발전을 위한 마이크로인버터^{microinverter} 기술 개발로 유명한 기업으로, 태양광 패널의 효율성을 크게 향상하는 데 기여하고 있습니다. 일반적인 태양광 시스템은 각 패널의 전력을 중앙 인버터로 모아 변환하지만, 엔페이즈 에너지의 마이크로인버터는 각 태양광 패널에 개별적으로 설치되어 각 패널의 전력을 독립적으로 관리하고 변환합니다. 이를 통해 엔페이즈 에너지는 시스템의 효율성을 극대화하고, 그늘이나 오염으로 인해 일부 패널이 저하되더라도 전체 시스템의 성능에 미치는 영향을 줄일 수 있습니다. 엔페이즈 에너지의 기술은 태양광 시스템의 신뢰성과 안정성을 높여 주기 때문에, 주거용 및 상업용 태양광 시스템에서 인기가 높습니다. 최근 엔페이즈 에너지는 배터리 기반 에너지 저장 솔루션도 제공하고 있으며, 이를 통해 태양광 발전으로 생성된 전력을 저장하여 필요할 때 사용할 수 있게 합니다. 이러한 기술은 특히 전력망이 불안정한 지역이나 비상 상황에서 안정적인 전력을 공급하는 데 유용하여, 에너지 자립도를 높이는 데 기여하고 있습니다.

선파워는 태양광 패널 및 시스템 설치에 집중하는 기업으로, 고효율 태양광 패널 개발을 통해 미국 주택 및 상업용 시장에서 널리 사용되고 있습니다. 선파워의 패널은 특히 고효율 및 내구성에서 우수하며, 기존 태양광 패널에 비해 설치 면적당 더 많은 전력을 생산할 수 있는 장점이 있습니다. 이 회사는 주택용 및 상업용 태양광 설치 솔루션을 제공하며, 설치 과정부터 사후 관리까지의 서비스를 통합 제공하여 고객의 만족도를 높이고 있습니다. 또한, 선파워는 전력 저장 시스템과의 결합을 통해 태양광 에너지의 활용도를 극대화하고, 고객이 안정적인 전력을 확보할 수 있도록 지원하고 있습니다.

테슬라 에너지는 테슬라의 친환경 에너지 부문을 담당하고 있으

딥테크 바이오 에너지 전쟁

며, 가정용 및 상업용 에너지 저장 장치와 태양광 패널 설치를 통해 태양광 에너지 산업에서 영향력을 확대하고 있습니다. 테슬라의 태양광 패널과 지붕은 혁신적 디자인과 고효율 성능을 바탕으로, 기존 주택의 외관을 해치지 않고 태양광 발전을 가능하게 합니다. 테슬라는 파워월Powerwall과 같은 가정용 에너지 저장 장치와 파워팩Powerpack, 메가팩Megapack과 같은 대규모 에너지 저장 솔루션을 제공하여 태양광 에너지의 효율적인 저장과 사용을 돕고 있습니다. 이러한 저장 시스템은 태양광 발전의 간헐성 문제를 해결해 주며, 낮 동안 태양광 에너지를 저장해 야간이나 비상시에 사용할 수 있도록 합니다. 또한, 테슬라는 미국과 해외에 걸쳐 여러 대규모 태양광 프로젝트를 수행하며, 신재생 에너지의 확대에 기여하고 있습니다.

전력 및 에너지 저장 기술

미국의 전력 및 에너지 저장 분야에서는 테슬라 에너지Tesla Energy, 넥스트에라 에너지 리소스NextEra Energy Resources, 그리고 GE 버노바GE Vernova와 AES 코퍼레이션AES Corporation 같은 주요 기업들이 주도적인 역할을 하고 있습니다. 이들 기업은 혁신적인 에너지 저장 기술을 도입하여, 신재생 에너지의 효율성을 극대화하고 전력망의 안정성을 보장하며 미국의 에너지 자립과 지속가능성을 높이는 데 중요하게 기여하고 있습니다. ESS는 특히 태양광과 풍력 같은 간헐적 신재생 에너지의 특성을 보완하여, 필요할 때 전력을 안정적으로 공급할 수 있는 기반을 제공합니다.

테슬라는 전기차로 유명하지만, 전력 저장과 태양광 에너지 솔루션을 개발하는 테슬라 에너지를 통해 에너지 분야에서도 큰 영향력을 발휘하고 있습니다. 테슬라 에너지는 가정용부터 대규모 상업용까지 다양한 에너지 저장 솔루션을 제공하며, 주택용 '파워월Powerwall'과 상업 및 산업용 '파워팩Powerpack'과 '메가팩Megapack'을 통해 전력 저장을 가능하게 합니다. 파워월은 주택용 배터리로, 태양광 패널과 연계하여 낮에 생산된 전력을 저장했다가 저녁 시간에 사용하도록 설계되어 있습니다. 이는 주택의 전력 비용을 절감하고, 정전 시에도 독립적으로 전력을 공급하는 데 유용합니다.

상업용 파워팩과 메가팩은 전력망의 규모에서 적용, 가능한 대형 배터리 시스템으로, 태양광과 풍력 에너지의 간헐성 문제를 해결하여 에너지 효율을 극대화합니다. 테슬라는 이 대형 배터리 시스템을 캘리포니아, 호주, 유럽 등지에 구축하여 현지 전력망의 안정성을 높였고, 특히 호주에서는 세계 최대 규모의 리튬 이온 배터리 저장소를 설치해 대규모 전력 저장 프로젝트의 성공 사례로 자리 잡았습니다. 이러한 대형 저장 시스템은 피크 전력 수요를 줄이고, 신재생 에너지의 전력 공급 불안을 해소하며 전력망에 대한 압력을 완화하는 데 중요한 역할을 하고 있습니다. 또한, 테슬라는 태양광 지붕Solar Roof과 결합하여 고객이 직접 생산한 전력을 저장하고 사용할 수 있도록 지원함으로써, 에너지 자립을 추구하는 솔루션을 제공합니다.

넥스트에라 에너지 리소스는 미국 최대의 신재생 에너지 기업인 넥스트에라 에너지의 자회사로, 풍력 및 태양광 발전뿐만 아니라 에너지 저장 프로젝트에서도 선도적인 역할을 하고 있습니다. 넥스트에라 에너지는 대규모 태양광 발전 단지와 풍력 발전 단지를 운영하면서, 전력 저장 시스템을 결합해 안정적인 전력 공급을 보장하고 있습니다. 특히, 넥스트에라 에너지 리소스는 배터리 기반 전력 저장 시스템을 다양한 신재생 에너지 프로젝트에 통합하여, 태양광 발전과 풍력 발전의 변동성을 줄이고, 에너지의 지속가능성을 높이는 데 기여하고 있습니다.

이 기업은 태양광과 풍력으로 생산한 전력을 저장하여 전력 수요가 높은 시점에 공급함으로써, 피크 수요 관리와 비용 절감 효과를 얻고 있습니다. 또한, 넥스트에라 에너지는 플로리다와 같은 주요 신재생 에너지 지역에서의 에너지 저장 시설을 확장하며, 전력망의 효율성을 높이고 있습니다. 예를 들어, 플로리다 파워 앤 라이트(FPL)를 통해 409메가와트 규모의 배터리 저장 시스템을 구축하여, 주 전체의 전력 수급 불균형을 해소하는 데 기여하고 있습니다. 넥스트에라 에너지 리소스는 이러한 배터리 기반 ESS를 통해, 미국의 에너지 저장 시장에서 신재생 에너지와 함께 통합적으로 성장하고 있으며, 대규모 ESS를 통해 전력망 안정성 및 효율성 증대에 중점을 두고 있습니다.

GE 버노바는 미국의 대표적인 에너지 기술 기업으로, 2024년

GE가 에너지 부문을 분사하여 설립한 회사입니다. 이 기업은 전력 생산, 송배전, 에너지 저장 등 에너지 가치사슬 전반에 걸친 기술 솔루션을 제공합니다. 특히 가스터빈, 수력, 풍력, 그리드 기술 등에서 세계적인 경쟁력을 확보하고 있습니다. GE 버노바는 에너지 전환 시대를 선도하며, 탈탄소화와 효율적 전력 공급을 핵심 목표로 삼고 있습니다. 또한 디지털 기술을 활용한 전력망 최적화와 배출 저감 솔루션을 개발하고 있습니다. 글로벌 100여 개국에서 활동하며, 각국의 에너지 인프라 현대화에 중요한 역할을 하고 있습니다.

AES 코퍼레이션은 전력 생산 및 배분에서 글로벌 리더로, 미국을 포함한 여러 나라에서 대규모 에너지 저장 프로젝트를 수행하고 있습니다. AES는 신재생 에너지 발전과 전력 저장을 결합하는 하이브리드 발전소 개념을 발전시키며, 기존의 화석 연료 발전과 신재생 에너지를 통합해 전력망의 유연성과 안정성을 높이고 있습니다. 특히, AES는 '플루미나스Fluence'라는 자회사를 통해 ESS를 전문적으로 개발하고 있으며, 이 자회사는 지멘스Siemens와의 합작으로 설립되어 전 세계적으로 다양한 에너지 저장 솔루션을 제공합니다.

플루미나스는 미국 내뿐만 아니라 전 세계의 대규모 에너지 저장 프로젝트를 수행하며, 태양광 및 풍력 발전소와의 결합을 통해 안정적인 전력 공급을 가능하게 하고 있습니다. 예를 들어, 캘리포니아 지역에서 AES는 여러 개의 에너지 저장 프로젝트를 통해 신재생 에너지의 저장 능력을 확장하고 있으며, 이것으로 인해 피크 수요 시간대에 전력 공급이 원활히 이루어질 수 있도록 하고 있습니다.

딥테크 바이오 에너지 전쟁

플루미나스의 에너지 저장 솔루션은 스마트 그리드와 연계되며, 전력 수요와 공급의 불균형을 해결하는 데 중요한 역할을 합니다. 또한, AES는 지속 가능한 에너지 저장 기술 개발을 통해, 장기적으로 탄소 배출을 줄이는 동시에 에너지 비용 절감을 목표로 하고 있습니다.

수소, 미래 청정 에너지원으로 주목

미국의 수소 에너지 산업은 미래의 청정 에너지원으로 주목받고 있으며, 수소는 연소 시 이산화탄소 대신 물만 배출하는 특징을 가지고 있어 친환경 에너지로서 각광받고 있습니다. 미국에서는 린데 PLC Linde PLC, 플러그 파워 Plug Power, 블룸 에너지 Bloom Energy, 에어 프로덕츠 Air Products와 같은 기업들이 수소 관련 기술 개발과 상용화에 앞장서며, 다양한 산업 분야에 수소 에너지의 활용을 확대하고 있습니다. 이들 기업은 연료전지, 수소 생산 및 저장 기술, 수소 기반 운송 시스템 등 여러 방면에서 혁신을 추구하고 있으며, 글로벌 수소 시장에서도 중요한 역할을 하고 있습니다.

린데 PLC는 세계 최대의 산업용 가스 및 엔지니어링 기업으로, 수소 생산과 공급, 탄소 포집, 공정 최적화 등 에너지 전환 분야의 핵심 기술을 보유하고 있는 기업입니다. 본사는 아일랜드에 있지만, 주요 운영 거점은 미국에 있으며, 글로벌 산업가스 시장의 선도적 위치를 점하고 있습니다. 린데는 청정수소 생산을 위한 '수전해 기술'과 그린 수소 인프라 구축에 적극적으로 투자하고 있습니다. 또한 반도체, 정유, 화학, 의료, 식품 등 다양한 산업에 고순도 가스를 공급하며, 맞춤형 공정 솔루션을 제공합니다. 탄소 중립 실현을 위한 기술로 탄소 포집·저장^{CCS} 및 블루수소 프로젝트를 다수 추진하고 있습니다. 최근에는 액화수소 운송, 수소 충전소 네트워크 확대 등 수소 생태계 전반으로 사업 영역을 확장하고 있습니다.

플러그 파워는 미국을 대표하는 수소 연료전지 기업으로, 주로 물류와 운송 분야에서 수소 연료전지를 제공하고 있습니다. 플러그 파워는 포크리프트와 같은 물류 장비에 사용되는 연료전지 시스템을 상용화하며, 물류 산업의 탈탄소화에 기여하고 있습니다. 특히, 아마존과 월마트 같은 대형 유통기업과 파트너십을 맺어 이들의 물류 장비에 플러그 파워의 연료전지를 공급하고 있습니다. 이 연료전지는 기존의 리튬이온 배터리보다 충전 시간이 짧고, 운전이 연속으로 가능해 물류 효율성을 크게 높이는 장점이 있습니다. 플러그 파워는 물류 분야에서 성공적인 사업 확장을 이루며 수소 에너지의 가능성을 입증한 후, 다른 산업으로 사업을 확장하고 있습니다. 플러그 파워는 최근 '그린 수소' 생산에 적극 투자하고 있습니다. 그린 수소는 태양광이나 풍력 등 신재생 에너지를 활용해 물을 전기 분해하여 생산한 수소로, 이 과정에서 탄소가 배출되지 않아 매우 친환경적입니다. 플러그 파워는 그린 수소 생산과 유통을 위한 인프라를 구축하고 있으며, 미국 전역에 그린 수소 생산 허브를

딥테크 바이오 에너지 전쟁

설립해 산업 전반에 걸쳐 그린 수소의 공급망을 확대하고 있습니다. 이를 통해 기존의 화석 연료 기반 수소 생산 방식인 '그레이 수소'와 비교해 탄소 배출을 줄이고, 수소의 친환경 가치를 높이고 있습니다.

블룸 에너지는 수소 연료전지와 고체산화물 연료전지Solid Oxide Fuel Cell, SOFC 기술을 선도하는 기업으로, 발전과 산업용 에너지 솔루션을 제공합니다. 또한 자체 개발한 SOFC 기술을 통해 수소뿐만 아니라 천연가스, 바이오가스 등 다양한 연료를 사용하여 고효율로 전력을 생산할 수 있는 시스템을 구축하고 있습니다. 블룸 에너지의 연료전지 시스템은 기존의 전력망과 독립적으로 운영될 수 있으며, 전력 공급이 불안정한 지역에서도 안정적인 전력 공급을 가능하게 합니다. 특히 탈탄소화 전략으로 수소 연료전지 솔루션을 확대하고 있습니다. 이들은 수소 연료전지를 활용해 데이터 센터, 병원, 대형 상업시설 등에 전력을 공급하는 프로젝트를 수행하고 있으며, 기존의 화석 연료 발전을 대체하고 있습니다. 블룸 에너지는 또한 수전해 기술을 개발해 수소 생산을 목표로 하고 있으며, 수소 연료를 생산하여 저장하고 필요한 곳에 공급하는 체계를 구축하고 있습니다. 이러한 기술은 특히 발전소와 같은 대형 시설에서 탄소 배출을 줄이고 있으며, 블룸 에너지는 미국 정부와 협력하여 수소 기반의 탈탄소화 정책을 지원하고 있습니다.

에어 프로덕츠는 미국을 대표하는 산업용 가스 회사로, 수소 생산과 유통 분야에서 중요한 역할을 하고 있습니다. 이 기업은 전 세계적으로 다양한 산업에 수소를 공급하며, 특히 자동차, 화학, 정유 산업에서 수소의 수요를 충족하고 있습니다. 에어 프로덕츠는 수소 생산을 위해 천연가스를 개질하여 수소를 추출하는 '그레이 수소' 생산 방식을 사용하고 있으며, 동시에 이산화탄소 포집 기술(CCS)을 도입하여 탄소 배출을 줄이는 방안을 모색하고 있습니다. 에어 프로덕츠는 최근 그린 수소와 블루 수소 생산에도 투자를 확대하고 있습니다. 블루 수소는 천연가스 개질 과정에서 발생하는 이산화탄소를 포집하여 탄소 배출을 줄인 방식으로, 에어 프로덕츠는 이러한 블루 수소 생산 프로젝트를 미국과 유럽에서 적극적으로 추진하고 있습니다. 이 기업은 수소 에너지의 상용화를 위해 대규모 수소 인프라 프로젝트도 추진 중입니다. 예를 들어, 텍사스주에 '수소 허브'는 대규모 수소 생산 및 저장 시설로, 이 허브를 통해 전기차 및 수소차에 필요한 수소를 공급하여 수소 기반 교통 시스템의 인프라를 구축하는 데 기여하고 있습니다.

중국, 태양광 에너지로
세계 시장 주도

중국의 신재생 에너지 확장 전략 중 태양광 에너지는 핵심적인 위치에 있으며, 이에 따라 다수의 기업이 태양광 발전 분야에서 세계 시장을 주도하고 있습니다. 중국 정부의 강력한 정책 지원과 기술 개발로 인해 중국 태양광 기업들은 지속적으로 성장하고 있으며, 특히 태양광 패널 생산과 기술 혁신을 통해 세계 최대 태양광 에너지 생산국으로 자리 잡았습니다.

세계 최대 태양광 에너지 생산국

대표적인 중국 태양광 기업으로는 융기그린에너지LONGi Green Energy

Technology, 진코솔라Jinko Solar, 제이에이솔라JA Solar, 트리나솔라Trina Solar 등이 있습니다. 융기그린에너지는 단결정 실리콘 태양광 제품에서 기술 선도 기업으로, 효율성과 성능에서 혁신을 지속하며 시장에서 입지를 강화해 왔습니다. 이 회사는 대형 태양광 발전 프로젝트뿐만 아니라 소규모 상업 및 가정용 태양광 시스템에도 고효율 제품을 공급하고 있습니다. 또한, 융기그린에너지는 자체 연구소와 기술 혁신을 통해 태양광 셀의 효율성을 높이고, 실리콘 웨이퍼 생산의 대규모 생산을 통해 비용 절감을 끌어내며, 경쟁력을 확보하고 있습니다. 융기그린에너지는 신재생 에너지 전환을 목표로 하는 세계 각국에 태양광 설비를 공급하며, '탄소 중립' 목표를 지지하는 글로벌 파트너들과 협력하여 에너지 전환에 기여하고 있습니다.

진코솔라는 고효율 태양광 모듈 및 셀 제조업체로, 최근에는 프리미엄 모듈 생산에 집중하고 있습니다. 진코솔라는 고효율, 고성능 제품을 지속적으로 선보이며, 유럽, 북미, 중동, 아프리카 등 주요 시장에 진출해 있습니다. 이 회사는 기술 혁신을 통해 태양광 셀의 효율성을 높이고 생산 원가를 절감하여 시장 경쟁력을 강화하고 있으며, 자체적인 품질 관리 시스템을 통해 제품의 내구성과 안정성을 보장하고 있습니다. 또한, 진코솔라는 자사의 친환경 정책을 바탕으로 에너지 절약 및 온실가스 배출 감소에 기여하는 것을 목표로 삼고 있으며, 이를 통해 글로벌 환경 보호 및 지속 가능한 발전에 기여하고 있습니다.

제이에이솔라 역시 단결정 및 다결정 태양광 셀과 모듈을 제조하는 기업으로, 전 세계 다양한 프로젝트에 참여하고 있습니다. 제이에이솔라는 특히 발전소급 대규모 프로젝트에 적합한 고출력 제품을 개발하여 많은 인프라 프로젝트에 참여하고 있으며, 저렴한 가격으로 고효율 제품을 공급하여 신흥 시장에서의 입지를 강화하고 있습니다. 이 기업은 효율적인 생산공정과 혁신적인 기술 개발을 통해 비용 절감에 성공하였으며, 이를 통해 개발도상국 및 신흥 시장에서 수요를 충족시키고 있습니다. 제이에이솔라는 또한 태양광 발전 시스템의 효율성을 높이기 위해 최신 기술을 적용한 솔루션을 제공하며, 탄소 배출 저감 목표에 기여하고 있습니다.

트리나솔라는 태양광 모듈뿐만 아니라, 에너지 저장 시스템과 스마트 에너지 솔루션을 개발하며, 태양광 산업의 다양한 분야에 걸쳐 사업을 확장하고 있습니다. 트리나솔라는 최근 고출력 모듈과 효율적인 에너지 솔루션을 통해 대규모 태양광 프로젝트뿐만 아니라 가정용, 상업용 태양광 시스템 시장에서도 두각을 나타내고 있습니다. 또한, 트리나솔라는 BIPV^{Building Integrated Photovoltaics}와 같은 혁신적인 분야에도 진출하여, 건물 외벽이나 지붕에 직접 설치할 수 있는 태양광 패널을 개발하고 있으며, 이는 도시 지역에서도 친환경 에너지를 손쉽게 도입할 수 있게 돕습니다.

풍력, 지속 가능한 에너지 공급망 구축

중국은 풍력 에너지 산업에서도 빠르게 성장하며 세계적인 리더로 자리매김하고 있습니다. 중국의 풍력 산업은 정부의 강력한 지원 정책, 기술 혁신, 대규모 풍력 발전 프로젝트로 발전해 왔습니다. 특히, 중국은 내륙 및 해상 풍력 발전소를 적극적으로 확장하며 지속 가능한 에너지 공급망을 구축하고 있습니다. 이 과정에서 몇몇 주요 풍력 발전 기업들이 두각을 나타내고 있으며, 이들은 기술 개발과 생산 능력을 통해 국제 시장에서도 강력한 경쟁력을 갖추고 있습니다.

가장 대표적인 기업 중 하나는 골드윈드Goldwind입니다. 골드윈드는 중국 최대의 풍력 터빈 제조사로서, 특히 기술 혁신을 통해 고효율, 저비용의 풍력 터빈을 공급하고 있습니다. 이 회사는 공기 역학 설계와 첨단 재료 기술을 적용하여 터빈의 성능을 개선하고, 효율성을 높이는 데 주력하고 있습니다. 골드윈드는 또한 저소음, 고출력 터빈을 개발하여 도시 및 교외 지역의 풍력 발전소에서 많이 채택되고 있으며, 안정적인 전력 공급을 위해 에너지 저장 기술과 연계된 솔루션을 제공합니다. 특히, 골드윈드는 풍력 발전 분야에서 데이터 분석과 IoT 기술을 활용하여 터빈의 유지보수와 운영 효율을 최적화하고 있으며, 이를 통해 글로벌 풍력 발전 시장에서도 인정받고 있습니다.

광동명양전기Guangdong Mingyang Electric도 중국의 주요 풍력 발전 기업

중 하나로, 해상 풍력 발전 프로젝트에서 활발히 활동하고 있습니다. 이 회사는 특히 대형 해상 풍력 터빈 개발에 강점이 있으며, 중국 남부 연안을 중심으로 대규모 단지를 운영하고 있습니다. 자회사인 명양스마트에너지Mingyang Smart Energy를 통해 터빈 제조부터 발전소 유지보수까지 수직 통합형 비즈니스 모델을 구축하였습니다. 또한 스마트 제어 기술과 디지털 트윈 시스템을 접목해 터빈의 효율성을 높이고, 운영 비용을 절감하는 기술 혁신을 지속하고 있습니다. 최근에는 동남아시아와 유럽 시장으로 진출을 확대하며 글로벌 풍력 시장 점유율을 높이고 있습니다. 2024년에는 중국 내 해상 풍력 설치 용량 기준 상위 3위 안에 들며, 기술 경쟁력과 프로젝트 관리 능력을 입증했습니다. 더불어 그린 수소 및 에너지 저장 장치ESS 분야로의 확장을 추진하며, 풍력 기반의 통합 재생 에너지 생태계를 구축하는 것을 목표로 하고 있습니다.

엔비전에너지Envision Energy는 풍력 터빈 제조뿐만 아니라, 에너지 관리 솔루션과 스마트 그리드 기술에도 강점이 있는 기업입니다. 엔비전에너지는 풍력 에너지를 포함한 다양한 재생 에너지원의 최적화된 관리를 위해 AI와 빅데이터 기술을 활용하고 있습니다. 이 회사의 IoT 플랫폼은 풍력 터빈의 효율적인 운영을 가능하게 하며, 이를 통해 전력 생산을 극대화하고 운영 비용을 절감합니다. 엔비전에너지는 친환경 에너지 기술 개발을 선도하는 동시에, 재생 에너지 인프라의 스마트화를 목표로 하고 있으며, 이러한 통합 에너지 관리 솔루션은 중국 내외에서 큰 주목을 받고 있습니다. 특히, 엔비전에너지는 풍력 발전과 에너지 저장 기술을 결합하여 전력망 안정성 향상에 기여하고 있으며, 이를 통해 에너지 전환 과정에서의 문제 해결에 앞장서고 있습니다.

화루이풍력Sinovel Wind Group은 초기 중국 풍력 산업의 성장을 이끈 기업 중 하나로, 대규모 육상 풍력 발전소 프로젝트에서 중요한 역할을 했습니다. 화루이풍력은 다양한 규모의 터빈을 개발하여 중국 전역의 풍력 발전소에 공급하였으며, 특히 내륙의 거대한 풍력 자원을 활용한 대규모 프로젝트에 참여했습니다. 이 회사는 효율적인 생산공정을 도입하여 대량 생산이 가능하였고, 이를 통해 가격 경쟁력을 갖추게 되었습니다. 그러나, 화루이풍력은 최근 몇 년간 국제적인 기술 문제와 법적 분쟁에 직면하며 일부 어려움을 겪었지만, 여전히 중국 풍력 발전 시장에서 중요한 위치를 차지하고 있습니다.

상하이전기그룹Shanghai Electric Group은 풍력 터빈뿐만 아니라 태양광, 에너지 저장 시스템까지 다루며, 종합적인 에너지 솔루션 제공에 초점을 맞추고 있는 기업입니다. 상하이전기그룹은 특히 해상 풍력 터빈 기술에 주력하여, 대형 해상 풍력 프로젝트에 참여하고 있으며, 다양한 기술력을 바탕으로 글로벌 풍력 발전 시장에 진출해 있습니다. 이 회사는 전력 설비 제조 경험을 바탕으로 풍력 터빈의 신뢰성과 내구성을 높였고, 중국 동남 해안 지역과 같은 해상 풍력 자원이 풍부한 지역에서 여러 프로젝트를 진행하고 있습니다. 또한, 상하이전기그룹은 전력망 연계 기술을 강화하여, 풍력 에너지가 안

딥테크 바이오 에너지 전쟁

정적으로 전력망에 통합될 수 있도록 기술적 지원을 하고 있습니다.

이 외에도 중국광핵집단China General Nuclear Power Group, CGN은 원자력 발전으로 잘 알려졌지만, 최근에는 재생 에너지로 사업을 확장하며 풍력 에너지 분야에도 진출했습니다. CGN은 주로 대형 풍력 프로젝트에 참여하며, 정부와 협력하여 대규모 풍력 발전 인프라를 구축하고 있습니다. CGN은 풍력 발전 프로젝트의 초기 개발부터 설비 설치, 운영 관리까지 담당하며, 자체 연구 개발을 통해 효율적인 풍력 터빈을 공급하고 있습니다.

전력 및 에너지 저장 시스템에 투자

중국은 신재생 에너지 확산과 함께 전력 관리 및 에너지 저장 시스템에도 막대한 투자를 하며, 지속 가능한 에너지 공급망 구축에 집중하고 있습니다. 특히, 에너지 저장은 신재생 에너지의 간헐성을 해결하고 안정적인 전력 공급을 가능하게 하며, 이 분야에서 다수의 중국 기업이 주목받고 있습니다. 전력 및 에너지 저장 분야의 주요 중국 기업으로는 CATLContemporary Amperex Technology Limited, BYD, 선그로우Sungrow Power Supply Co., 장성자동차Great Wall Motors, GWM, 그리고 국가전망공사State Grid Corporation of China, SGCC가 있습니다.

먼저, CATL은 중국을 대표하는 배터리 제조업체로, 전기차 배터리뿐만 아니라 ESS 분야에서도 글로벌 선두 주자로 자리매김하고 있습니다. CATL은 대형 배터리 셀과 ESS 제품을 통해 풍력과 태양광 등 재생 에너지원으로부터 생산된 전기를 저장하고 필요할 때 공급하는 솔루션을 제공합니다. CATL은 고효율 리튬이온 배터리 기술을 바탕으로 ESS의 에너지 밀도를 높이고, 비용을 절감하며 신뢰성을 강화했습니다. 이것으로 인해 CATL은 중국뿐만 아니라 해외에서도 다수의 에너지 저장 프로젝트에 참여하고 있으며, 특히 에너지 전환을 위해 대규모 ESS 설치가 필요한 유럽, 미국, 아시아 등 여러 시장에서 주요 공급업체로 자리 잡고 있습니다.

BYD는 전기차와 배터리 분야에서 잘 알려져 있으며, ESS 사업에서도 활발히 활동하고 있는 기업입니다. BYD는 대형 리튬이온 배터리를 기반으로 한 ESS 솔루션을 개발하여, 다양한 재생 에너지원과 연계하여 안정적인 전력 공급을 지원하고 있습니다. BYD의 ESS는 대규모 산업용부터 소형 가정용까지 다양한 규모로 제공되며, 특히 태양광 발전소와 연계하여 생산된 전기를 저장하는 데 널리 사용됩니다. BYD는 비용 효율성과 장기적인 내구성을 고려한 ESS 제품을 개발하여, 지속 가능한 에너지 저장 솔루션을 제공하며, 중국 내외에서의 수요 증가에 발맞춰 빠르게 성장하고 있습니다.

선그로우는 태양광 및 풍력 인버터 제조사로 시작하여, 현재는 ESS와 전력 관리 시스템에서도 두각을 나타내고 있습니다. 선그로우는 자체 연구 개발을 통해 ESS의 효율성을 높이고, 다양한 환경 조건에서 안정적인 전력 공급이 가능하도록 시스템을 설계했습니다. 이 회사는 ESS 제품을 통해 신재생 에너지의 전력망 통합을 지

딥테크 바이오 에너지 전쟁

원하고 있으며, 특히 대규모 전력 저장소와 소규모 상업용 및 가정용 ESS 제품을 제공하여 다양한 시장에 적합한 솔루션을 제시하고 있습니다. 선그로우는 또한 에너지 관리 시스템을 개발하여 실시간 전력 수요 예측과 공급 조절을 가능하게 하여, 전력망의 안정성을 높이고 있습니다. 이를 통해 중국 및 해외 시장에서 다수의 프로젝트에 참여하고 있으며, 신재생 에너지 발전소와의 연계를 강화하고 있습니다.

장성자동차^{GWM}는 주로 자동차 제조사로 알려졌지만, 최근에는 ESS와 배터리 기술에 투자하며 신재생 에너지 관련 산업으로 사업 영역을 확장하고 있습니다. GWM은 전기차 생산과 연계하여 대형 배터리와 ESS 개발에 중점을 두고 있으며, 이를 통해 전기차 배터리의 생산 효율성을 높이고, 산업용 ESS 솔루션을 제공하고 있습니다. GWM은 특히 지역 전력망 안정화를 위한 ESS 솔루션 개발에 집중하고 있으며, 이와 함께 ESS를 기반으로 한 전기차 충전소 인프라 구축에도 기여하고 있습니다. 이를 통해 GWM은 전기차와 ESS를 연계한 통합 에너지 솔루션을 제공하며, 향후 스마트 그리드 구축에도 큰 역할을 할 것으로 예상됩니다.

국가전망공사는 중국 최대의 전력 공급 회사로, ESS와 스마트 그리드 기술에 대한 투자를 확대하고 있습니다. 이 회사는 신재생 에너지의 간헐성을 보완하기 위해 ESS를 활용한 전력망 안정화 프로젝트를 다수 진행하고 있습니다. 특히, 풍력과 태양광 발전소와 ESS를 결합하여 전력 공급의 안정성을 높이는 동시에, 전력망의 피크 수요를 관리하는 데 도움을 주고 있습니다. 국가전망공사는 ESS를 통해 재생 에너지원의 비중을 높이고, 전력 수요와 공급 간 균형을 맞추는 데 주력하고 있으며, 이러한 통합 솔루션은 중국 전역에서 중요한 역할을 하고 있습니다. 또한, 국가전망공사는 최신 ICT 기술을 기반으로 한 스마트 그리드 구축을 목표로 하여, ESS와 전력망의 통합을 더욱 강화하고 있습니다.

이 외에도 차이나 타워China Tower는 기존의 통신 인프라를 활용하여 에너지 저장 솔루션을 제공하는 독특한 접근을 취하고 있습니다. 차이나 타워는 통신 기지국과 전력 저장 장치를 결합하여, 재생 에너지 전환에 기여하고 있으며, 특히 원거리 지역이나 고립된 지역에서도 안정적인 전력 공급을 가능하게 하고 있습니다. 이는 중국의 농촌 지역과 같이 전력망 접근성이 낮은 곳에서도 ESS를 활용한 지속 가능한 전력 공급이 가능합니다.

수소, 장기적 에너지 전략의 핵심

중국은 탄소 배출을 줄이기 위한 대규모 에너지 전환 계획의 일환으로 수소 발전 산업에 큰 관심을 보입니다. 수소는 탄소 배출 없이 깨끗하게 에너지를 생산할 수 있는 연료로, 중국 정부는 이를 중장기적 에너지 전략의 핵심 요소로 삼고 있습니다. 수소 에너지는 특히 교통, 산업, 발전 분야에서 사용이 확대되고 있으며, 중국 내

딥테크 바이오 에너지 전쟁

주요 수소 발전 관련 기업들은 R&D와 인프라 구축을 통해 수소 경제의 성장을 견인하고 있습니다. 대표적인 수소 발전 기업으로는 시노하이텍SinoHytec, 국가전력투자집단 수소 에너지SPIC Hydrogen Energy Company, 중국석유천연가스집단China National Petroleum Corporation, CNPC, 웨이차이 파워Weichai Power, 베이징 수소 에너지Beijing Hydrogen Energy, 그리고 동방전기Dongfang Electric 등이 있습니다.

먼저 시노하이텍SinoHytec은 수소 연료전지 기술 개발을 선도하는 기업으로, 특히 수소 연료전지를 자동차와 산업 분야에 적용하는 데 중점을 두고 있습니다. 시노하이텍은 중국에서 대형 수소 연료전지 버스와 트럭을 위한 수소 연료전지를 공급하며, 상용 차량의 수소화에 기여하고 있습니다. 이 회사는 자사의 연료전지 시스템이 높은 출력과 효율성을 자랑하며, 중국 전역의 다양한 운송 네트워크에서 사용되고 있습니다. 시노하이텍은 또한 여러 국제 기업과 협력하여 최신 기술을 도입하고 있으며, 수소 연료전지의 가격을 낮추기 위해 생산 규모를 확대하는 전략을 펼치고 있습니다.

국가전력투자집단 수소 에너지SPIC Hydrogen Energy Company는 중국 국유 기업인 중국국가전력투자공사State Power Investment Corporation, SPIC의 자회사로, 수소 에너지 생산과 저장, 그리고 수소 충전소 네트워크 구축에 주력하고 있습니다. SPIC는 태양광과 풍력을 이용해 친환경적으로 수소를 생산하는 '그린 수소' 프로젝트에 집중하고 있으며, 이를 통해 탄소 배출을 줄이는 동시에 안정적인 에너지 공급을 목표로 하고 있습니다. 이 회사는 특히 해상 풍력 발전소와 연계한 그린 수소 생산 시스템을 개발하여, 해상에서 수소를 직접 생산하고 이를 저장·운송하는 기술을 연구하고 있습니다. SPIC는 이러한 그린 수소 프로젝트를 통해 중국 내외에서의 수소 에너지 기반 시설 확장을 주도하고 있습니다.

중국석유천연가스집단China National Petroleum Corporation, CNPC는 주로 화석 연료 기반의 전통적인 에너지 기업으로 알려졌지만, 최근 수소 에너지 사업에 적극적으로 진출하고 있습니다. CNPC는 기존의 화석 연료 기반 수소 생산(그레이 수소)에서 그린 수소로 전환하기 위해 노력을 기울이고 있습니다. 또한, CNPC는 수소 충전 인프라를 구축하여, 중국 전역의 주요 도로와 도시를 연결하는 수소 충전소 네트워크를 확장하고 있습니다. CNPC는 수소 생산부터 저장, 운송, 충전에 이르는 전체 공급망을 통합하여 관리하는 전략을 통해 수소 에너지 시장에서의 입지를 강화하고 있습니다. 또한, CNPC는 수소 연료전지를 활용한 에너지 저장 솔루션을 연구하며, 신재생 에너지 발전의 간헐성 문제를 해결하는 데에도 기여하고 있습니다.

웨이차 파워는 상용차용 엔진 및 차량 부품 제조업체로, 수소 연료전지 엔진 개발에 중점을 두고 있는 기업입니다. 웨이차 파워는 발라드 파워 시스템즈Ballard Power Systems와 협력하여 수소 연료전지의 성능과 안정성을 높이고, 이를 상용차에 적용하는 데 주력하고 있습니다. 이 회사는 특히 대형 트럭과 버스용 수소 연료전지 엔진을 개발하여, 친환경 상용차 시장의 수요에 부응하고 있으며, 상용 차량의 탄소 배출 감소에 기여하고 있습니다. 웨이차 파워는 중국 전

딥테크 바이오 에너지 전쟁

역에 수소 충전 인프라를 구축하는 데에도 참여하고 있으며, 수소 에너지 산업 전체의 발전을 위해 노력하고 있습니다.

베이징 수소 에너지는 중국에서 수소 연료전지 시스템을 개발하고 이를 다양한 응용 분야에 공급하는 주요 기업 중 하나입니다. 베이징 수소 에너지는 특히 고효율, 고성능 연료전지 시스템을 개발하여 중국 내 여러 산업과 상업 분야에 공급하고 있습니다. 이 회사는 수소 연료전지 발전소 설립과 관련된 프로젝트를 추진하며, 전력망의 안정성을 높이는 데 기여하고 있습니다. 베이징 수소 에너지는 또한 재생 가능 에너지와 수소 연료전지를 연계하여 에너지를 안정적으로 공급할 수 있는 시스템을 개발하고 있으며, 이를 통해 중국의 전력망 효율을 높이고 있습니다.

동방전기는 주로 발전 설비를 제조하는 대형 국유 기업으로, 최근에는 수소 에너지 기술 개발에도 힘을 쏟고 있습니다. 동방전기는 수소 연료전지 발전 시스템을 개발하여 다양한 산업에 적용하고 있으며, 특히 중대형 발전소에서의 수소 에너지 사용을 확대하고 있습니다. 이 회사는 친환경 에너지 발전을 위해 태양광, 풍력 등 신재생 에너지와 수소를 연계한 발전 시스템을 구축하고 있으며, 이러한 시스템은 중국 전역에서 전력망의 안정성을 높이는 데 기여하고 있습니다. 동방전기는 또한 수소 에너지 저장 솔루션을 제공하여, 신재생 에너지 발전의 간헐성 문제를 해결하고 있습니다.

이 외에도 융기수소LONGi Hydrogen와 중국국제해운컨테이너 엔릭CIMC Enric 등의 기업들이 수소 에너지 분야에서 두각을 나타내고 있습니다. 융기수소는 태양광 산업에서 성공을 거둔 융기그린에너지^{LONGi}의 자회사로, 태양광을 이용한 그린 수소 생산 기술을 개발하고 있으며, 이를 통해 친환경적인 수소 에너지를 공급하고 있습니다. CIMC 엔릭은 수소 저장 및 운송 솔루션을 제공하는 회사로, 수소 저장 탱크 및 운송 차량을 개발하여, 수소 에너지의 안정적인 공급망 구축에 기여하고 있습니다.

유럽과 일본, 지속 가능한 에너지 전환

유럽은 오랫동안 환경 보호와 지속 가능한 에너지 전환에 주력해 왔으며, 전 세계적으로 친환경 에너지 분야에서 가장 앞서 나가고 있는 지역 중 하나입니다. EU는 다양한 정책과 지원을 통해 탄소 중립 목표를 추진하고 있으며, 이를 실현하기 위해 기업들이 친환경 에너지 분야에서 두각을 나타내고 있습니다.

.

유럽, 친환경 에너지 분야 선두

유럽의 주요 친환경 에너지 기업들은 태양광, 풍력, 에너지 저장, 수소 등 다양한 기술을 활용하여 지속 가능한 에너지 생산과 공급을 목표로 혁신을 이루어가고 있습니다. 대표적인 기업으로는 덴마크의 오스테드Ørsted와 베스타스Vestas, 독일과 스페인 합작기업인 지멘스 가메사Siemens Gamesa, 이탈리아의 에넬Enel, 스페인의 이베르드로라Iberdrola와 노스볼트Northvolt 등이 있습니다.

먼저 오스테드는 덴마크의 대표적인 에너지 기업으로, 과거 화석 연료 중심의 발전에서 완전히 탈피해 현재는 세계 최대의 해상 풍력 발전 기업으로 자리 잡았습니다. 오스테드는 북해와 발트해에 대규모 해상 풍력 발전소를 설치하여 유럽 내 친환경 전력 공급에 중요한 역할을 하고 있으며, 지속 가능한 에너지 전환의 선구자로 평가받고 있습니다. 오스테드는 유럽 외에도 북미와 아시아에서 여러 해상 풍력 프로젝트를 진행 중이며, 이는 탄소 배출 감소와 함께 전 세계적으로 청정에너지 보급을 확대하는 데 기여하고 있습니다. 특히, 오스테드는 혁신적인 해상 풍력 기술을 개발하여 효율성을 높이고 설치 비용을 절감하는 데 주력하고 있습니다.

베스타스는 덴마크에 본사를 둔 세계적인 풍력 터빈 제조업체로, 풍력 발전 기술의 선두 주자로 잘 알려져 있습니다. 베스타스는 육상 및 해상 풍력 터빈을 모두 생산하며, 유럽 전역뿐만 아니라 전 세계적으로 설치된 풍력 터빈을 통해 청정 전력을 공급하고 있습니다. 베스타스는 특히 터빈의 효율성을 높이기 위해 지속적으로 기술 혁신을 이루고 있으며, 다양한 크기와 출력을 가진 풍력 터빈을 개발하여 각 지역의 특성에 맞는 맞춤형 솔루션을 제공합니다. 또한, 베스타스는 풍력 터빈의 재사용과 재활용을 통해 지속가능성을 극대화하고자 하며, 이를 통해 자원의 낭비를 줄이고 친환경적인 풍력 발전을 구현하고 있습니다.

지멘스 가메사는 독일과 스페인의 합작 기업으로, 유럽을 비롯한 세계 여러 지역에서 풍력 발전 사업을 활발히 펼치고 있습니다. 지멘스 가메사는 특히 대형 해상 풍력 터빈을 제조하여 해상 풍력 발전소의 효율성과 성능을 극대화하고 있으며, 이를 통해 유럽의 신재생 에너지 전환에 크게 기여하고 있습니다. 지멘스 가메사는 해상 풍력 분야에서 강력한 경쟁력을 가지고 있으며, 혁신적인 터빈 설계와 에너지 저장 솔루션을 통해 지속 가능한 전력 공급을 목표로 하고 있습니다. 또한, 이 회사는 유럽뿐만 아니라 아시아와 아메리카에서도 다양한 풍력 프로젝트를 진행하며 글로벌 친환경 에너지 시장에서 입지를 확고히 다지고 있습니다.

에넬은 이탈리아의 대형 에너지 기업으로, 유럽을 넘어 전 세계에 걸쳐 재생 에너지 프로젝트를 운영하고 있습니다. 에넬은 태양광, 풍력, 수력 등 다양한 신재생 에너지원에서 전력을 생산하며, 지속 가능한 에너지의 사용을 확대하는 데 앞장서고 있습니다. 특히, 에넬은 유럽 전역의 태양광 발전소와 풍력 발전소를 통해 친환경 전력을 공급하고 있으며, 에너지 저장 시스템과 스마트 그리드 기술을 결합하여 전력망의 안정성과 효율성을 높이고 있습니다. 에넬은 또한 전기차 충전 인프라 구축에도 주력하여, 탄소 배출을 줄이고 유럽 내 전기차 확산을 위한 기반을 마련하고 있습니다. 이 회사는 전력망의 디지털화와 함께 효율적인 에너지 관리 시스템을 개발하여, 신재생 에너지의 통합을 강화하고 있습니다.

이베르드로라는 스페인의 대표적인 친환경 에너지 기업으로, 유럽에서 풍력, 태양광, 수력 발전소를 운영하며 탄소 배출 저감을 위한 다양한 프로젝트를 추진하고 있습니다. 이베르드로라는 대규모 해상 및 육상 풍력 발전소를 운영하고 있으며, 이를 통해 유럽 내 재생 에너지 공급을 주도하고 있습니다. 이 회사는 또한 그린 수소 프로젝트에 투자하여 수소 에너지의 상용화를 목표로 하고 있으며, 탄소 배출 없는 산업용 에너지원으로서 수소의 잠재력을 확장하고 있습니다. 이베르드로라는 에너지 전환을 위해 글로벌 파트너들과 협력하여 유럽뿐만 아니라 미국, 남미, 호주 등에서도 친환경 에너지 프로젝트를 운영하고 있습니다.

노스볼트는 스웨덴의 배터리 제조사로, 지속 가능한 에너지 저장 솔루션을 제공하여 유럽의 에너지 전환에 중요한 역할을 하고 있습니다. 노스볼트는 전기차와 재생 에너지 전력을 저장할 수 있는 고효율 리튬이온 배터리를 생산하며, 유럽 전역의 여러 자동차 제조사와 협력하고 있습니다. 노스볼트는 또한 자원 절약을 위해 배터리 재활용 기술을 개발하여, 배터리 제조 과정에서 발생하는 환경적 영향을 줄이고자 합니다. 노스볼트의 배터리는 재생 에너지의 간헐성을 보완하는 데 필수적인 역할을 하며, 유럽의 친환경 에너지 목표 달성에 기여하고 있습니다. 이 회사는 특히 '그린 배터리' 생산을 목표로 하여, 친환경 재료와 전력을 사용한 배터리 제조 공정을 개발하고 있습니다.

딥테크 바이오 에너지 전쟁

또한 토탈에너지TotalEnergies와 엔지Engie와 같은 대형 에너지 기업들도 전통적인 화석 연료에서 벗어나 친환경 에너지 전환을 적극 추진하고 있습니다. 프랑스의 토탈에너지는 태양광과 풍력, 그리고 수소 에너지 등 다방면에서 재생 에너지 사업을 확장하고 있으며, 에너지 저장 솔루션을 통해 전력망 안정성을 높이는 프로젝트를 진행하고 있습니다. 토탈에너지는 특히 프랑스와 네덜란드에서 대규모 해상 풍력 발전소 프로젝트를 추진 중이며, 이를 통해 청정 전력 공급을 확대하고 있습니다. 엔지는 벨기에와 프랑스를 중심으로 친환경 에너지 솔루션을 제공하며, 풍력과 태양광뿐만 아니라 지열 에너지, 수소 에너지 분야에도 투자를 확대하고 있습니다. 엔지는 유럽 각국에 에너지 저장 시스템을 설치하여, 신재생 에너지 공급의 변동성을 완화하고 있습니다.

이 외에도 유럽에는 라이트소스 BPLightsource BP, 에덴알EDP Renewables, 오스테드, 알스톰Alstom 등의 기업들이 신재생 에너지 기술을 개발하고 있습니다. 라이트소스 BP는 영국에 본사를 둔 태양광 발전 기업으로, 유럽 내 여러 태양광 프로젝트를 통해 청정에너지를 공급하고 있으며, 에덴알은 포르투갈에서 출발한 글로벌 재생 에너지 기업으로, 유럽과 미국, 남미 등지에서 태양광과 풍력 발전소를 운영하고 있습니다. 알스톰은 프랑스의 대형 인프라 기업으로, 수소 연료전지 열차와 같은 혁신적인 교통 솔루션을 개발하여 친환경 교통수단의 보급을 확장하고 있습니다.

일본, 신재생 에너지에 주력

일본은 에너지 수급이 자급자족하기 어려운 구조 때문에 오랜 기간 화석 연료와 원자력에 크게 의존해 왔습니다. 하지만 2011년 후쿠시마 원전 사고 이후, 에너지 구조의 변화를 꾀하며 신재생 에너지 확산에 주력하고 있습니다. 일본 정부는 탈탄소 목표를 달성하기 위해 태양광, 풍력, 수소, 지열 등 다양한 신재생 에너지원을 확대하고 있으며, 이를 위해 일본 기업들이 신재생 에너지 분야에서 활발하게 활동하고 있습니다. 대표적인 일본의 신재생 에너지 관련 기업으로는 미쓰비시 중공업, 소프트뱅크 그룹, 후지 전기, 교세라, 토요타, JERA, 그리고 이토추 상사 등이 있습니다.

미쓰비시 중공업Mitsubishi Heavy Industries은 풍력, 수소, 지열 발전 등 다양한 신재생 에너지 기술을 개발하며 일본의 에너지 전환에 중요한 역할을 하고 있습니다. 미쓰비시 중공업은 특히 해상 풍력 발전에서 두각을 나타내며, 고출력 해상 풍력 터빈을 개발하여 일본을 비롯한 아시아 지역에서 여러 대규모 프로젝트에 참여하고 있습니다. 이 회사는 독자적인 기술력으로 고성능 터빈을 개발하여, 풍력 발전의 효율성을 높이고 유지, 보수 비용을 줄이는 데 주력하고 있습니다. 또한, 미쓰비시는 수소 발전 기술에도 투자하고 있으며, 고온 가스 발생기와 연료전지 시스템 등을 통해 수소의 생산 및 활용 가능성을 높이고 있습니다. 이와 함께 미쓰비시는 지열 발전에도 관심을 두고 있으며, 일본의 풍부한 지열 자원을 활용해 안정적인 전력 공급을 목표로 하고 있습니다.

소프트뱅크 그룹SoftBank Group은 통신과 IT 중심의 대기업이지만, 신재생 에너지 분야에서도 적극적인 행보를 보입니다. 소프트뱅크는 재생 에너지 프로젝트에 대규모 투자를 하며, 태양광과 풍력 발전소를 건설하고 있습니다. 특히 소프트뱅크는 'Asia Super Grid'라는 대규모 프로젝트를 통해 일본을 비롯한 아시아 국가 간 전력망을 연결하는 계획을 제안하며, 신재생 에너지 기반의 전력 수급 안정화에 기여하고자 합니다. 이 프로젝트는 몽골의 풍력 발전과 러시아의 수력 발전 등을 통해 생산한 전기를 일본으로 송전하는 구상을 포함하고 있으며, 이는 일본의 전력 수급 안정성과 탈탄소 목표 달성에 큰 도움이 될 것으로 기대됩니다. 또한, 소프트뱅크는 태양광 발전소의 대규모 설치를 통해 일본 내 친환경 전력 공급을 확대하고 있습니다.

후지 전기Fuji Electric는 주로 전력 전자기기 및 에너지 저장 장치의 제조업체로, 신재생 에너지 솔루션을 다양하게 제공하고 있습니다. 후지 전기는 태양광 발전용 인버터 및 에너지 관리 시스템EMS을 개발하여, 태양광 발전소의 효율성을 높이고 안정적인 전력 공급을 가능하게 합니다. 후지 전기는 특히 에너지 저장 솔루션을 통해 태양광과 풍력 발전의 간헐성을 보완하고 있으며, 전력망의 안정성을 높이는 데 기여하고 있습니다. 또한, 후지 전기는 산업용 수소 생산 장치를 개발하여 수소 에너지 시장에서도 입지를 넓혀가고 있습니다. 이 회사의 수소 관련 기술은 수소 충전소와 산업용 수소 활용에 사용되며, 일본 내 수소 인프라 구축에 기여하고 있습니다.

교세라Kyocera는 태양광 패널 제조 분야에서 오랜 역사를 가진 기업으로, 일본의 태양광 발전 산업을 선도해 왔습니다. 교세라는 고효율 태양광 모듈을 제조하여 일본과 해외 시장에 공급하고 있으며, 상업용 및 가정용 태양광 발전 시스템을 통해 다양한 규모의 솔루션을 제공합니다. 또한, 교세라는 '메가 솔라' 프로젝트를 통해 대규모 태양광 발전소 건설에 참여하며, 일본 내 여러 지역에 친환경 전력을 공급하고 있습니다. 교세라는 단순히 태양광 패널만 제조하는 것이 아니라, 에너지 관리 시스템과 에너지 저장 솔루션을 결합하여 전력 공급의 안정성을 높이는 데 기여하고 있으며, 지속 가능한 에너지 공급망 구축을 목표로 하고 있습니다.

토요타Toyota는 일본을 대표하는 자동차 제조사로, 수소 연료전지 기술 개발을 통해 친환경 차량과 수소 에너지 인프라를 확대하는 데 앞장서고 있습니다. 토요타는 수소 연료전지 자동차 '미라이(Mirai)'를 통해 세계 최초로 상용화된 수소차를 선보였으며, 수소 기반의 친환경 교통수단을 확대하고자 하고 있습니다. 또한, 토요타는 수소 충전소 인프라 구축에도 적극적으로 참여하고 있으며, 일본 내 수소 에너지 사용의 저변을 넓히기 위해 여러 파트너와 협력하고 있습니다. 이 외에도, 토요타는 수소 연료전지 기술을 다양한 산업과 상업용 차량에 적용하여 탄소 배출을 줄이기 위한 노력에 기여하고 있습니다.

제라JERA는 일본 최대의 전력회사인 도쿄전력Tokyo Electric Power과 주부전력Chubu Electric Power이 공동 설립한 회사로, 일본 내 최대의 전력 공급원을 운영하고 있습니다. 제라는 탈탄소화를 위해 신재생 에너지와 수소 발전에 큰 투자를 하고 있으며, 특히 해상 풍력 발전 프로젝트에 참여하여 일본의 청정에너지 공급을 강화하고 있습니다. 제라는 또한 LNG(액화 천연가스)를 통해 얻은 전력을 신재생 에너지와 결합하여 안정적인 전력망을 구축하고 있으며, 장기적으로는 수소와 암모니아를 활용한 발전 기술을 연구하고 있습니다. 이러한 노력을 통해 제라는 일본의 탄소 중립 목표 달성에 중요한 역할을 하고 있으며, 지속 가능한 에너지 전환을 위한 인프라를 구축하고 있습니다.

이토추 상사Itochu Corporation는 일본의 종합상사로, 여러 분야에 걸쳐 신재생 에너지 프로젝트를 추진하고 있습니다. 이토추는 태양광과 풍력 발전 프로젝트를 통해 다양한 지역에서 청정에너지를 공급하고 있으며, 특히 유럽과 미국 등지의 신재생 에너지 시장에서도 활발히 활동하고 있습니다. 또한, 이토추는 일본 내 수소 인프라 구축에 참여하여 수소 생산과 운송을 위한 기술 개발을 진행하고 있습니다. 이토추는 에너지 전환을 위한 글로벌 협력 네트워크를 구축하고 있으며, 일본 내외에서의 신재생 에너지 확산에 기여하고 있습니다. 이 회사는 특히 그린 수소 생산과 공급을 확대하여, 탄소 배출 없는 에너지 공급을 목표로 하고 있습니다.

이 외에도 파나소닉은 에너지 저장 솔루션과 태양광 패널 제조를 통해 일본 내 친환경 에너지 발전에 기여하고 있으며, 히타치Hitachi

는 스마트 그리드와 에너지 관리 시스템을 통해 신재생 에너지의 효율적인 사용을 지원하고 있습니다. 스미토모 상사Sumitomo Corporation 는 풍력과 태양광 프로젝트뿐만 아니라, 일본 내외에서 에너지 저장 장치와 수소 인프라 구축을 위해 다양한 활동을 펼치고 있습니다.

딥테크 바이오 에너지 전쟁

친환경, 재생 에너지,
그리고 에너지 안보

　미국을 중심으로 주요 국가들은 친환경 에너지 전환을 단순한 환경 정책이 아니라 산업 경쟁력과 국가 안보 전략으로 재정의하고 있습니다. 특히 재생에너지 확대와 기술 투자, 전력 인프라 구축은 경제 성장과 에너지 주권 확보를 동시에 달성하기 위한 핵심 수단으로 부상하고 있습니다. 이러한 흐름 속에서 친환경, 재생에너지, 에너지 안보는 개별 정책 영역이 아니라 상호 결합한 전략적 축으로 이해될 필요가 있습니다.

미국, 친환경 에너지 육성 전략

미국은 친환경 에너지 육성을 위해 다양한 정책을 통해 청정에너지로의 전환과 기후 변화 대응에 집중하고 있습니다. 미국 정부는 친환경 에너지 정책을 통해 탄소 배출을 줄이고, 지속 가능한 경제 성장을 추구하는 동시에 국가 에너지 안보를 강화하고자 합니다. 이와 같은 정책은 연방 정부와 주 정부 모두에서 추진되고 있으며, 재정적 인센티브, 세금 혜택, 규제 완화, 기술 개발 지원 등 다양한 수단을 통해 이루어집니다.

가장 대표적인 친환경 에너지 육성 정책으로는 2022년에 통과된 인플레이션 감축법[IRA]이 있습니다. 이 법은 10년간 약 3,700억 달러를 투자하여 재생 에너지와 전기차, 배터리와 같은 청정 기술 분야에 재정적 지원을 제공하는 것을 목표로 하고 있습니다. 특히 이 법안은 미국 내 태양광 및 풍력 에너지와 같은 재생 에너지 시설 건설을 촉진하고, 관련 기술 개발을 위한 R&D 지원을 확대하는 내용이 포함되어 있습니다. 또한, 친환경 차량 산업을 육성하기 위해 전기차 구매 시 세금 공제 혜택을 제공하여 소비자들이 전기차로 전환할 수 있도록 장려하고, 미국 내에서 전기차 및 배터리 제조업체들이 성장할 수 있는 환경을 조성하고자 합니다. 이와 함께 인플레이션 감축법은 탄소 포집, 저장, 활용[CCUS] 기술 발전을 위한 투자도 포함하고 있어, 화석 연료 사용 시 발생하는 탄소 배출을 줄이는 데에 중요한 역할을 하고 있습니다.

하지만 2025년 1월부터 트럼프 2기가 출범하면서 바이든 정부에서 추진했던 IRA에 대한 제동 신호들이 보이고 있기도 합니다. 트럼프 2기 출범 직후 IRA의 집행을 위한 자금 배분을 중단하거나 재검토하겠다는 행정명령을 내린 바 있고, 특히, 기후 위기와 청정에너지와 관련한 IRA 조항들에 대해 여러 연방기관이 자금 집행을 중단하거나 지침을 철회하는 등의 조치를 시행했고, 미국 내 주 정부와 민간 단위에서 이에 대한 법정 소송들이 제기되어 얽혀 있는 상태입니다. 참고로 2025년 8월 미국 재무부에서 발표된 내용에 따르면, 2025년 3월까지 미국 국세청IRS의 IRA 관련 보충 기금이 약 137억 달러 집행되었고, 전체 배정액은 376억 달러 수준으로 축소된 상태입니다. 현재 상황에 대해서는 바이든 정부에서 트럼프 정부로 넘어오면서 IRA 관련 의제에 대한 정책 불확실성이 커졌으며, 세액공제와 보조금 등 유인 요소가 향후 거버넌스 변화에 따라 악화될 가능성이 있다는 분석이 중론으로 받아들여지고 있는 상황입니다.

또한, 미국은 그린 뉴딜Green New Deal을 통해 기후 변화 문제에 대응하고 친환경 경제로의 전환을 모색하고 있습니다. 그린 뉴딜은 주로 청정에너지와 지속 가능한 경제 모델을 통해 기후 변화를 완화하고 일자리 창출을 도모하는 것을 목표로 합니다. 이 정책은 재생에너지 분야의 일자리를 확대하고, 전력망 인프라를 개선하며, 에너지 효율성을 높이는 다양한 프로젝트를 추진합니다. 그린 뉴딜은 친환경 에너지로의 전환을 위한 인프라 투자를 장려하고, 경제적으로 소외된 지역에서도 지속 가능한 에너지와 관련한 일자리 창출이 이루어질 수 있도록 돕고 있습니다. 이는 환경 보호와 경제 성장 간의 균형을 추구하며, 사회 전반에 걸쳐 지속 가능한 경제 모델을 구축하고자 하는 미국 정부의 강력한 의지를 반영하고 있습니다.

에너지 정책법EPACT 역시 미국의 주요한 친환경 에너지 정책 중 하나입니다. 1992년에 처음 제정된 이 법은 에너지 효율을 높이고 청정에너지를 확대하기 위해 다양한 조치를 포함하고 있습니다. 에너지 정책법에 따라 상업용 및 주거용 건물의 에너지 효율 기준이 강화되었으며, 가정과 기업에서 재생 에너지를 사용할 수 있도록 지원하는 인센티브도 제공됩니다. 또한, 대체 연료 차량의 보급을 장려하여 연료 소비를 줄이고 청정 교통수단을 확산하는 데에도 중요한 역할을 하고 있습니다. 에너지 정책법은 이후 여러 차례 개정되면서 에너지 효율성과 관련된 요구사항을 업데이트하고, 새로운 기술과 정책 변화에 맞추어 내용을 보완해 왔습니다.

한편, 트럼프 2기에 들어서면서 AI 데이터 센터와 연계된 전력 및 에너지 분야에 관한 관심이 높아졌습니다. 백악관은 2025년 7월, AI 데이터 센터와 전력·송전 등 연계 인프라의 연방 인허가 절차를 신속화하는 행정명령(E.O. 14148)을 발표했습니다. 이 행정명령은 100MW 이상급 AI 전용 전력 수요를 '우선 사업critical priority project'으로 지정하여 환경 평가와 인허가 심사를 간소화하고, 연방기관 간 승인 절차를 일원화하도록 지시한 것입니다. 이에 앞서 2025년 5월에는 소형모듈원전SMR과 국가안보용 고급 원자력 시스템의 개발·배치를 가속하는 별도의 원전 행정명령이 발표되어, 민간 AI

데이터 센터 전력 수요와 국가 에너지 안보를 동시에 뒷받침하는 정책 기조가 확립되었습니다. 이러한 정책 흐름 속에서 미국의 데이터 센터 전력 수요는 빠르게 확대되고 있으며, 현재 전체 전력 소비의 약 4% 수준에서 2030년에는 두 배 이상으로 증가할 것으로 전망됩니다. 이에 따라 규제 기관과 언론은 전력망의 신뢰도와 전력 가격에 미치는 영향을 주시하는 한편, 수요 관리Demand Response 강화와 함께 데이터 센터의 자체 전원 구축 및 장기 전력구매계약PPA의 확대가 핵심 대응 전략으로 부상하고 있습니다.

이와 관련하여, 2025년 10월에 IPO 한 페르미 아메리카(-편집자) Fermi America에 주목해 볼 필요가 있습니다. 페르미 아메리카는 2025년 1월 설립된 미국 텍사스 앨러모 지역의 대형 AI 데이터 센터 및 전력 인프라 복합 캠퍼스를 개발하는 기업입니다. 공동 설립자에는 전 미 에너지부 장관이자 전 텍사스 주지사인 릭 페리가 포함되어 있으며, 사업모델은 데이터 센터와 가스·원전·태양광·ESS 전력원을 통합한 REIT 구조입니다. IPO는 2025년 9월 나스닥과 런던 증권거래소에 동시 상장 형태로 진행되었으며, 2,500만 주를 주당 18~22달러에 공모해 약 5억 달러를 조달했습니다. 상장 후 시가총액은 약 120억 달러로 평가되었고, AI 전력 인프라 확충이라는 메가트렌드에 힘입어 시장의 큰 관심을 받았습니다. 다만 아직 수익이 없는 초기 단계 기업으로, 원전 건설과 데이터 센터 완공까지의 실행 리스크와 자본 조달 불확실성이 주요 위험 요인으로 지적되고 있습니다.

더 중요한 것은 이 페르미 아메리카에 트럼프 1기(2017~2019년) 시기에 미국 에너지 장관을 했던 릭 페리가 공동 설립자로 참여했다는 점입니다. 릭 페리는 트럼프 1기 에너지부 장관 시절부터 원전과 가스 기반 전력망을 국가 안보 자산으로 관리해야 한다고 주장해 왔으며, 당시 미국 에너지부의 국가 전력망 회복력 계획^{Grid Resilience Plan}을 통해 "AI·방위·핵심 산업의 전력은 시장이 아닌 국가 우선순위로 다뤄야 한다"라고 강조했습니다. 이러한 철학은 그가 공동 설립한 페르미 아메리카의 핵심 사업모델인 가스·소형모듈원전^{SMR}·ESS 통합형 전력 캠퍼스에 그대로 반영되어 있습니다. 트럼프 2기 정부 출범 이후 발표된 AI 데이터 센터 인허가 간소화(E.O. 14148)와 SMR 가속 행정명령은 릭 페리 라인의 정책 자문이 반영된 것으로 알려졌으며, 이는 페르미 아메리카의 제도적 기반을 강화했습니다. 또한 그는 텍사스 주지사 시절, ERCOT(텍사스 전기 신뢰성 위원회) 전력망 자유 시장화 개편을 주도한 경험을 바탕으로 에너지부, NRC(미국 원자력규제위원회) 등 연방 규제 기관과 긴밀한 정책 네트워크를 유지하고 있습니다. 릭 페리의 영향력 덕분에 페르미 아메리카는 현대건설, 콘스텔레이션^{Constellation}, 블랙 앤 비치^{Black & Veatch} 등과 신속히 파트너십을 체결할 수 있었습니다. 그러나 일부 언론은 그가 과거 장관으로서 수립한 정책이 현재 민간사업에 유리하게 작용한다며 '회전문' 논란을 제기하고 있습니다. 그럼에도 그의 참여는 페르미 아메리카를 "에너지 주권과 AI 인프라 결합"의 상징으로 만들며, 향후 미국의 AI 전력망·SMR 민영화 모델을 실증하는 정치적 인큐베이터로 평가받고 있습니다. 중요한 것은 미국 에너지 정책을 관장했던 정치인이 직접 창업에 참여할 정도로 미국 내에서 에너지 관련한 부분이 크게 주목받고 있는 영역 중 하나라는 점입니다.

이 외에도, 미국 내무부는 지열 에너지 개발을 통해 친환경 에너지원 확보를 추진하고 있습니다. 지열 에너지는 청정하고 안정적인 에너지원으로서, 미국 서부의 국유지를 활용하여 지열 에너지 생산을 확대하고 있습니다. 유타주의 비버 카운티에서는 대규모 지열 발전 프로젝트가 승인되었으며, 이를 통해 연간 수십만 가구에 전력을 공급할 수 있는 지열 발전이 추진되고 있습니다. 이러한 프로젝트들은 재생 에너지원의 다양화를 통해 전력 공급을 안정화하고, 미국의 에너지 안보를 강화하는 데 기여하고 있습니다.

이 외에도 미국은 연방 및 주 단위에서 다양한 친환경 에너지 관련 세제 혜택과 보조금을 제공하고 있습니다. 예를 들어, 연방 정부는 태양광 패널 설치 시 세금 공제를 통해 개인과 기업이 친환경 에너지를 사용할 수 있도록 지원하며, 주 정부에서도 풍력 발전을 위한 인프라 구축, 전기차 충전소 확대 등 친환경 인프라에 대한 투자를 확대하고 있습니다. 미국 정부는 이러한 다양한 정책을 통해 청정에너지 전환을 가속화하고, 기후 변화에 적극적으로 대응하고 있습니다.

중국, 탄소 중립 달성과
친환경 에너지 전환

중국은 기후 변화에 대응하고 자국의 에너지 안보를 강화하기 위해 다양한 친환경 에너지 육성 정책을 추진하고 있습니다. 중국은 세계에서 가장 많은 온실가스를 배출하는 국가 중 하나이지만, 이러한 문제를 해결하기 위해 과감한 정책과 투자 계획을 통해 재생 에너지 사용을 확대하고 청정에너지 산업을 성장시키고 있습니다. 이와 같은 정책은 중앙 정부 주도로 강력히 시행되고 있으며, 태양광, 풍력, 수력, 지열, 바이오에너지 등 다양한 재생 에너지 분야에 걸쳐 광범위하게 이루어지고 있습니다.

우선, 중국은 탄소 중립 목표를 설정하여 친환경 에너지 전환에 대한 강력한 의지를 보여주고 있습니다. 중국은 2060년까지 탄소 중립을 달성하겠다는 목표를 제시했으며, 이를 위해 2030년까지 탄소 배출 정점을 찍고 감소세로 전환할 계획입니다. 이를 달성하기 위해 중국은 '14차 5개년 계획(2021~2025)'에 따라 에너지 구조 전환을 가속화하고 있으며, 재생 에너지 발전 비중을 크게 확대하고 있습니다. 중국은 이 계획을 통해 청정 에너지원의 비율을 높이고 화석 연료 의존도를 낮추며, 친환경 기술 개발에 대대적인 투자를 하고 있습니다.

2025년 중국의 에너지 정책은 구조적 전환이 본격화된 시기입니다. 2025년 1월부터 시행된 첫 번째 종합에너지법(중화인민공화국 에너지법)은 중국 에너지 정책의 법적 토대를 확립한 획기적 전환점입니다. 이 법은 에너지 관리의 일관성과 장기성을 확보하기 위해 탄소 배출 총량과 단위 GDP당 배출 강도를 동시에 통제하는 '이중 통제dual-control' 제도를 명문화하였습니다. 또한 태양광, 풍력, 수소, 지열, 바이오 등 재생 에너지 개발을 우선하며, 화석 연료의 경우에 '청정하고 효율적 이용'을 의무화했습니다. 더불어 에너지 시장의 가격·거래·금융 지원 체계와 기술 혁신, 비상 대응·비축 제도를 포함해 중앙 정부 주도의 통합적 관리 체계를 구축했습니다. 이러한 조치는 에너지 전환과 안보를 하나의 축으로 묶어 '국가 에너지 거버넌스'로 진화시키려는 의지를 반영한 것입니다.

동시에, 중국 국가발전개혁위원회NDRC와 국가에너지국NEA은 2025년부터 2027년까지 매년 200GW(기가와트) 이상의 신에너지新能源 설비를 신규 설치하겠다는 목표를 제시했습니다. 특히 단순한 설비 확충이 아니라 이용률(가동률) 90%를 명시함으로써, 생산된 전력이 안정적으로 송전망에 통합되고 효율적으로 운영되도록 하는 '질적 전환'을 강조하고 있습니다. 이는 전력망·저장·송전 등 구조적 문제 해결을 병행하겠다는 전략으로, 중국의 스마트 그리드 및 에너지 저장 기술BESS 강화 정책과도 긴밀히 연결됩니다.

2024년 기준으로 중국은 재생 에너지 부문에 약 8,180억 달러를 투자하여 세계 최대 규모를 기록하였으며, 2025년 3월에는 태양광과 풍력의 설치 용량(1,482GW)이 사상 처음으로 화석 연료 발전 용량을 넘어섰습니다. 그러나 발전된 전력을 소비자에게 안정적으로 공급하지 못하는 '출력 제어^{curtaiment}' 현상이 여전히 문제로 지적되고 있어, 향후의 과제는 양적 확장보다 질적 효율성 확보에 있습니다.

추가로 2025년에는 철강, 시멘트, 폴리실리콘 등 주요 산업에 재생 전력 사용 최소 비율을 의무화한 녹색 전력 의무 사용제^{RPS}가 시행되었고, 수소 에너지·에너지 저장·해상 풍력 등 차세대 청정기술에 대한 지원도 강화되었습니다. 또한 초고압 직류송전^{UHV} 기반의 서부발전 – 동부 소비 구조 개선과 스마트 그리드 고도화가 병행되며, 지역 간 전력 불균형 문제를 완화하려는 노력이 가속화되고 있습니다.

아울러 에너지원 관점에서 바라보자면, 먼저 중국은 태양광 발전 산업에서 큰 성장을 이루고 있습니다. 중국은 태양광 패널 생산에서 세계적인 선도국으로, 대부분의 태양광 패널을 중국에서 제조하고 있습니다. 이를 바탕으로 중국 내에서도 대규모 태양광 발전 단지를 건설하고 있으며, 특히 서부 지역의 사막 지역을 활용하여 태양광 발전소를 구축하고 있습니다. 예를 들어, 중국은 내몽골 자치구, 신장 위구르 자치구, 칭하이성 등지에 대규모 태양광 발전단지를 조성하고, 재생 에너지 생산을 확대하여 국가 에너지 체계를 재구성하고 있습니다. 중국 정부는 태양광 발전 사업에 대해 세제 혜택, 보조금 지급, 전력망 연결 우선권 등 다양한 지원 정책을 통해 산업 발전을 지원하고 있으며, 이에 따라 중국 내 태양광 발전 용량은 급격히 증가하고 있습니다.

풍력 에너지 또한 중국의 중요한 친환경 에너지원 중 하나로 자

딥테크 바이오 에너지 전쟁

리 잡고 있습니다. 중국은 풍력 발전을 통해 전력 수요를 충당하고 온실가스 배출을 줄이기 위해 풍력 에너지 산업을 육성하고 있습니다. 중국은 세계 최대의 풍력 발전 용량을 보유하고 있으며, 특히 해상 풍력 발전에 대한 투자를 확대하고 있습니다. 해상 풍력 발전은 중국의 동부 연안 지역에서 주로 이루어지며, 여기서 생산된 전력은 전력 수요가 높은 동부 지역의 대도시에 공급됩니다. 중국은 풍력 발전 사업을 위한 대규모 투자를 진행 중이며, 관련 인프라 구축을 위해 전력망 확충 및 해상 발전소 설치를 적극적으로 추진하고 있습니다.

수력 발전도 중국의 재생 에너지 정책의 핵심 축을 이루고 있습니다. 중국은 세계에서 가장 많은 수력 발전 설비 용량을 갖추고 있으며, 세계 최대의 수력 발전소인 삼협댐을 비롯해 수많은 대규모 수력 발전소를 운영하고 있습니다. 중국은 자국의 지형적 이점을 활용해 산악 지역에 수력 발전소를 건설하고 있으며, 이걸로 인해 안정적이고 청정한 전력을 확보할 수 있게 되었습니다. 수력 발전은 중국의 에너지 안보를 강화하고, 다른 재생 에너지원보다 안정적인 전력 공급을 보장하는 역할을 하고 있습니다.

중국은 또한 에너지 저장 기술 개발에 많은 투자를 하고 있습니다. 에너지 저장은 재생 에너지의 효율성을 높이고 전력망의 안정성을 강화하는 데 필수적입니다. 중국은 전력망의 재생 에너지 비중이 증가함에 따라 전력 저장 기술 개발을 통해 에너지의 효율적 사용을 추구하고 있으며, 특히 배터리 저장 시스템[BESS]과 같은 대규모 에너지 저장 솔루션을 적극적으로 추진하고 있습니다. 중국의 주요 전기차 배터리 제조업체들은 전력망용 배터리 개발에도 투자하고 있으며, 이를 통해 전력 공급 안정성을 강화하고 있습니다.

중국의 정책 지원과 재정적 인센티브도 중요한 요소입니다. 중국 정부는 재생 에너지 산업을 육성하기 위해 다양한 보조금, 세금 감면, 금융 지원 정책을 통해 기업들이 청정에너지 프로젝트에 참여할 수 있도록 장려하고 있습니다. 예를 들어, 중국은 태양광 및 풍력 발전소 건설에 대한 보조금을 제공하고, 재생 에너지 설비에 대한 세금 감면 혜택을 제공함으로써 초기 비용 부담을 줄여주고 있습니다. 또한, 중국 정부는 대규모 청정에너지 인프라 프로젝트에 자금을 지원하고, 이를 통해 고용 창출과 경제 성장을 동시에 추구하고 있습니다.

전력망 통합 및 스마트 그리드 구축도 중국의 친환경 에너지 정책의 중요한 부분입니다. 중국은 재생 에너지가 전력망에 안정적으로 통합될 수 있도록 스마트 그리드 기술을 개발하고 있으며, 이를 통해 전력 공급의 안정성과 효율성을 높이고자 합니다. 스마트 그리드는 재생 에너지가 날씨나 시간대에 따라 변동성이 크다는 점을 고려하여, 실시간 데이터 분석을 통해 전력 공급과 수요를 조절할 수 있는 기술입니다. 중국은 스마트 그리드 구축을 통해 효율적인 에너지 사용을 촉진하고 있으며, 이는 재생 에너지 발전의 변동성 문제를 해결하고 전력망의 안정성을 확보할 수 있게 되었습니다.

마지막으로, 중국은 청정에너지 기술 개발과 혁신을 위한 R&D

딥테크 바이오 에너지 전쟁

에도 상당한 투자를 하고 있습니다. 중국 정부는 재생 에너지 관련 기술을 선도하기 위해 대규모 연구소와 혁신 허브를 설립하고 있으며, 이를 통해 기술 혁신과 산업 발전을 촉진하고자 합니다. 특히 태양광, 풍력, 수소 에너지 등의 첨단 기술 개발을 목표로 한 연구 프로젝트를 지원하고, 이를 통해 글로벌 청정에너지 시장에서 경쟁력을 확보하려 하고 있습니다. 예를 들어, 수소 에너지는 장기적인 에너지 저장 및 운송 솔루션으로 각광받고 있으며, 중국은 수소 관련 기술 연구에 많은 자원을 투자하여 자국의 에너지 시스템에 수소를 도입하려는 계획을 추진하고 있습니다.

유럽, 세계 최초 탄소 중립 대륙 목표

유럽의 친환경 에너지 정책은 EU를 중심으로 기후 변화와 환경 보호를 위한 강력한 추진력을 바탕으로 수립되었습니다. 유럽은 전 세계적으로도 기후 변화 대응에 있어 선두적인 역할을 담당하고 있으며, 탄소 중립 및 에너지 전환 목표를 달성하기 위해 다양한 정책을 개발하고 시행하고 있습니다. EU는 '유럽 그린 딜'을 통해 2050년까지 유럽을 세계 최초의 탄소 중립 대륙으로 만들겠다는 야심찬 목표를 세웠으며, 이를 위한 다양한 세부 계획과 이행 전략을 제시했습니다.

2025년 EU는 산업 경쟁력과 기후 목표를 동시에 달성하기 위해

'클린 산업 딜Clean Industrial Deal'을 추진하며 매년 100GW 규모의 재생 에너지 신규 설비를 도입하고, 산업·난방 부문의 전기화와 핵심 원자재 확보, 순환 경제(24%) 강화를 통해 '탈탄소+산업생존' 전략을 강화하고 있습니다. 또한 '저렴한 에너지 행동 계획Affordable Energy Action Plan'을 통해 에너지 가격 안정화와 소비자 부담 완화를 중심으로 사회적 수용성을 높이고 있으며, 재생 에너지 및 효율성 중심의 정책이 기술 개발을 넘어 비용·복지 문제로 확장되고 있습니다. EU는 통합 에너지 계획, 전력망 확장, 시장 통합, 전기화 확대를 병행해 시스템 효율을 높이는 동시에, IEA에 따르면 약 3,900억 달러 규모의 저탄소 전력 투자를 추진하며 탈탄소 전환을 가속화하고 있습니다. 러시아-우크라이나 사태 이후 에너지 안보와 전환 정책이 결합하면서 정책 추진 속도가 더욱 빨라졌고, 공급망 다변화와 핵심 설비의 역내 생산 확대가 전략적으로 추진되고 있습니다. 이러한 변화 속에서 한국은 재생 에너지 설비, 전기화 기술, 전력망 솔루션 등에서 EU 전환 정책과의 협력 및 시장 진출 기회를 확보할 수 있으나, 동시에 급격한 투자 확대로 인한 원자재 수급과 정책 변화 등의 리스크 관리가 중요한 상황입니다.

EU는 '유럽 그린 딜European Green Deal'을 통해 2050년까지 유럽을 세계 최초의 탄소 중립 대륙으로 만들겠다는 야심찬 목표를 세웠으며, 이를 위한 다양한 세부 계획과 이행 전략을 제시했습니다. 유럽 그린 딜은 2019년 EU 집행위원회가 발표한 것으로, 유럽이 2050년까지 탄소 중립을 달성하고 지속 가능한 경제로 전환하기 위한 전

딥테크 바이오 에너지 전쟁

략적 로드맵입니다. 그린 딜은 에너지, 산업, 농업, 교통, 주거 등 다양한 분야에 걸친 포괄적인 정책을 포함하며, 탄소 배출을 줄이고 친환경 에너지를 확대하는 동시에, 이러한 변화가 경제 성장과 고용 창출로 이어지도록 목표하고 있습니다. 특히, 에너지 부문에서 재생 가능 에너지의 비중을 대폭 확대하고, 화석 연료에 대한 의존도를 줄이며, 에너지 효율성을 강화하는 것이 주요 과제로 설정되었습니다.

유럽은 에너지 전환을 가속하기 위해 재생 가능 에너지의 비율을 높이는 데 주력하고 있습니다. EU는 2030년까지 에너지 소비의 32%를 재생 가능 에너지로 충당할 계획을 세우고 있으며, 태양광, 풍력, 수력 등 다양한 재생 가능 에너지원을 적극적으로 확대하고 있습니다. 특히 독일은 에너지 전환 정책인 '에네르기벤데Energiewende'를 통해 재생 에너지 사용을 급격히 확대했으며, 프랑스 역시 원자력 에너지와 함께 재생 가능 에너지의 비중을 높이고 있습니다. 또한 덴마크는 풍력 발전에서 두각을 나타내고 있으며, 해상 풍력 발전 분야에서도 유럽이 세계 시장을 선도하고 있습니다.

유럽은 탄소 배출 감축을 유도하기 위해 탄소 가격제를 도입했습니다. EU 배출권 거래제도ETS는 유럽 내 주요 산업의 이산화탄소 배출량에 대한 가격을 책정하고, 이를 거래할 수 있도록 하는 제도입니다. ETS는 유럽 내 11,000개 이상의 발전소와 산업시설이 참여하고 있으며, 이 제도를 통해 점진적으로 배출 허용량을 줄여 탄소 배출을 감축하는 효과를 보고 있습니다. 또한 일부 유럽 국가들은 탄소세를 도입하여 온실가스 배출에 따른 비용을 직접 부과하고 있습니다. 예를 들어, 스웨덴은 1991년부터 탄소세를 도입하여 높은 세율로 탄소 배출을 억제하고, 이를 통해 재생 가능 에너지 산업을 발전시키고 있습니다.

유럽은 친환경 에너지 전환을 위해 녹색 금융과 투자에도 적극적으로 나서고 있습니다. EU는 2020년 '지속 가능 금융을 위한 EU 녹색 분류 체계EU Taxonomy for Sustainable Finance'를 도입하여 친환경 투자 기준을 명확히 하고, 이를 통해 민간 부문이 녹색 사업에 대한 투자를 확대할 수 있도록 유도하고 있습니다. 또한 유럽 투자은행EIB은 유럽 내 최대의 녹색 금융 기관으로서, 재생 가능 에너지, 에너지 효율성, 전기차 및 충전 인프라 구축 등에 대한 대규모 자금을 지원하고 있습니다. 이를 통해 에너지 전환에 필요한 인프라를 구축하고, 민간 자본을 동원하여 친환경 경제로의 전환을 촉진하고 있습니다.

유럽은 에너지 소비를 줄이고 효율성을 높이기 위해 다양한 에너지 효율성 정책을 추진하고 있습니다. EU는 2030년까지 에너지 소비를 32.5% 절감한다는 목표를 설정하고, 이를 위해 에너지 효율성 지침Energy Efficiency Directive을 시행하고 있습니다. 이 지침은 회원국들이 건물, 산업, 교통 등에서 에너지 효율성을 강화하도록 하고, 에너지 사용을 줄이기 위한 다양한 조치를 규정하고 있습니다. 예를 들어, 건물 에너지 성능 개선을 통해 온실가스 배출을 줄이고, 난방 및 냉방 비용을 절감할 수 있도록 하여 유럽 전역에서 건물 리모델링이 활발히 이루어지고 있습니다.

유럽은 교통 부문에서의 온실가스 배출 감축을 위해 전기차 보급 및 충전 인프라 구축에 대한 지원을 확대하고 있습니다. EU는 2035년까지 내연기관 자동차 판매를 중단하고, 전기차로의 전환을 가속하는 것을 목표로 하고 있습니다. 이를 위해 각국 정부는 전기차 구매 보조금, 충전소 설치 지원, 관련 R&D 투자 등 다양한 정책을 시행하고 있으며, 이를 통해 친환경 교통수단으로의 전환을 촉진하고 있습니다. 또한 철도와 같은 대중교통 시스템을 강화하고, 항공 및 해운 부문에서도 친환경 연료 사용을 확대하기 위한 연구를 진행하고 있습니다.

유럽은 에너지 전환 과정에서 에너지 안보를 확보하기 위한 노력도 병행하고 있습니다. 재생 가능 에너지는 화석 연료 대비 공급이 불안정할 수 있기 때문에, 유럽은 에너지 안보를 강화하고자 스마트 그리드와 에너지 저장 기술에 대한 투자도 확대하고 있습니다. 또한 에너지 수입의 다변화를 위해 러시아 외의 국가들과의 에너지 협력을 확대하고 있으며, 특히 북아프리카 및 중동 지역과의 재생 가능 에너지 프로젝트 협력에 힘쓰고 있습니다. 예를 들어, 북아프리카 사막에서 태양광 및 풍력 발전을 통해 생산된 전력을 유럽으로 송전하는 대규모 프로젝트도 계획 중입니다.

유럽은 기후 변화 대응에서 국제적인 리더십을 발휘하고 있으며, 파리협정을 통해 설정된 글로벌 기후 목표 달성을 위해 개발도상국에 대한 기후 금융 지원도 확대하고 있습니다. EU는 기후 변화 취약국에 대한 기술 지원과 자금 지원을 통해 글로벌 탄소 감축 노력을 지원하며, 이를 통해 국제 사회에서의 위상을 강화하고 있습니다. 유럽은 COP^Conference of the Parties 기후 회의에서의 적극적인 참여와 리더십을 통해 글로벌 기후 협력에 앞장서고 있으며, 세계 각국에 기후 변화 대응의 모범 사례를 제시하고 있습니다.

일본, 균형적 전환을 위한 세 가지 축

일본 정부의 2025년 에너지 정책을 살펴보면 다음과 같습니다. 먼저, 이시바 내각의 에너지 정책은 '균형적 전환'이라는 이름 아래 세 가지 축을 중심으로 작동했습니다.

첫째, 재생 에너지와 원자력, 그리고 화석 연료가 공존하는 혼합형 전력 구조로의 전환입니다. 2025년 2월 확정된 제7차 전략에너지계획(SEP)은 2040년까지 원자력 발전 비중을 약 20%로 끌어올리고, 재생 에너지를 40~50%로 확대하되, 동시에 LNG와 석탄을 포함한 화석 연료를 30~40% 수준으로 유지하는 구조를 명시했습니다. 이는 단일 에너지원에 의존하지 않고, 재생과 원자력의 최대 활용을 통해 탄소 중립을 추진하면서도 에너지 안보를 유지하려는 일본식 '삼중 믹스 전략'입니다. 둘째, 에너지 안보와 수입 화석 연료 의존도 문제에 대한 대응입니다. 일본은 자국 내 자원이 극히 제한적이므로, 수입 연료 가격 변동에 취약한 구조입니다. SEP는 이러한 구조적 한계를 인식하며, 자국 내 비탄소 전원 활용 극대화와 더

딥테크 바이오 에너지 전쟁

불어 해외 자원 개발 비율self-development ratio 확대를 통해 자원 개발의 전 단계upstream에서의 공급망 통제를 강화하겠다는 계획을 내놓았습니다. 셋째, 재생 에너지 확대의 현실적 제약입니다. 일본의 산악 지형과 한정된 부지 여건은 풍력·태양광 발전의 물리적 확장을 어렵게 하고 있으며, 정책 목표에 비해 발전 속도는 더딘 상황입니다. 게다가 후쿠시마 사고의 기억은 원전 재가동 정책에 대한 국민 신뢰 회복을 어렵게 만들어, 재생 확대와 원자력 병행이라는 이중 과제의 리스크를 상존시켰습니다. 결과적으로 이시바 내각은 탈탄소화와 에너지 안보라는 두 목표를 동시에 추구했으나, 그 과정에서 구조적 제약과 사회적 수용성 문제가 병존하는 한계를 드러냈습니다.

2025년 10월 새롭게 출범한 사나에 다카이치 총리가 이끄는 일본 정부는 이러한 이시바 정책의 기조를 계승하되, 보다 강한 '원자력 중심주의'로 방향을 조정하고 있습니다. 2025년 10월 취임한 사나에 총리는 일본 최초의 여성 총리로서, 원자력 발전의 재가동 및 신규 투자를 국정의 핵심으로 제시했습니다. 그녀는 원자력과 페로브스카이트Perovskite(기존 실리콘 기반의 태양전지와 다름) 태양광을 '일본 에너지의 쌍두마차'로 규정하며, 해외 의존을 줄이고 자국 내 에너지 자립을 강화하는 데 초점을 맞추고 있습니다. 동시에 재생에너지 확대는 유지하되, 외국 자본이 주도하는 대규모 메가 태양광 프로젝트에 대해선 신중한 태도를 보이며, 일본 기술 중심의 혁신형 재생 에너지(해상 풍력, 차세대 배터리 등)로 전환을 유도하고 있습니다. 또한 사나에 정부는 에너지 정책을 단순한 환경 정책이 아니라 산업·안보 전략으로 통합하고 있습니다. 에너지 공급망을 제조업 경쟁력과 국가 안보의 관점에서 바라보며, 수입 연료 가격 변동과 중국 의존도를 완화하기 위한 정책 설계를 추진 중입니다. 다만 후쿠시마 이후 원전 안전성에 대한 사회적 불안, 재생 에너지 실행력의 한계, 그리고 화석 연료 잔존으로 인한 국제적 비판 등은 여전히 리스크 요인입니다.

아울러 중장기적으로 그동안 진행되어 온 일본의 친환경 에너지 정책의 큰 줄기와 방향성에 대해서도 함께 다뤄보고자 합니다. 특히 2011년 후쿠시마 원전 사고 이후 일본은 안전하고 지속 가능한 에너지 공급 방안에 관한 관심을 높이며, 탈탄소화 및 친환경 에너지 확대를 위한 다각적인 노력을 기울이고 있습니다.

첫째, 일본은 탈탄소화를 목표로 재생 가능 에너지의 확대를 추진하고 있습니다. 2021년, 일본 정부는 새로운 '그린 성장 전략'을 발표하며, 2050년까지 탄소 중립을 실현하겠다는 야심 찬 목표를 제시했습니다. 이 전략에 따라 태양광, 풍력, 바이오매스, 지열 에너지를 포함한 다양한 재생 가능 에너지의 비율을 높이는 데 중점을 두고 있습니다. 일본은 이와 같은 목표를 달성하기 위해 2030년까지 재생 가능 에너지의 비율을 36~38%로 설정했으며, 특히 해상 풍력 발전 확대에 적극적으로 나서고 있습니다. 일본은 해상 풍력 발전이 큰 잠재력을 가지고 있다고 판단해 2040년까지 최대 45GW의 해상 풍력 발전 설비를 설치하는 계획을 수립했습니다.

둘째, 일본 정부는 수소 에너지에 대한 투자를 대폭 늘리고 있습니다. 일본은 수소 에너지가 에너지 안보와 탄소 중립을 동시에 달성할 수 있는 핵심 기술로 보고 있으며, 2020년 도쿄 올림픽에서도 수소 기반 차량 및 연료 전지 사용을 통해 이를 시연한 바 있습니다. 일본의 목표는 2030년까지 연료 전지 발전을 확대하고, 수소의 생산, 저장, 운송, 활용에 이르는 전 과정을 아우르는 수소 공급망을 구축하는 것입니다. 이를 위해 일본은 호주 및 중동 지역과의 협력을 통해 수소를 안정적으로 확보하고, 국내에서도 그린 수소의 생산을 확대하기 위한 기술 개발에 집중하고 있습니다.

셋째, 일본은 에너지 효율성 제고와 에너지 절약 기술 개발에도 힘을 쏟고 있습니다. 특히, 건물과 산업 부문에서의 에너지 효율성을 높이기 위한 규제를 강화하고, 이에 맞춘 기술 개발 및 인프라 개선을 통해 탄소 배출을 줄이려는 노력이 이어지고 있습니다. 일본의 에너지 효율 프로그램은 기존의 건물과 산업 공정에 에너지 절약 기술을 적용하고, 고효율 제품에 대한 보조금 지급을 통해 기업과 국민의 참여를 유도하는 방안을 포함하고 있습니다. 이러한 조치들은 일본의 에너지 소비량을 줄여 경제적 부담을 완화하고, 탄소 중립을 실현하는 데 중요한 역할을 하고 있습니다.

넷째, 일본은 원자력 에너지를 재검토하여 안정적이면서도 탄소를 배출하지 않는 에너지로서의 활용 가능성을 다시 고려하고 있습니다. 후쿠시마 원전 사고 이후 원자력 발전에 대한 반대 여론이 강했지만, 일본 정부는 탄소 중립 달성을 위해 일정 부분 원자력을 재활용할 수밖에 없다는 입장입니다. 이에 따라 일본은 안전성을 최우선으로 하여 기존 원전을 재가동하는 한편, 소형 모듈 원자로SMR 와 같은 차세대 원자력 기술 개발에도 투자하고 있습니다. 다만, 이는 일본 내에서 여전히 논쟁의 여지가 있으며, 정부는 원전 안전성과 국민의 신뢰를 동시에 확보하기 위한 노력이 필요합니다.

마지막으로, 일본 정부는 민간 부문과의 협력을 강화하고 있습니다. 일본은 탄소 배출 감소 목표를 달성하기 위해 민간 기업과의 협업이 필수적이라는 점을 인식하고, 대기업은 물론 중소기업까지도 친환경 기술과 비즈니스 모델을 도입하도록 독려하고 있습니다. 이를 위해 일본 정부는 각종 세제 혜택과 보조금 제도를 마련하여 기업들이 탈탄소 경영을 실현하도록 장려하고 있습니다. 또한, 일본 내 여러 지역에서는 지방 자치단체가 앞장서서 태양광 발전 시설 설치와 같은 재생 가능 에너지 도입을 주도하고 있으며, 지역별 특성에 맞는 에너지 자립 모델을 개발하고 있습니다.

한국, 그린 수소와
재생 에너지를 통한
에너지 자립 목표

한국의 에너지 산업은 글로벌 시장에서 중요한 위치를 차지하고 있으며, 특히 재생 에너지, 원자력 발전, 수소 경제, 배터리 산업 등에서 주목할 만한 성과를 거두고 있습니다. 한국은 에너지 분야의 다각화와 혁신을 통해 국제 경쟁력을 높이고 있으며, 특히 다양한 기술 개발과 해외 진출을 통해 지속 가능한 에너지 전환을 추진하고 있습니다. 한국 에너지 산업의 주요 특징과 활동을 분야별로 살펴보면 다음과 같습니다.

에너지 산업의 글로벌 시장 내 포지셔닝

먼저, 재생 에너지 분야에서 한국은 태양광과 풍력 에너지 개발에 집중하고 있습니다. 한화큐셀은 세계적인 태양광 기업으로, 고효율 태양전지와 모듈을 생산하며 글로벌 시장에서 높은 점유율을 차지하고 있습니다. 한화큐셀의 태양광 기술은 품질과 효율성 면에서 업계 최고 수준으로 평가받고 있으며, 특히 유럽과 북미 시장에서 두각을 나타내고 있습니다. 또한, LG에너지솔루션은 ESS 및 배터리 시스템 개발을 통해 재생 에너지의 효율적인 저장과 활용을 지원하고 있습니다. LG에너지솔루션의 ESS 기술은 에너지 저장의 안정성과 효율성을 개선함으로써, 재생 에너지의 변동성을 줄이고 안정적인 전력 공급을 가능하게 합니다. SK E&S는 태양광 및 풍력 발전 사업을 적극적으로 추진하고 있으며, 특히 해상 풍력 발전 프로젝트에 투자하고 있습니다. SK E&S는 신재생 에너지 발전의 확대를 통해 탄소 배출 감소와 친환경 에너지 전환을 목표로 하고 있습니다.

원자력 발전 분야에서는 한국전력공사KEPCO, 두산에너빌리티, 한국수력원자력 등이 주도적인 역할을 하고 있습니다. 한국전력공사는 한국의 전력 생산과 공급을 책임지고 있으며, 원자력 발전소를 운영하여 안정적인 전력 공급을 보장합니다. 한국전력공사는 UAE 바라카 원전 수출을 통해 원전 수출 강국으로 자리매김했으며, 이는 한국 원전 기술의 신뢰성과 안전성을 국제적으로 입증한 사례입

딥테크 바이오 에너지 전쟁

니다. 두산에너빌리티는 원자력 발전 설비의 제작을 담당하며, 원자로와 터빈 등 핵심 설비를 공급하고 있습니다. 두산에너빌리티는 지속적인 연구 개발을 통해 원자력 발전 설비의 효율성과 안전성을 높이고 있습니다. 한국수력원자력은 한국의 주요 원자력 발전소를 운영하는 전문기업으로, 원자력 발전소의 안전 운영과 유지, 보수를 통해 전력 안정성을 강화하고 있습니다.

수소 경제 분야에서는 현대자동차, SK, 포스코가 대표적인 기업으로 활동하고 있습니다. 현대자동차는 수소연료전지 자동차 개발과 생산에서 세계적인 선도 기업으로 자리 잡고 있으며, 수소 연료전지 기술을 바탕으로 한 수소차 '넥쏘NEXO'는 고효율성과 친환경성을 인정받고 있습니다. SK는 수소 생산과 충전 인프라 구축에 적극적으로 투자하고 있으며, 글로벌 수소 공급망을 확장하기 위해 노력하고 있습니다. SK는 다양한 파트너십을 통해 수소 경제 생태계를 강화하고 있으며, 특히 블루수소와 그린 수소 생산을 확대하고 있습니다. 포스코는 수소 환원 제철 기술을 개발하여 철강 생산 과정에서 발생하는 탄소 배출을 줄이는 데 기여하고 있습니다. 포스코의 수소 환원 제철 기술은 철강 산업의 탈탄소화에 중요한 역할을 할 것으로 기대되며, 이는 수소 경제의 성장과 맞물려 한국의 수소 산업 경쟁력을 높이는 계기가 될 것입니다.

배터리 산업에서는 LG에너지솔루션, SK온, 삼성SDI가 세계 전기차 배터리 시장을 선도하고 있습니다. 이들 기업은 글로벌 전기차 업체들과의 협력을 통해 시장 점유율을 확장하고 있으며, 높은 품질의 배터리 제품을 공급하고 있습니다. 특히 LG에너지솔루션은 미국과 유럽 시장에서 활발하게 활동하고 있으며, SK온은 전기차 배터리의 고효율성과 안전성을 바탕으로 다양한 글로벌 자동차 제조사와 파트너십을 맺고 있습니다. 삼성SDI는 소형 배터리뿐만 아니라 대형 전기차 배터리 시장에서도 두각을 나타내며, 혁신적인 배터리 기술을 선보이고 있습니다. 또한, 이들 기업은 배터리 재활용 기술 개발에도 집중하고 있으며, 폐배터리의 재사용과 자원 회수를 통해 환경 영향을 최소화하고 있습니다.

한국 에너지 산업의 주요 성과 중 하나는 UAE 바라카 원전 수주로, 이는 한국이 원자력 발전 분야에서 기술력과 경쟁력을 인정받은 사례입니다. 또한, 'K-배터리'라 불리는 한국의 배터리 기업들은 글로벌 전기차 배터리 시장에서 상위권을 유지하며, 기술 혁신과 품질 개선을 통해 시장을 선도하고 있습니다. 한국은 수소 경제에서도 선도적인 위치를 차지하고 있으며, 그린 수소 기술 개발과 수소 인프라 확장을 통해 수소 경제 선도 국가로 발돋움하고 있습니다.

그러나 한국의 에너지 산업은 여전히 여러 도전 과제에 직면해 있습니다. 우선, 탄소 중립 목표 달성을 위해서는 에너지 전환이 필수적이며, 이를 위해 재생 에너지 발전 비중 확대와 에너지 효율성 개선이 필요합니다. 또한, 에너지 안보를 강화하기 위해 안정적인 에너지 공급망 구축과 해외 자원 개발이 중요합니다. 마지막으로, 신재생 에너지 기술의 경쟁력을 확보하기 위해 지속적인 연구 개발과 정부의 정책 지원이 요구됩니다. 이러한 도전 과제들을 해결하기 위해 한국은 다양한 정책과 전략을 통해 에너지 산업의 지속 가능한 성장을 도모하고 있습니다.

에너지 자립 강화

한국은 에너지 자립도가 낮아 대부분의 에너지를 수입하는 실정입니다. 이는 한국 경제가 국제 에너지 가격 변동에 민감하게 반응할 수밖에 없으며, 이는 국내 산업 전반에 걸쳐 높은 리스크 요인으로 작용하고 있습니다. 따라서 에너지 자립을 높이기 위한 전략이 절실히 필요한 상황입니다. 이를 해결하기 위해 한국은 재생 에너지 확대와 그린 수소 생산을 중점적으로 추진하고 있으며, 이 두 가지 요소를 결합한 에너지 자립 전략이 중요한 돌파구로 떠오르고 있습니다.

재생 에너지와 그린 수소는 상호보완적 관계를 지니고 있습니다. 태양광과 풍력 등 재생 에너지는 생산 과정에서 화석 연료를 전혀 사용하지 않으므로 탄소 배출이 없으며, 에너지 자립도를 높이는 핵심 기술로 자리 잡고 있습니다. 하지만 재생 에너지는 태양광이나 풍력과 같이 날씨와 환경에 따라 생산량이 달라지는 간헐성을 지니고 있어, 안정적이고 지속적인 전력 공급을 보장하기에는 한계가 있습니다. 이러한 한계를 보완할 수 있는 기술로 수소 에너지가 주목받고 있으며, 특히 재생 에너지로 생산된 전력을 이용하여 물을 전기 분해해 수소를 생산하는 '그린 수소'가 이에 해당합니다. 그린 수소는 생산 과정에서 온실가스를 배출하지 않으며, 저장과 수송이 용이하여 재생 에너지가 가진 불안정성을 보완하는 역할을 할 수 있습니다.

한국은 이러한 에너지 자립을 달성하기 위해 태양광과 풍력 같은 재생 에너지 기술에 대한 투자를 적극적으로 확대하고 있습니다. 태양광 발전의 경우, 지형적 조건을 고려하여 산업단지의 건물 옥상이나 유휴 농지, 또는 수상에 태양광 패널을 설치하는 등 다양한 방식으로 활용 범위를 넓히고 있습니다. 풍력 발전 역시 해상 풍력을 중심으로 대규모 발전단지 조성을 계획하고 있으며, 이는 특히 서해안 지역에서 활발히 진행되고 있습니다. 해상 풍력은 육상보다 안정적으로 바람을 공급받을 수 있어, 에너지 공급의 안정성을 높이는 데 기여할 수 있습니다.

또한, 한국은 재생 에너지로부터 생산된 전력을 그린 수소로 변환하여 저장하는 기술에도 많은 투자를 하고 있습니다. 그린 수소는 수소 생산 과정에서의 탄소 배출을 완전히 없애는 친환경적 수소이며, 한국은 이를 대규모로 생산하고 저장하여 활용하는 방안을 추진하고 있습니다. 현재 정부는 '수소 경제 활성화 로드맵'을 통해 그린 수소 생산을 위한 인프라 구축과 기술 개발에 대한 계획을 구체화하고 있으며, 이를 통해 한국 내 수소 생태계를 조성하고자 하고 있습니다. 또한, 그린 수소는 기존 전력망과 연계하여 전력 수급의 안정성을 높이고, 재생 에너지의 효율적인 활용을 도모하는 역할을 할 수 있습니다.

그린 수소의 장점은 재생 에너지가 과잉 생산된 경우, 이를 저장해 수요가 높아질 때 전력으로 재변환할 수 있다는 점입니다. 이렇게 저장된 수소는 전기, 열, 연료 등 다양한 형태로 사용할 수 있어 에너지 활용의 폭이 넓습니다. 예를 들어, 산업단지에서는 생산된 수소를 공장 가동에 필요한 전력으로 활용하거나, 자동차와 같은 이동 수단의 연료로 사용할 수 있습니다. 이러한 수소 에너지의 특성은 에너지 자립도를 높이고 외부 에너지 의존도를 줄이는 데 기여할 수 있으며, 동시에 재생 에너지의 간헐성을 보완하여 안정적인 에너지 공급을 가능하게 합니다.

한국은 이와 같은 그린 수소 및 재생 에너지 기술 발전을 통해 향후 에너지 자립을 목표로 하고 있습니다. 또한, 국제적 기후 변화 대응 움직임과 발맞추어 한국 내 온실가스 배출을 줄이기 위한 정책들도 강화되고 있습니다. 현재 정부는 재생 에너지와 그린 수소의 생산 및 활용에 대한 지원책을 확대하고 있으며, 이를 통해 기술력을 높여 에너지 분야의 글로벌 경쟁력을 확보하고자 합니다. 따라서 한국이 재생 에너지와 그린 수소 기술을 적극적으로 활용하여 에너지 자립도를 높이려는 노력은 단순히 외부 에너지 의존도를 낮추는 것에서 나아가, 지속 가능한 발전을 위한 중요한 전략으로 볼 수 있습니다.

탄소 저감과 에너지 효율 증대

한국은 산업 부문에서의 탄소 배출량이 높은 편이며, 이는 특히 철강, 석유화학, 시멘트 등 고탄소 산업에서 두드러집니다. 이러한 산업들은 경제적으로 중요한 역할을 담당하고 있지만, 동시에 탄소 중립 실현을 위한 도전 과제로 작용하고 있습니다. 이에 한국은 탄소 포집·활용·저장CCUS 기술을 도입하여 산업 전반의 탄소 배출을 관리하는 전략을 적극적으로 추진하고 있습니다. CCUS 기술은 기존의 산업 구조를 급격히 바꾸지 않고도 탄소 배출을 줄일 수 있는 효과적인 기술로, 탄소를 포집하고 이를 산업적 또는 지질적 용도로 활용하거나 저장하는 방식입니다. CCUS 기술을 통해 한국은 산업 탄소 배출을 관리하면서 기후 목표를 달성할 수 있을 뿐만 아니라, 탄소 중립을 이루기 위한 산업 경쟁력도 유지할 수 있는 길을 모색하고 있습니다. 이를 통해 한국은 장기적으로 고탄소 산업에서도 친환경적 전환을 끌어내고, 기후 변화 대응에 기여할 수 있는 구체적 방안을 마련하고 있습니다.

한편, 에너지 효율 증대와 안정적인 전력 관리 역시 탄소 중립 실현에서 필수적인 요소로 작용합니다. 한국은 이를 위해 스마트 그리드 기술을 도입하여 전력망을 혁신하고 있습니다. 스마트 그리드는 재생 에너지의 간헐성 문제를 보완하고, 에너지 소비 패턴에 맞춰 전력을 효율적으로 분배할 수 있는 기술로, 에너지 관리의 효율성을 획기적으로 올립니다. 이 시스템은 각 지역에서 발생하는 전력 수요와 공급을 자율적으로 조정할 수 있어, 에너지 소비의 효율성을 높이는 동시에 지역별 에너지 자립도를 강화하는 데 기여합니다. 특히 스마트 그리드는 재생 에너지와 연계하여 다양한 에너지 자원을 통합 관리할 수 있으며, 이를 통해 전력 공급의 안정성을 높일 수 있습니다.

이 두 가지 전략은 서로 상호보완적입니다. CCUS 기술을 통해 산업에서 발생하는 탄소를 효과적으로 줄이고, 스마트 그리드와 분산형 전력 시스템을 통해 에너지 소비와 공급의 효율성을 극대화함으로써 한국은 탄소 배출 저감과 에너지 효율 증대를 동시에 추구할 수 있습니다. 예를 들어, CCUS 기술로 포집한 탄소는 신재생 에너지와 스마트 그리드 시스템의 활용을 통해 새로운 에너지로 전환되거나 재활용될 수 있습니다. 이러한 방식은 탄소를 효과적으로 관리하면서도 에너지 자원을 최대한 활용할 수 있는 방법을 제공합니다.

한국은 현재 CCUS 기술의 개발 및 상용화를 위해 다양한 정책과 지원을 마련하고 있으며, 스마트 그리드의 도입을 통해 재생 에너지 확대와 전력망 효율화를 추진하고 있습니다. 이 두 가지 기술이 결합한 시스템은 한국이 지속 가능한 에너지 전환을 달성하고, 국제적 기후 변화 대응 요구를 충족시키는 데 중요한 역할을 할 것입니다. 나아가, 한국은 이러한 전략을 통해 장기적으로 에너지 자립도를 높이고, 외부 에너지 의존도를 줄이며, 에너지 안보를 강화할 수 있는 길을 열어갈 수 있습니다.

또한, 최근 한국 정부는 조직 체계 측면에서도 에너지·기후 대응을 강화하는 방향으로 전환하고 있습니다. 먼저, 제21대 이재명 정부는 후보 시절부터 '기후·에너지부' 신설을 공약으로 내세웠으며, 이를 통해 에너지 전환과 기후 위기 대응을 제도적으로 뒷받침하겠다는 의지를 명확히 밝혔습니다. 이어서, 2025년 9월에는 기존 환경부를 확대해 기후에너지환경부로 개편하는 정부조직법 개정안이 국회를 통과했습니다. 이로써 산업통상자원부 산하의 에너지 정책 기능이 환경부로 이관되며, 기후·에너지·환경 세 축을 하나의 부처에서 통합 관리하는 구조가 출범하게 되었습니다.

이러한 조직개편은 특히 재생 에너지 확대, 원자력·수소·배터리 등 에너지 전환 기술의 조속한 적용 및 관리 체계 강화를 위한 기반으로 평가되고 있습니다. 예컨대 기후에너지환경부는 향후 5년간 재생 에너지 비중을 최대 23~25%까지 끌어올리는 계획을 제시했고, 원자력과 수소 경제 관련 정책도 해당 부처 중심으로 통합 관리하기로 했습니다. 다만, 이 개편에는 산업정책과 에너지 안보 측면에서 우려도 제기되고 있습니다. 산업통상자원부에서 환경부로 에너지 기능이 이관됨에 따라, 에너지 – 산업 – 통상 기능 간의 연계성 약화, 전기요금 인상 가능성, 원전·석탄 등 기저 전원 관련 정책의 일관성 저하 등이 지적되고 있습니다.

딥테크 바이오 에너지 전쟁

인류와 지구의
지속 가능한 미래

딥테크 기술은 이제 단순히 인류의 생존을 위한 도구에 머무르지 않고, 지속 가능한 번영을 이루는 데 핵심적인 역할을 해야 합니다. 과거의 기술 발전은 주로 경제적 성장과 생산성 향상, 그리고 국가 간 경쟁력 강화를 위한 수단으로 인식되었습니다. 그러나 현재의 딥테크 기술은 이러한 전통적 역할을 넘어, 인류와 지구의 장기적인 생존과 번영을 위한 도구로 재정의되어야 한다는 요구를 받고 있습니다. 이는 단기적인 경제적 이익이나 특정 국가와 기업의 성과를 넘어서, 기술이 인류 전체와 환경에 어떤 긍정적인 영향을 미칠 수 있는지, 그리고 지구의 지속 가능한 미래를 어떻게 설계할 수 있는지를 근본적으로 고민해야 함을 의미합니다.

딥테크의 새로운 역할
: 생존을 넘어선 번영

현대 사회가 직면하고 있는 기후 변화, 에너지 위기, 디지털 격차, 건강 불평등과 같은 글로벌 문제는 어느 때보다 복잡하고 심각합니다. 이러한 문제를 해결하기 위해서는 기술적 혁신이 필수적이며, 특히 딥테크 기술은 이 같은 도전 과제를 해결할 수 있는 강력한 잠재력을 지니고 있습니다. 예를 들어, 재생 가능 에너지 기술은 화석 연료의 사용을 줄이고, 탄소 배출을 최소화하며, 지구 온난화를 완화하는 데 기여합니다. 풍력, 태양광, 수소 에너지와 같은 기술은 지속 가능한 에너지 전환을 가능하게 하고, 인류가 자연 자원을 효율적으로 활용하며 환경을 보호할 수 있는 기반을 마련합니다.

바이오 기술 또한 중요한 역할을 담당합니다. 이 분야는 인간의 건강을 개선하고 생태계를 복원하는 데 핵심적인 역할을 하고 있습니다. 유전자 편집 기술은 난치병 치료와 생명 연장을 가능하게 하고, 합성 생물학은 인간과 자연의 균형을 회복하는 데 기여합니다. 바이오 기술은 단순히 질병을 치료하는 수준을 넘어, 인간과 환경이 조화를 이루는 지속 가능한 생태계를 구축하는 데 필수적인 기술로 발전하고 있습니다.

통신 기술은 전 세계적으로 디지털 격차를 해소하고 인간과 사회를 연결하는 기반이 되고 있습니다. 초연결 사회를 구현하는 5G와 차세대 통신 기술은 지리적 한계를 넘어 전 세계 사람들에게 기술적 혜택을 제공합니다. 특히, 기술 소외 지역과 계층의 삶의 질 향상에 기여하며, 정보 접근성과 기회의 평등을 보장하는 역할을 하고 있습니다. 더불어, 양자 기술은 기존 기술로는 해결할 수 없었던 복잡한 문제를 새로운 방식으로 풀어낼 가능성을 열고 있습니다. 양자 컴퓨팅과 양자 통신은 기후 변화 예측, 에너지 최적화, 대규모 데이터 분석 등에서 혁신적인 성과를 끌어낼 수 있는 핵심 기술로 주목받고 있습니다.

이러한 딥테크 기술들의 공통된 핵심은 단순한 경제 성장의 수단이 아니라, 인류와 지구의 지속 가능한 미래를 설계하는 데 있다는 점입니다. 특히, 딥테크 기술은 윤리적 책임과 공정성을 기반으로 개발되고 활용되어야 합니다. 기술이 특정 국가나 계층만의 이익이 아니라, 전 세계 인류가 공평하게 누릴 수 있는 혜택으로 확장되어야 합니다. 이를 위해서는 기술 개발 단계부터 포용성과 형평성을 고려하고, 기술의 혜택이 전 지구적으로 균등하게 분배될 수 있도록 제도적 장치를 마련하는 노력이 필요합니다. 이러한 윤리적 접근은 기술 발전이 인간과 자연, 그리고 미래 세대의 공존을 보장하기 위한 필수적인 조건입니다.

기술 패권을 넘어
: 공생과 협력의 시대

　현대 사회에서 기술은 국가 간 경쟁의 핵심 축으로 자리 잡았으며, 각국은 첨단 기술을 통해 경제적 우위를 점하고 군사적·정치적 영향력을 확대하려 하고 있습니다. 그러나 이러한 기술 패권 경쟁은 한편으로 과학기술 발전을 촉진하고 자원을 집중시키는 긍정적 효과를 가져오지만, 동시에 기술의 혜택이 특정 국가나 계층에만 집중되는 불평등을 심화시키는 구조적 문제를 드러내고 있습니다. 첨단 기술이 특정 국가의 이익을 위해 독점적으로 활용되는 한, 전 세계적으로 기술 접근성의 격차는 확대될 수밖에 없으며, 이는 기술 발전이 인류 전체의 번영에 기여하지 못하게 만드는 근본적 한계로 작용합니다.

　기술이 진정한 의미에서 인류의 도구가 되기 위해서는, 그것이 단순히 국가 간 경쟁의 수단이 아니라 전 인류의 생존과 공존을 위한 공통 자산으로 인식되어야 합니다. 기술은 이제 경제적 성장이나 군사력 강화의 목표를 넘어, 인류가 직면한 기후 변화, 에너지 위기, 건강 불평등, 디지털 격차와 같은 글로벌 위기를 해결하는 핵심 수단으로 활용되어야 합니다. 이러한 과제는 개별 국가의 능력으로는 감당할 수 없으며, 국제 사회의 협력과 연대 없이는 결코 극복할 수 없습니다. 기술이 특정 세력의 이익을 위해서만 사용된다면, 인류 전체의 지속 가능한 미래는 결코 보장될 수 없습니다.

따라서 기술 발전의 혜택은 특정 국가나 계층에 국한되지 않고, 전 세계 인류가 공평하게 누릴 수 있도록 해야 합니다. 첨단 의료 기술, 재생 가능 에너지, AI 기반 교육 기술 등은 선진국의 전유물이 되어서는 안 되며, 인류 공동의 자산으로서 저개발 국가에도 확산되어야 합니다. 이는 단순한 윤리적 선택이 아니라, 지속 가능한 세계 질서를 위한 전략적 필요입니다. 기술의 개방과 공유는 경제적 불평등을 완화하고, 글로벌 차원의 안정과 번영을 보장하는 핵심적인 수단이 됩니다. 또한 디지털 격차를 해소하기 위한 기술 협력은 국제 사회가 더욱 평등하고 포용적인 방향으로 나아가는 토대가 됩니다.

이제 기술 경쟁의 시대를 넘어, 협력과 연대의 시대로 나아가야 합니다. 다자간 기술 협력 구조를 강화하고, 기술 개발과 보급의 과정에서 공정성과 포용성을 제도적으로 보장해야 합니다. 예컨대, 기후 변화 대응을 위한 재생 에너지 기술의 공동 개발과 투자, 글로벌 팬데믹에 대응하기 위한 의료 기술의 공동 연구와 보급은 그 대표적인 사례가 될 수 있습니다. 이는 기술이 특정 국가의 패권을 강화하는 수단이 아니라, 인류 전체의 생존을 보장하는 도구로 전환되어야 함을 의미합니다.

기술이 인류의 공존과 번영을 위한 철학 위에서 발전할 때, 우리는 보다 지속 가능하고 평등한 미래를 만들어갈 수 있습니다. 기술이 경쟁의 수단으로만 남는다면, 그것은 오히려 인류가 직면한 위기를 심화시키고, 기술의 본질적 가치를 훼손할 것입니다. 그러나 기술이 공생과 협력의 철학을 바탕으로 발전한다면, 그것은 인류와 자연의 조화로운 관계를 회복시키고, 모든 생명이 지속 가능한 방식으로 번영할 수 있는 세상을 여는 열쇠가 될 것입니다.

감 사 의 글

딥테크 전쟁 3부작의 마지막을 정리했습니다. 1부 모빌리티 편에서는 전기차와 자율주행, 우주 개발, 드론을 다뤘고, 2부에서는 최근 중요성이 급부상하고 크게 주목받고 있는 AI와 반도체, 로봇 기술을 둘러싼 국가들과 기업들의 각축전을 전했습니다. 이번 3부를 통해서는 미래 유망 기술이라 할 수 있는 에너지와 통신, 바이오, 양자를 다뤘습니다. 2024년 7월 초, 시크릿하우스 전준석 대표님과 황혜정 부장님과 첫 미팅을 할 때만 해도 이렇게 딥테크 출판 기획이 3부작까지 이어질지는 몰랐습니다. 저를 발굴해 주시고 책을 출판할 수 있도록 늘 든든하게 지지해 주신 두 분께 너무나 감사하다는 말씀을 전하고 싶습니다. 열심히 글을 적어나갔고 이렇게 딥테크 전쟁 3부작을 잘 마무리할 수 있게 되어 매우 기쁘고 뿌듯합니다. 보람된 시간이고 저도 많이 배울 수 있었던 경험이었습니다.

저는 현재 기술경영 박사과정을 하면서 기술 혁신과 R&D 효율성·생산성, 테크 스타트업과 유망 기술, 기술 패권과 기술 주권 관련 주제들을 연구해 오고 있습니다. 이런 연장선상에서 이번 2025년 노벨경제학상에서 '기술 혁신과 경제 성장'에 대한 주제가 선정된 것에 대해서도 매우 반갑게 생각하고, 이제 기술이 세상에 미치는 파급력과 영향력이 막대하다는 점을 새삼 느끼기도 했습니다. 제가 2021년 브런치를 처음 개설하여 이런저런 세상의 기술 변화에 대한 글을 남기기 시작할 때는 이렇게 책을 낼 수 있을 거라는 생각까지는 못 했습니다. 2022년부터 여러 유튜브 채널에서 기술과 기업 관련 말씀을 나눌 기회들도 있었습니다. 앞으로도 AI가 국제 정치 경제 질서와 민주주의에 어떤 영향을 미치는지 그리고 전력 인프라와 AI 데이터 센터가 왜 중요한지에 대한 글들을 써나갈 예정입니다. 제가 좋아하는 기술과 인물 그리고 산업을 둘러싼 국가 간 기술 경쟁에 대해 여러 말과 글로 여러분께 전할 수 있어 개인적으로 즐거운 경험이었고, 나름대로 의미도 있었다고 생각합니다. 앞으로도 이런저런 이야기를 이어가도록 하겠습니다.

이 책이 완성되기까지 많은 분들의 도움이 있었습니다. 우선, 이 책의 아이디어가 시작된 순간부터 한 권의 책으로 완성되도록 지지해 준 아내와 가족들, 그리고 주변 친구들에게 깊은 감사 인사를 드립니다. 여러분의 끊임없는 응원과 격려가 없었다면 이 여정을 마칠 수 없었을 것입니다. 특별히 아내에게 감사를 전하고 싶습니다.

딥테크 바이오 에너지 전쟁

아내는 제 글을 꼼꼼히 읽어 주고, 많은 유익한 코멘트를 해주었습니다. 감사하고 사랑합니다.

아울러 이 책을 읽어 주시는 독자 여러분께도 깊은 감사를 드립니다. 이 책이 여러분에게 유익한 지식과 인사이트를 제공하는 계기가 되었기를 바랍니다. 앞으로도 끊임없이 배워 나가며, 여러분과 함께 성장해 나가길 기대하겠습니다. 저도 앞으로도 좋은 글로 다시 인사드릴 수 있도록 열심히 정진하겠습니다. 감사합니다.

딥테크 바이오 에너지 전쟁
▶ 바이오, 양자, 통신, 에너지 편

초판 1쇄 인쇄 | 2026년 4월 7일
초판 1쇄 발행 | 2026년 4월 17일

지은이 | 이재훈(드라이트리)
펴낸이 | 전준석
펴낸곳 | 시크릿하우스
주소 | 서울시 마포구 월드컵북로 400 서울경제진흥원 5층 23호
대표전화 | 02-3153-1355
팩스 | 02-3153-1356
이메일 | secret@jstone.biz
블로그 | blog.naver.com/jstone2018
페이스북 | @secrethouse2018
인스타그램 | @secrethouse_book
출판등록 | 2018년 10월 1일 제2019-000001호

ISBN 979-11-94522-37-9 03320